FILMBÜCHER

Michael Scheingraber

DIE JAMES-BOND-FILME

Herausgegeben von
JOE HEMBUS

Originalausgabe

Goldmann Verlag München

Für Rat und Hilfe dankt der Autor
Bernd Brendel, Hans Klaus Denicke, Robert Fischer, Gert Fröbe,
Ludwig Geisselmann, Petra Hermann, Edeltraut Karpf,
Arno List, Micheal Miller, Jutta Niehaus, Werner Rochau, Peter Sundarp,
Siegfried Tesche und Michael Wiedling.

Bildarchiv Siegfried Tesche

Für meine Mutter
und meinen Vater

1. Auflage · November 1979 · 1.–20. Tsd.

Made in Germany

Umschlaggestaltung: Atelier Adolf & Angelika Bachmann, München
Satz und Druck: St. Otto-Verlag, Bamberg
Verlagsnummer: 10203
Lektorat: Cornelia Schmidt-Braul. Herstellung: Peter Papenbrok
ISBN 3-442-10203-0

Inhalt

007

Vom Buch zum Film

Figuren und Elemente der Bond-Filme

Sean Connery in *A Fine Madness* (1966).

James Bond (*Sean Connery*) und Tatiana Romanova (*Daniela Bianchi*) auf einem Publicity-Shot zu *From Russia With Love* (1963).

Sean Connery als James Bond auf einer Photomontage zu *Thunderball* (1965).
Im Vordergrund Claudine Auger als Domino.

James Bond (*Sean Connery*) an Bord der SPECTRE-Jacht »Disco Volante« in Thunderball (1965).

007

Im Jahre 1979 hat James Bond mit *Moonraker* den Weltraum erobert.

Nach einem phänomenalen Erfolg in den sechziger Jahren erreicht die Figur des britischen Geheimagenten jetzt erneut den Gipfel der Popularität. Um nicht als die Sensation eines vergangenen Jahrzehnts unterzugehen, hat er sich dem neuen Science Fiction-Boom angepaßt und damit abermals eine Generation von Kinobesuchern angesprochen. Trotz dieser Wandlung versteht er es, nichts von seiner Einmaligkeit, von seinem Charme, von seiner Arroganz und seinem Humor einzubüßen. Er ist das Idol von Tausenden geblieben, eine echte heroische Gestalt der Leinwand, die bis jetzt weltweit über eine Milliarde Menschen in Spannung versetzte. Um mit den vielen anderen Kinoproduktionen mithalten zu können, hat er weder Kosten noch Mühen gescheut; so wurde jeder James Bond-Film aufwendiger als der vorhergehende, und *Moonraker* ist mit einem Aufwand von 25 Millionen Dollar einer der teuersten Filme überhaupt.

James Bond besitzt die Kraft, den Kinogänger für zwei Stunden alles vergessen zu lassen und ihn an weit entfernte, exotische Schauplätze zu führen. Er begibt sich für das Wohl der Menschheit in Gefahr, gerät in ausweglos erscheinende Situationen, die jeden Sterblichen verzweifeln ließen, und zeigt dem

Rosie (*Gloria Hendry*), James Bond (*Roger Moore*) und Soltaire (*Jane Seymour*) auf einem Publicity-Shot zu *Live And Let Die* (1973).

Sean Connery in einer Profilaufnahme 1964.

Luciana Paluzzi als Fiona, oberste Exekutionsbeauftragte Blofeld's in *Thunderball (1965)*.

Zuschauer, der um *ihn* bangt, wie er das Problem mit Einfallsreichtum zu lösen versteht, wie er die Situation mit Mut und Körperkraft meistert. In einem hochtechnisierten Zeitalter kämpft Bond – im Wettlauf mit der Zeit – beispielsweise häufig gegen Computer, Raketen und Laserstrahlen.

Zu Frauen ist er meist ritterlich, ohne Skrupel und brutal seinen Feinden gegenüber, eine Mischung aus Sherlock Holmes und Tarzan, Prinz Eisenherz und Casanova. Ist James Bond ein Supermann? – Keineswegs. Er hat verschiedene Laster, wie Rauchen und Trinken, ist nicht fehlerfrei und schon gar nicht emotionslos. Er kann, wenn es die Situation erlaubt, sogar sentimental werden. Gerade dieser Wechsel zwischen Perfektionismus und menschlicher Schwäche stempelt ihn nicht zum Unverwundbaren, über jeden Zweifel Erhabenen ab – (dessen Handlung zwangsläufig Langeweile zur Folge hätte), sondern läßt ihn eher als Mensch erscheinen, der sich durch ständiges Training geistig, körperlich und seelisch in der Gewalt hat.

Nach dem Besuch eines James Bond-Films möchte jeder männliche Zuschauer insgeheim so sein wie Bond. Die weiblichen Zuschauer möchten von einem Mann wie Bond geliebt werden. In der Identifikation, die nie erreicht werden kann, die aber *möglich* erscheint, liegt das Geheimnis seines großen Erfolges. All diese Eigenschaften und Fähigkeiten sind dieser mystischen Geheimagentenfigur auch im Weltraumspektakel *Moonraker* erhalten geblieben. 007 forever!

James Bond (*Sean Connery*) und Honey (*Ursula Andress*) in *Dr. No* (1962).

Literarischer Vater und filmischer Sohn. Ian Flemming mit Sean Connery 1964.

Vom Buch zum Film

Die Pläne für eine Verfilmung der Erlebnisse des Geheimagenten gehen bis ins Jahr 1953 und bis zum Erscheinen des ersten Buches *Casino Royale* zurück. Von diesem Band wurden in England binnen kürzester Zeit über 500.000 Exemplare verkauft und jede folgende Erstausgabe eines neuen Fleming-Romans hielt dieses Limit.

Nachdem der Produzent Gregory Ratoff die Verfilmungsrechte für *Casino Royale* erworben hatte (siehe *Casino Royale),* erhielt das American Columbia Broadcasting System 1954 von Ian Fleming das Recht, eine einstündige Sendung über *Casino Royale* produzieren zu dürfen. Nachdem Fleming 1955 ein Angebot zur Verfilmung seines dritten Buches *Moonraker* ausgeschlagen hatte, wollte der Produzent der amerikanischen NBC, Henry Morgenthau III, eine Fernsehreihe mit dem Titel *Commander Jamaika* vorbereiten. Jede Episode sollte eine halbe Stunde dauern und an Originalschauplätzen entstehen. Fleming war einverstanden und schrieb ein achtundzwanzig Seiten umfassendes Manuskript. Zwar kam *Commander Jamaika* nie zur Verfilmung, das von Fleming verfaßte Drehbuch aber bildete die Grundlage für sein neues Buch *Dr. No.* 1958 kam die Produktion einer James Bond-Fernsehreihe nochmals ins Gespräch. Fleming schrieb erneut eine Vorlage, diesmal für CBS. Als erneut nichts dabei herauskam, verarbeitete Fleming seine gewonnenen Ideen in der Kurzgeschichtensammlung *For Your Eyes Only.*

James Bond, Secret Agent war der Titel eines von Fleming geplanten 007-Kinofilms. An diesem neuen Projekt beteiligten sich der Regisseur Kevin McClory, Ivor Bryce, ein Freund Flemings, und später auch der Drehbuchautor Jack Whittingham. Diese Gruppe arbeitete ein Drehbuch für *James Bond, Secret Agent* aus. Doch als sich die Arbeit ohne sichtlichen Erfolg immer länger hinzog, ohne daß ein Ergebnis in Aussicht war, verlor Ian Fleming die Lust und stieg aus. Er bezog 1960 die Ideen, die er zusammen mit McClory, Bryce und Whittingham konzipiert hatte, in sein neues Buch *Thunderball* ein (siehe *Thunderball*). Dies ließen sich die anderen nicht gefallen, Fleming wurde der Verletzung des Copyright angeklagt und für schuldig befunden.

Also waren sämtliche Versuche, James Bond ins

Sean Connery und Daniela Bianchi relaxen zwischen den Dreharbeiten zu From Russia With Love (1963).

Roger Moore umringt von den Drax-Schönheiten Francoise Gayat, Chichion Kaeppler, Irka Bochenko, Catherine Serre und Anne Lonnberg in *Moonraker* (1979).

Film-Poster zu *On Her Majesty's Secret Service* (1969).

Kino oder ins Fernsehen zu bringen, entweder gescheitert, oder hatten seinem geistigen Vater zumindest einigen Ärger eingetragen. Verständlicherweise nahm er nun von weiteren Filmprojekten Abstand.

Im Jahre 1961 machte der Drehbuchautor Wolf Mankowitz den Filmproduzenten Cubby Broccoli bei einer Begegnung in London darauf aufmerksam, wie gut sich die Bond-Romane für eine Verfilmung eignen würden. Er erzählte ihm auch, daß ein Mann mit Namen Harry Saltzman sich für alle Bücher mit Ausnahme von zweien – *Casino Royale* und *Thunderball* – das Vorverkaufsrecht gesichert habe, aber nichts damit anfangen könne, weil er weder über Geld noch über Atelier, Regisseur, Schauspieler oder Verleih verfüge.

Broccoli, angeblich ein Großneffe des Mannes, der das gleichnamige Gemüse (auf deutsch Spargelkohl) erfunden hat, ließ sich das nicht zweimal sagen. Er traf sich mit Saltzman, einem Reisebürobesitzer, der früher für die französische Armee Maultiere aufgekauft hatte. »Nach kurzem Ringen um den eigenen Vorteil reichten sich die beiden die Hand und gelobten, sich nicht zu trennen, bis das große Werk vollendet sei« (Reader's Digest).

Figuren und Elemente der Bond-Filme

1. *Der Bösewicht*:
Der Bösewicht in einem James Bond-Film ist immer überdimensional und überlebensgroß. Meist leitet er eine mächtige Organisation, entführt eine allesvernichtende Waffe, um damit ein Land (später die ganze Welt) zu erpressen oder zu vernichten. Er sieht sein Verbrechen nicht als Verstoß gegen ein Gesetz, sondern er will sich selbst ein »Denkmal« setzen oder ein »Kunstwerk« schaffen. Er ist kein gewöhnlicher Verbrecher, sondern ein Genie auf dem Gebiet der Kriminalität. Dieses Genie ist dem Wahnsinn nahe, und im Verlauf der Unternehmung gewinnt der Irrsinn die Überhand.

2. *Die »Bondine«*:
Die »Bondine« ist ein sehr schönes Mädchen, das entweder gegen den Bösewicht kämpft (Honey) oder anfänglich auf seiner Seite steht (Solitaire). Auf jeden Fall wird das Mädchen von James Bond geliebt und den Klauen des Bösen entrissen.

Sean Connery und Honor Blackman als Pussy Galore in *Goldfinger* (1964).

Sean Connery und Ursula Andres im ersten 007-Abenteuer *Dr. No* (1962).

Producer Albert R. Broccoli

3. *Die Unterbösewichte*:
Die Unterbösewichte stehen meist in einem Abhängigkeitsverhältnis zum Bösewicht und haben fast alle ein körperliches Gebrechen. Sie machen James Bond das Leben besonders schwer und tauchen auch dann noch auf, wenn ihre Auftraggeber schon tot sind.

4. *Die Mittlerfiguren(1)*:
Die Mittlerfiguren sind Menschen, die nicht direkt auf seiten des Bösewichts stehen, sondern nur ab und zu Handlangerdienste für ihn verrichten (z.B. Professor Dent in *Dr. No*). Meist sind sie die ersten, die ihren Kontakt zum Verbrecher büßen müssen.

5. *Die Mittlerfiguren(2)*:
Diese Mittlerfiguren stehen auf James Bonds Seite und lassen ihm Unterstützung zuteil werden (z. B. Quarrel, Felix Leiter). Hier herrscht eine erhebliche Ausfallquote, bedingt durch den sogenannten »Opfertod«. (Da James Bond nicht sterben oder ernstlich verletzt werden darf, das Publikum aber auf die Grausamkeit des Bösewichtes aufmerksam gemacht werden muß, stirbt einer seiner Freunde – oder eine seiner Freundinnen – einen »Opfertod« für ihn.) In diese Rubrik der Mittlerfiguren gehören auch der Geheimdienstchef M, seine Sekretärin Miss Moneypenny und der Waffenexperte Q.

I. *Die Zeit*:
Eine wichtige und wesentliche Rolle bei James Bond-Abenteuern spielt die Zeit. Der Agent liegt in permanentem Kampf mit einem Countdown, einem Start oder einem Ultimatum. Meist gewinnt er diesen »Wettlauf mit der Zeit« in den letzten Sekunden.

II. *Die Technik*:
James Bond-Filme werden immer mehr und mehr von einer gigantischen Technik beherrscht. 007 sieht sich von Film zu Film mit einer enormen technischen Apparatur konfrontiert. Unser Held zieht sich meist aus der Affaire, indem er den Apparat nicht bedient, sondern zerstört.

III. *Der große Knall*:
Mit einem großen Knall endet jeder James Bond-Film. Nachdem 007 die Organisation des Schurken infiltriert hat, holt er Hilfe herbei und die Endschlacht beginnt. Wenig später explodiert das Versteck des Verbrechers.

Jill St. John als Tiffany Case und Sean Connery als 007 bei den Dreharbeiten zu *Diamonds Are Forever* (1971).

Film-Poster zum zweiten James Bond-Streifen *From Russia With Love* (1963).

Die James Bond-Filme

Dr. No

1962

James Bond 007 jagt Dr. No

Honey Rider (*Ursula Andress*) und James Bond (*Sean Connery*)

Großbritannien 1962. Eine Eon Produktion. Im Verleih der United Artists. *Regie* Terence Young. *Producer* Harry Saltzman und Albert R. Broccoli. *Drehbuch* Richard Maibaum, Johanna Harwood und Berkely Mather, nach dem gleichnamigen Roman von Ian Fleming (London 1958, deutsch: Scherz-Action-Krimi 457). *Kamera* (Technicolor) Ted Moore. *Musik* Monty Norman, gespielt vom John Barry Orchestra (UA/SUNSET LP SLS 50395). *Schnitt* Peter Hunt. *Ton* Wally Milner und John Dennis. *Production-Design* Ken Adam. *Art Director* Syd Cain. *Titel* Maurice Binder. *Special Effects* Frank George. *Stunts* Bob Simmons. *Make-up* John O'Gorman. *Länge* 105 Minuten. *Darsteller* Sean Connery *(James Bond 007),* Ursula Andress *(Honey Rider),* Joseph Wiseman *(Dr. No),* Jack Lord *(Felix Leiter),* Bernhard Lee *(M),* Anthony Dawson *(Professor Dent),* John Kitzmiller *(Quarrel),* Zena Marshall *(Miss Taro),* Eunice Gayson *(Sylvia),* Lois Maxwell *(Miss Moneypenny),* Lester Prendergast *(Puss-Feller),* Peter Burton *(Major Boothroyd, genannt Q),* Tim Moxon *(Strangways),* Margaret LeWars *(Photographin),* Reggie Carter *(Duff),* Louis Blaazer *(Playdell-Smith),* Michele Mok *(Schwester Rose),* Yvonne Shima *(Schwester Lily),* Dolores Keator *(Mary).*

James Bond (*Sean Connery*) nimmt einen Kontakt auf

Amerikanische Raketen, die von Cap Canaveral aus gestartet werden, erfahren auf unbekannte Weise eine Kursabweichung, stürzen ins Meer oder explodieren. Zur gleichen Zeit werden der Leiter des britischen Secret Service auf Jamaika, Strangways, und seine Sekretärin Trueblood von drei Negern ermordet. Die Täter stehlen eine Akte, die einen gewissen Dr. No betrifft, der auf seiner Insel Crab Key angeblich eine Bauxitmine ausbeutet. Der englische Geheimagent James Bond, Codenummer 007, befindet sich gerade an seinem gewohnten Aufenthaltsort, einem Londoner Casino, als er vom Spieltisch zum Hauptquartier des Secret Service gerufen wird. Der Geheimdienstchef M klärt Bond über seine neue Mission auf: der Geheimdienst Ihrer Ma-

Der Kontakt verdichtet sich

jestät ist über das spurlose Verschwinden der auf Jamaika stationierten Agenten äußerst beunruhigt. James Bond soll die Angelegenheit ins reine und zugleich Licht in die Raketenaffaire bringen, zumal die amerikanische Regierung annimmt, die Störquelle befände sich im Gebiet um Jamaika. Nachdem James Bond von der Spezialabteilung Q eine neue Waffe bekommt, begibt er sich auf die Reise. Am Kingston Airport angekommen, schwebt Bond augenblicklich in Lebensgefahr. Auf der Fahrt zum Regierungsgebäude wird er in eine Autojagd verwickelt und nur mit knapper Not kann er einem ersten Mordanschlag entgehen. Es gelingt ihm zwar, den Attentäter zu überwältigen, doch begeht dieser mit einer Giftkapsel Selbstmord. Als James Bond mit dem Toten das Regierungsgebäude erreicht, wendet er sich an den Wachposten:

»Passen Sie auf, daß er sich nicht verdrückt!«

Nach diesem heißen Empfang trifft James Bond den Kaiman-Insulaner Quarrel und den CIA-Agenten Felix Leiter. Quarrel hatte Strangways zum Sammeln von Mineralproben zu verschiedenen nahegelegenen Inseln gesegelt. Felix Leiter ist Bond als Unterstützung von seiten der amerikanischen Regierung geschickt worden.

Bei einer Lagebesprechung in einem Lokal mit Leiter und Quarrel bemerkt 007 eine Photographin, die schon bei seiner Ankunft am Flugplatz Aufnahmen von ihm geschossen hatte. Er läßt das Mädchen von Quarrel herbeischaffen, um eventuell Informationen über ihren Auftraggeber zu erhalten. Obwohl ihr der Insulaner fast den Arm bricht, gibt das Mädchen keine Antwort auf Bonds Fragen. Sie zerschneidet Quarrels Gesicht mit einem zerbrochenen Blitzlicht und als er sie losläßt, benutzt sie die Gelegenheit zur Flucht.

James Bond erfährt, daß Strangways Mineralproben von einem Chemiker namens Professor Dent analysiert und ausgewertet wurden. Bond stattet dem Professor einen Besuch ab und versucht, bei ihm die Ursache für Strangways Sammlerleidenschaft zu ergründen. Als Dent eine ablehnende Haltung einnimmt, schöpft Bond Verdacht. Nach dem Gespräch eilt der verunsicherte Wissenschaftler zum Hafen hinunter. Ein dort wartendes Motorboot nimmt ihn an Bord und bringt ihn zur Crab Key Insel in eine Bauxitfabrik. Von chinesischen Wachposten flankiert, wird Dent durch das Werk in einen bizarr anmutenden Raum geführt. Eine mechanisch klingende Stimme weist dem Professor die einzige Sitzgelegenheit in dem sonst leeren Zimmer zu.

»Warum sind Sie hergekommen?« will die Stimme wissen. »Ich kam, um Sie zu warnen«, antwortet Dent.

»Um *mich* zu warnen?« lacht die Stimme, als ob Dent einen törichten Witz gemacht habe. Der nervöse Professor erklärt, daß der englische Schnüffler James Bond drauf und dran sei, das Geheimnis um Crab Key zu lüften. Daraufhin befiehlt die Stimme, den unwillkommenen Eindringling mit einer Giftspinne aus dem Weg zu räumen. Damit ist die Audienz beendet. Dent wird nach Kingston zurückgebracht.

Der Professor bringt eine der gefährlichsten Spinnen, eine Schwarze Witwe, in Bonds Bett unter. Dieser entkommt dem tödlichen Biß um Haaresbreite und zertritt das Insekt. Danach muß er sich übergeben.

Tags darauf macht sich James Bond daran, Quarrels Boot mit einem Geigerzähler zu untersuchen. Er stößt dabei auf Spuren von Radioaktivität. Als er erfährt, daß die zuletzt gesammelten Mineralien von Crab Key, Dr. Nos Insel stammten, beschließt er eine nächtliche Exkursion dorthin durchzuführen.

Doch bevor er dies tun kann, folgt er noch der Einladung einer (Dr. No hörigen) Regierungsangestell-

Der erste Mordanschlag auf Jamaika

ten. Auf der Fahrt zu ihrem Haus, das außerhalb von Kingston liegt, wird der Agent von den drei Negern attackiert, die jedoch dabei den Tod finden. Das Mädchen, das nicht mehr erwartet hatte, einen lebenden James Bond anzutreffen, ist über sein Auftauchen sichtlich erstaunt. Es gelingt ihr, eine telefonische Nachricht über das Scheitern des Mordanschlages weiterzugeben. Obwohl 007 das Mädchen für eine Agentin des Feindlagers hält, macht er sich ein paar vergnügte Stunden mit ihr. Danach verständigt Bond seinerseits die Polizei, und wenig später wird die Verräterin abgeführt. Zum Abschied spuckt sie Bond ins Gesicht.

James Bond bleibt in ihrem Haus und wartet auf die Aktion der Gegenseite, die auch nicht lange auf sich warten läßt: nachdem Professor Dent das Magazin seiner Waffe in das von Bond mit Kissen präparierte Bett geleert hat, wird er von 007 erschossen.

Noch in derselben Nacht bricht James Bond zusammen mit Quarrel auf, um sich die Insel des Dr. No genauer anzusehen. Der Wind ist günstig, sie erreichen Crab Key mit Quarrels Segelboot und verstecken es in den Mangroven. Dann legen sie sich bis zum Anbruch des Morgens schlafen. James Bond wird am nächsten Tag durch das Singen eines Mädchens geweckt. Er macht die Bekanntschaft von Honey Rider, einer delikaten Muscheltaucherin, die sich ebenso unerlaubt auf der Insel aufhält wie Bond. Plötzlich taucht ein mit Maschinengewehren bestücktes Schnellboot auf und eröffnet das Feuer auf den Strand. Obwohl niemand verletzt wird, sind beide Boote leck und damit ist Bond die einzige Fluchtmöglichkeit von Dr. Nos Insel genommen.

Nun machen sich die beiden ins Innere Crab Keys auf. Sie nehmen Honey notgedrungen mit. Bei Einbruch der Dunkelheit werden sie von einem »Drachen« heimgesucht, einem zum Ungeheuer aufgeputzten Panzer mit eingebautem Flammenwerfer, der von Dr. No zur Abschreckung abergläubischer Eingeborener konstruiert wurde. Bei dem Versuch, den Tank zu stoppen, wird Quarrel vom Flammenwerfer völlig verbrannt. Angesichts der aussichtslo-

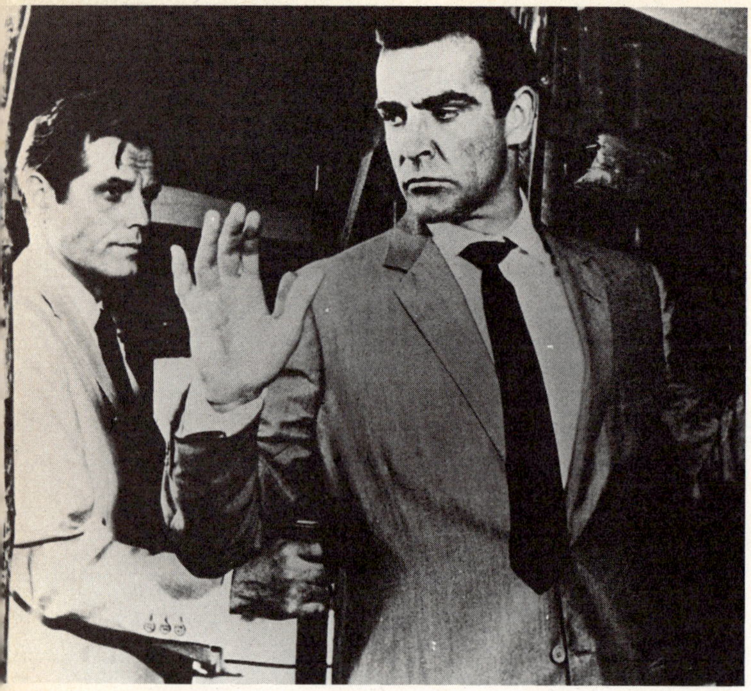

CIA-Agent Felix Leiter (*Jack Lord*) bedroht 007

Ein Besuch bei Professor Dent (*Anthony Dawson*)

sen Situation gibt Bond auf. Er wird zusammen mit Honey gefangengenommen. Männer in Strahlenschutzanzügen bringen sie in Dr. Nos Laboratorium. Dort neutralisiert man zunächst Bonds und Honeys Radioaktivität durch mehrere chemische Duschbäder. Als sie einige Stationen durchlaufen haben, werden sie von zwei chinesischen Krankenschwestern in Empfang genommen, die ihnen sehr höflich ein komfortables Appartement einige Stockwerke unter der Erdoberfläche anweisen. Nachdem 007 und das Mädchen durch ein Schlafmittel bewußtlos gemacht worden sind, erhalten sie einen kurzen, heimlichen Besuch von Dr. No, der die Schlafenden begutachtet. Am nächsten Tag empfängt der geheimnisvolle Gastgeber seine Gefangenen in einem äußerst luxuriös ausgestatteten Arbeitszimmer. Dieser Raum beherbergt kostbarste Antiquitäten, Gemälde und andere Kunstgegenstände, die einen Kontrast zu der modernen Einrichtung bilden. In der Mitte der rückwärtigen Wand befindet sich eine große Glasfront, die den Blick auf eine Vielzahl von Meereslebewesen freigibt, die zudem durch die Stärke des Glases unnatürlich vergrößert werden. Fasziniert ob dieser einzigartigen Unterwasseraussicht, wundert sich James Bond über die Kosten einer solchen Anschaffung.

»Eine Million Dollar!« antwortet eine Stimme hinter ihnen. Bond und Honey drehen sich um und stehen zum erstenmal Dr. No gegenüber. Er bittet sie zu Tisch und während der folgenden Unterhaltung lernt der Agent die Motive für Nos Handlungsweise kennen: von Ost und West als Wissenschaftler verachtet und abgelehnt, tritt das chinesisch-deutsche Mischblut Julius No der Terrorgruppe SPECTRE (The Special Executive for Counter-Intelligence, Terrorism, Revenge and Extortion) bei, um zunächst an Amerika durch die Vernichtung seines Raketenprogramms Rache zu nehmen. No schätzt Bond als fähigen Mann und bietet ihm eine Stellung in der Geheimorganisation SPECTRE an. Als Bond verneint und den Doktor provoziert, ergreift dieser mit seinen Stahlprothesen, die ihm als Ersatz für Hände dienen, eine Statuette und drückt sie zu einem Klumpen zusammen. Es ist No klar, daß er Bond nicht für seine Pläne gewinnen kann, und er entschuldigt sich mit der Vorbereitung eines neuen Störmanövers. Er läßt Bond zusammenschlagen und in eine Zelle werfen, mit Honey können die Wachen nach Belieben verfahren.

James Bond versucht nun, aus seinem Gefängnis auszubrechen und einen neuerlichen Raketenabsturz zu verhindern. Als Fluchtweg dient ihm ein Luftschacht, und nachdem er dessen elektrische Sicherung beseitigt hat, begibt er sich in die enge Röhre. Unter Aufbietung aller Kräfte kämpft sich Bond

Meter für Meter voran, wird von Wasser überspült und kriecht über heißes Metall. Als er den Schacht endlich verlassen hat, erdrosselt er einen von Nos Technikern und betritt in der radioaktivitätabweisenden Kombination des Toten den großen Kontrollraum. In Dr. Nos Hauptzentrale herrscht reges Treiben: Männer in Schutzanzügen bedienen die Geräte in zwei Etagen, lesen Instrumente ab, vergleichen Skalen. In der Mitte des Kontrollabors befindet sich ein Atomreaktor, der zum Schutz vor Strahlung in ein Wasserbecken versenkt ist. Während No und seine Assistenten damit beschäftigt sind, auf Monitoren den Startvorbereitungen zuzusehen und auf der Oberfläche Crab Keys per Fernsteuerung eine Antenne auszufahren, ist Bond unbemerkt geblieben. Nachdem die Rakete von Cap Canaveral gestartet wurde, greift er ein. Es gelingt ihm, das Instrument des Reaktors zur Regulierung der Radioaktivität bis zum Anschlag hinaufzudrehen. Dabei muß er einen Techniker niederschlagen und löst so Alarm aus. In dem nun einsetzenden Fluchtgetümmel wendet sich Dr. No gegen Bond.

Den Armaturen nach kann der Atomreaktor jeden Augenblick explodieren! Es kommt zu einem dramatischen Kampf, in dessen Verlauf No und Bond von einer schmalen Gangway auf eine langsam ins brodelnde Wasser hinabsinkende Plattform fallen, dem Reaktor entgegen. Bond schafft es, von der Plattform aus die Gangway zu erklimmen und No auf den tödlichen Aufzug zurückzustoßen. No versucht verzweifelt, sich auf die Gangway zu retten, aber seine künstlichen Hände finden keinen Halt. Langsam sinkt er ins kochende Wasser zurück.

James Bond findet Honey in einem Nebenraum am Boden festgekettet und rettet sie vor dem Ertrinken, da ihr Gefängnis überflutet ist.

Die beiden beeilen sich, Dr. Nos Laboratorium so schnell wie möglich zu verlassen. Mit Mühe ergattern sie ein Boot, das sie aus der gefährdeten Zone in Sicherheit bringt, während hinter ihnen Crab Key in gewaltigen Explosionen erbebt und Dr. Nos unterirdisches Reich zerstört wird. Nach kurzem Treiben auf dem Meer nimmt sie ein Marineschnellboot, mit Felix Leiter an Bord, ins Schlepptau. James Bond aber löst das Seil wieder, um nach vollendetem Auftrag mit der schönen Honey zu entspannen.

Professor Dent (*Anthony Dawson*) warnt Dr. No vor 007

Als am 5. Januar 1962 die Dreharbeiten zu *Dr. No* begannen, wurde damit der Grundstein zur erfolgreichsten Agentenserie in der Geschichte des Films gelegt. In diesem ersten James Bond-Abenteuer sind fast alle Basis-Elemente vorhanden, die dem Publikum seither in variierter Form und mit einem größeren technischen Aufwand immer wieder vorgesetzt werden und die den Erfolg der Serie seit mehr als fünfzehn Jahren gewährleisten.

Nachdem zum ersten Mal das James Bond-Thema von Monty Norman erklungen ist, das in jedem weiteren 007-Thriller wiederverwendet wurde, folgt ein ungewöhnlicher Titelvorspann von Maurice Binder.

Dr. No beginnt mit zwei abscheulichen Morden, die von den »Three Blind Mice«, drei Negern, begangen werden. John Brosnan, ein großer 007-Experte, beschreibt die Wirkung dieser Verbrechen in seinem Buch *James Bond in the Cinema:* »Diese beiden Morde sind verwirrend echt und widerlich und wir fühlen uns an diesem Punkt unsicher, welche Richtung der Film einschlagen wird. Dies war ein schlauer Trick der frühen Filme – die Mischung von harter Realität und eklatanter Irrealität. Die Szenen sind sehr gut gelungen und haben einen Touch von Hitchcocks Meisterlichkeit.« In einem Spielclub in London macht der Zuschauer dann die Bekanntschaft von Sean Connery alias James Bond 007. Mit *Dr. No* gelang dem Schotten der ganz große Durchbruch. Er wurde in der Rolle des britischen Gentleman-Geheimagenten weltberühmt und das Idol von Millionen Menschen. Seine Fans identifizierten ihn vollständig mit Ian Flemings Figur und diese Identifikation wuchs mit der Zahl der 007-Filme. Connery war nahe daran, seine Schauspielerpersönlichkeit zu verlieren, und wurde nach fünf Bond-Streifen seiner Rolle überdrüssig: »Bond geht mir auf die Nerven, er ist mir unsympathisch. Wenn es nach mir ginge, ließe ich ihn an Rheumatismus erkranken und in der nächsten Episode von ein paar Mädchen beseitigen.«

In *Dr. No* ist von einer solchen »Bond-Müdigkeit« allerdings noch nichts zu spüren. Seine Darstellung ist nicht nur überzeugend und routiniert, sondern auch von einem gewissen Enthusiasmus begleitet, den ich in *Thunderball* so vermisse.

Nach der Casino-Szene lernen die Zuschauer im Hauptquartier des Secret Service drei weitere Hauptfiguren der James Bond-Reihe kennen: M, den Geheimdienstchef, seine Sekretärin Miss Moneypenny und den Waffenmeister Major Boothroyd, genannt Q.

Bernhard Lee verkörpert den harten, scheinbar emotionslosen Geheimdienstleiter. M führt seine 00-Agenten mit eiserner Strenge und großer Autorität. Genau dieses Gefühl ruft Lees Darstellung beim Publikum hervor. M will James Bond seine Pistole, eine Beretta, wegnehmen, da sie beim letzten Einsatz Ladehemmung hatte. Als Bond Einspruch erhebt, bleibt ihm nur die Wahl, in Zukunft einen Schreibtischposten zu besetzen, oder eine neue Waffe anzunehmen. Der Pistolenexperte Q, der von Peter Burton fast ein wenig langweilig gespielt wird, präsentiert dem Agenten die neue Walther PPK, Kaliber 7.65 mm. Lois Maxwell dagegen spielt M's Sekretärin Miss Moneypenny mit Witz und Charme. Moneypenny liebt Bond und zeigt ihm dies auch gelegentlich, doch 007 ist nie richtig interessiert. Der neckische Flirt in M's Vorzimmer wurde ein von Film zu Film wiederkehrendes Ritual. Für diese beiden Figuren verwendete man die ganze Serie hindurch die gleichen Schauspieler, um beim Zuschauer das Gefühl des Erkennens (ah, alte Bekannte) zu wecken. Im nächsten Bond-Film *From Russia With Love* kam für Peter Burton der Schauspieler Desmond Llewelyn und übernahm in sämtlichen anderen 007-Streifen die Rolle des trickreichen Waffenmeisters.

Honey Rider (*Ursula Andress*) und James Bond (*Sean Connery*) werden von Dr. Nos Leuten gestellt.

Nachdem 007 seinen Auftrag erhalten hat, fliegt er nach Jamaika. Durch das Drehen an Originalschauplätzen erwirbt *Dr. No* eine realitätsbezogene Grundlage, die einen wundervollen Kontrast zu der irrealen Handlung bildet. Der Zuschauer wird in eine ihm fremde, exotische Welt entführt, das Alltägliche wird vermieden. Damit büßt er zwar auch einen Teil seiner Urteilsfähigkeit ein, doch dies nimmt er gerne in Kauf.

In Jamaika lernt James Bond den CIA-Agenten Felix Leiter und den Kaiman-Insulaner Quarrel kennen. Leiter wird vom *Hawaii-fünf-null*-Chef Jack Lord gespielt und taucht meist dann auf, wenn 007 seine Hilfe nicht benötigt. John Kitzmiller stellt den Eingeborenen Quarrel dar, der mit Bond auf Dr. Nos Insel die Gefahr teilt. Leider ist diese Filmfigur nach dem alten Muster des ängstlichen Schwarzen gestrickt. In Flemings Vorlage war der Insulaner weitaus besonnener und vernünftiger. (Übrigens taucht Felix Leiter im Buch gar nicht auf. Fleming ließ Leiter schon im zweiten 007-Abenteuer *Live And Let Die* 1954 in ein Haifischbecken stürzen und so zurichten, daß sich der CIA-Mann mit ein paar künstlichen Gliedmaßen durch die 1956 entstandene Schmugglergeschichte *Diamonds Are Forever* schleppen mußte.)

Bei seinen Nachforschungen stößt der Geheimagent auf den opportunistischen Professor Dent, der in Nos Diensten steht und hervorragend von Anthony Dawson dargestellt wird. Nachdem 007 den heimtückischen und feigen Wissenschaftler verunsichert hat, sucht dieser Nos Insel Crab Key auf, um seinen Guru zu warnen. Beim Anblick von Nos »Audienzzimmer« bewundert der Betrachter zum erstenmal die Arbeit des Designers Ken Adam, der diesen Raum und Dr. Nos Laboratorium entwarf. Hier zeigt sich auch, in welchem Abhängigkeitsverhältnis Dent zu No steht, der nur über Lautsprecher mit dem Professor verkehrt und ihm die Order gibt, Bond zu töten. Dabei macht er ihm klar, daß ein Versagen schlimme Folgen hätte. Gerade aus dieser Einschüchterung aber entstehen Fehler, die James Bond willkommen sind.

Als der Mordversuch mit der Giftspinne danebengeht, lockt die Regierungsangestellte Miss Taro (ebenfalls auf Dr. Nos Lohnliste) den Agenten in ihr Haus. Auf der Fahrt wollen die »Three Blind Mice« seinem Leben ein Ende setzen. Die Autojagd, in die 007 verwickelt wird, wirkt heute reichlich antiquiert und nur zu leicht erkennt man die Studioaufnahmen.

Es folgen nun zwei Szenen, die *Dr. No* einigen Ärger mit der Kritik eingebracht haben. Nachdem James Bond mit der überraschten Miss Taro geschlafen hat, verfrachtet er sie anschließend in ein Polizeiauto. Damit nimmt 007 eine Haltung ein, die das Publikum von einem Helden, sprich »Vorbild«, nicht erwartet. Bond handelt hier gemein und niederträchtig und diese Handlungsweise nagt an seinem »Gentleman«-Image. Als Dent zum Haus kommt, um Bond zu beseitigen, verschießt er seine Munition ins leere Bett. Der wehrlose Professor wird daraufhin von James Bond erbarmungslos niedergeknallt. »Coldblooded murder«, kommentiert John Brosnan diese Szene. Richard Whitehall schrieb in *Films and Filming:* »The British cinema will never be the same again.« Ich will den Mord des Geheimagenten nicht rechtfertigen, doch sollte man sich vor Augen halten, daß ein James Bond immer nur in dem Maße human oder ein Gentleman sein kann, wie es der Spion in ihm erlaubt. Man darf nicht vergessen, daß die Gegenseite ebenso grausam und brutal vorgeht.

James Bond und Quarrel segeln nun zu Dr. Nos Insel, um die dortigen Vorgänge zu erkunden. Auf Crab Key trifft 007 Honey Rider. Ursula Andress avancierte als das naive Mädchen Honey zum Weltstar. Nie wird man die Szene vergessen, als sie – einer schaumgebadeten Venus gleich – in ihrem weißen

Ein gefährliches Rendezvous mit Miss Taro *(Zena Marshall)*

Bikini aus dem Meer steigt. Andress selbst meint zu ihrer Rolle in *Dr. No:* »Sie boten mir den Part an, aber ich konnte mir nicht vorstellen, ein Filmstar zu sein; dazu hatte ich keinen Ehrgeiz. Ich wollte Jamaika sehen, so sagte ich ja – fest davon überzeugt, daß der Film niemals richtig herauskommen und niemand sehen würde, wie lächerlich ich mich gemacht hatte. Statt dessen – whoosh! Über Nacht wurde ich berühmt. Alles, was ich tat, war, den Bikini zu tragen.«

Ursula Andress wurde die erste »Bondine«, ein naives, unverdorbenes Mädchen, das, von der Umwelt schlecht behandelt, seelischen Schiffbruch erlitten hat. Bond überzeugt sie von seiner Mission, indem er sie an dem Kampf gegen das Böse teilhaben läßt. (Es ist kein Zufall, daß No auch Honeys Vater auf dem Gewissen hat.)

Nachdem die drei von Nos Männern entdeckt wurden, flüchten sie durch die Mangrovensümpfe. Bald werden sie von ihren Verfolgern mit Bluthunden aufgestöbert, nur durch eine List können sie sich retten. Der Marsch durch die Sümpfe ist ein erneuter Hinweis auf die exotische, farbige Umwelt. Doch die nächste Szene zerstört dieses Bild sofort: die Konfrontation mit dem »Drachen«, Quarrels Tod und die Gefangennahme des Agenten und des Mädchens. James Bonds unbefugtes Eindringen in Nos Reich darf nicht ungestraft bleiben; so wird Quarrel ein Opfer des feuerspeienden Panzers. Er stirbt quasi einen Opfertod, der seine Wirkung beim Publikum nicht verfehlt.

Honey Rider (*Ursula Andress*) und James Bond (*Sean Connery*) sehen sich auf Crab Key um

Der Zuschauer, der noch vor wenigen Augenblikken in der Exotik der Karibik gefangen war, ist auf die Rückschläge, die 007 nun erleidet, unvorbereitet und dringt plötzlich mit ihm in Dr. Nos Riesenlabor ein. Die technische Ausstattung der »Entseuchungsstation«, in die Bond und Honey gebracht werden, stellt eine gekonnte Mischung aus Fantasie und Wirklichkeit dar und fasziniert Laien und Experten gleichermaßen. Die Technik, die in *Dr. No* gezeigt wurde, war keine Science-Fiction im üblichen Sinn. Hier handelte es sich um eine verfeinerte, eher glaubwürdige Darstellung dessen, was vielleicht schon in nächster Zukunft geschehen könnte. Diesen Eindruck erweckte man dadurch, daß die verwendete Technik nur einen Schritt über der damaligen Möglichkeit lag und somit momentan irreal, aber perspektivisch denkbar war. Nachdem James Bond und Honey von der Radioaktivität befreit sind, passieren sie eine Desinfektionsschleuse. Krankenschwestern bringen sie in feudale Wohnräume, die ihnen zur Verfügung stehen. Die beiden werden wie liebe, alte Bekannte behandelt und nichts deutet darauf hin, daß sie sich in den Klauen eines Supergangsters befinden. Dr. No weiß genau Bescheid: er war von Bonds Ankunft unterrichtet und ließ noch schnell ein paar Kleider für das Mädchen anfertigen.

Kaum haben Bond und Honey einen Schluck Kaffee getrunken, als sie auch schon betäubt am Boden liegen. Später betritt der unheimliche Doktor das Zimmer seiner Gefangenen. Dem Zuschauer bleibt sein Gesicht verborgen, die Kamera zeigt nur die Beine, die in weißen Slippern und weißer Hose stekken. Als er das Leintuch von Bonds Körper zieht, sind Nos Hände aus Stahl zu erkennen. Lautlos verläßt er das Zimmer.

Stunden danach fahren James Bond und Honey zu Dr. Nos Empfangs- und Arbeitszimmer hinab. Arbeitszimmer ist allerdings stark untertrieben, denn es handelt sich hier vielmehr um eine Residenz. Syd Cain, der verantwortliche Art Director, hat diesen Raum mit einem Detailreichtum ausgestattet, der für die ganze Serie charakteristisch werden sollte. Mit James Bond und Honey bestaunt auch das Publikum den atemberaubend schönen, zugleich unheimlichen und mit kostbarsten Antiquitäten garnierten Raum. Das ist nicht das Versteck eines gewöhnlichen Verbrechers, sondern der unterirdische Palast einer teuflischen Macht: Dr. No!

Joseph Wiseman spielt den Typus des überdimensionalen Bösewichts überzeugend und ist nach Gert Fröbe (Goldfinger) und Christopher Lee (Scaramanga) der beste James Bond-Gegenspieler. In *Dr. No* kämpft James Bond gegen einen allmächtigen Feind, der zwei Drittel des Films im Hintergrund bleibt. Er ist unsichtbar, doch weiß das Publikum,

Honey Rider (*Ursula Andress*) und James Bond (*Sean Connery*) genießen die Gastfreundschaft von Dr. No.

daß *er* es ist, der dem Agenten andauernd massive Knüppel zwischen die Beine wirft. So büßt Wiseman – in eine rotchinesische Uniform gekleidet – etwas von seiner Aura der Unantastbarkeit ein, als er James Bond (und dem Publikum) zum erstenmal gegenübersteht. Wiseman besitzt die Fähigkeit, die Rolle des Dr. No so zu beherrschen, daß der Zuschauer ob der ruhigen, kontrollierten, mechanischroboterhaften Art des genialen, aber verrückten Wissenschaftlers erschauert. Dieser Eindruck wird durch Nos Computerstimme und seine künstlichen Hände noch verstärkt.

Als Mann des Geistes gibt sich No nicht mit trivialen Dingen und Aktionen ab. Seine Mordwerkzeuge sind Menschen, die lieber sterben, als daß sie den Namen ihres Auftraggebers preisgeben. Und nun ist James Bond diesem Wahnsinnigen in die Falle gegangen und hilflos ausgeliefert.

Nachdem der Doktor 007 einen Wodka-Martini (geschüttelt, nicht gerührt) angeboten hat, begeben sie sich zu Tisch. No sendet mit Hilfe einer Antenne radioaktive Strahlen aus. Damit gelingt es ihm, die Steuerung der amerikanischen Raketen lahmzulegen, sie abstürzen zu lassen und somit das Raumfahrtprogramm empfindlich zu stören. Dr. No versucht James Bond für seine Pläne zu gewinnen und will die Organisation SPECTRE um einen fähigen Mann bereichern.

»Ich glaube, die Abteilung Rache läge mir am besten«, meint 007, »allerdings wäre dann meine erste Aufgabe, herauszufinden, wer für den Mord an Strangways und Quarrel verantwortlich ist.«

Dr. No (*Joseph Wiseman*) macht 007 Komplimente

James Bond in Aktion

No ist sehr enttäuscht: »Ich habe mich geirrt, Mr. Bond, Sie sind nur ein dummer Polizist.« No hat aber den Fehler begangen, den Agenten zu unterschätzen. Er nimmt James Bond einfach nicht ernst, läßt ihn nicht töten, was doch naheliegend wäre, sondern sperrt ihn in eine Zelle. 007 überwindet die elektronische Sicherung des Luftschachts und kriecht in die Freiheit. Hier haben die Drehbuchautoren Richard Maibaum, Johanna Harwood und Berkely Mather eine Veränderung an Ian Flemings Vorlage vorgenommen: während James Bond im Film eher zufällig durch den Belüftungsschacht entkommt, hat der literarische No Bond diese Fluchtmöglichkeit indirekt angeboten, um ihn bis an die Grenzen seiner Leistungsfähigkeit zu testen. Als sich 007 durch die enge Röhre kämpft, wird er von Wachen beobachtet, die No melden, welche Stationen Bond in seinem »Hindernisrennen gegen den Tod« überwunden hat. Im Roman muß sich 007 gegen einen Haufen Taranteln behaupten und fällt zu guter letzt in ein Wasserbekken, in dem ein riesiger Kalmar (ein Tintenfisch) auf Beute lauert. Der Agent verliert vorübergehend das Augenlicht und ein Stück seines Magens, das ihm der Kalmar herausreißt. Dies alles wäre für den Film *Dr. No* schlecht zu realisieren gewesen und sicherlich hätte das Publikum auf solch brutale Szenen mit Abscheu reagiert.

Als James Bond völlig am Ende den Schacht verläßt, findet er noch die Kraft, einen Techniker zu erwürgen und in dessen Anzug das Labor zu betreten. »Hier hat nun Ken Adam seinen großen Tag und wir werfen einen Blick in das einfallsreichste Kontroll-Laboratorium, das ein verrückter Wissenschaftler je sein eigen nennen konnte.« (John Brosnan). 1962 waren Größe, Ausstattung und Vorgänge in dieser Zentrale einzigartig. Heute wirkt Dr. Nos Labor eher bescheiden, wenn man es mit der Einrichtung vergleicht, die einem Sigmund Stromberg in *The Spy Who Loved Me* (1977) oder einem Hugo Drax in *Moonraker* (1979) zur Verfügung steht. Echte James Bond-Fans aber werden diese erste und für alle folgenden Filme richtungsweisende Super-Zentrale nie vergessen. 007 ist unbemerkt geblieben, da No und die Techniker alle Hände voll zu tun haben, die Kontrollinstrumente zu bedienen. Erst als der Countdown für eine amerikanische Forschungsrakete ausläuft, dreht James Bond den Regulator des

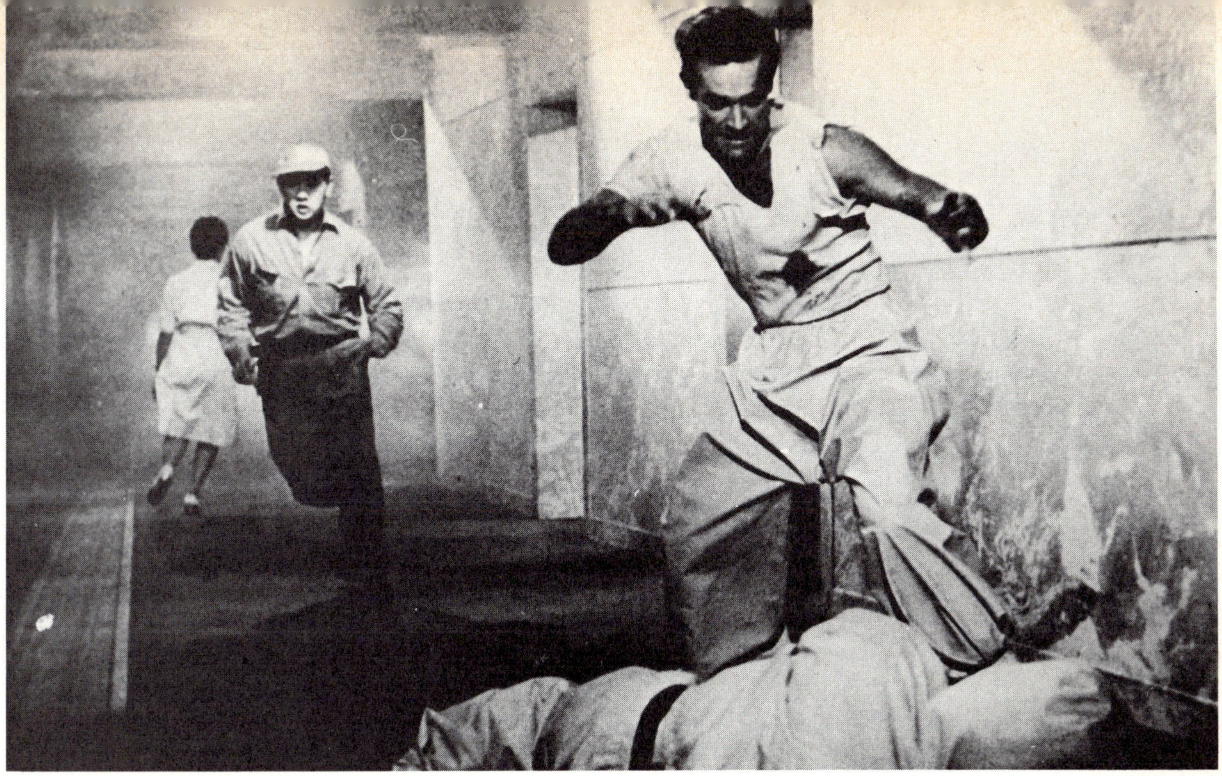

Auf der Suche nach Honey

Kernreaktors über den »Danger-Level« und in der Zentrale ist die Hölle los. Bond hat damit die Zerstörung der mörderischen Technik und die Vernichtung des Bösewichts eingeleitet, ein Motiv, das den Abschluß eines jeden 007-Thrillers kennzeichnet.

Von dem nun folgenden Kampf James Bonds gegen Dr. No ist in der zerschnittenen, ab zwölf Jahren freigegebenen Version des Films, die momentan in den deutschen Kinos läuft, leider nicht mehr viel zu sehen. Bond-Stunt-Fachmann Bob Simmons gab sich hier viel Mühe, einen harten Kampf auf kleinem Raum überzeugend und mitreißend darzustellen. In dieser Szene entlädt sich die gesamte aufgestaute Spannung. Seit Bonds Flucht aus der Zelle wurde fast nichts mehr gesprochen, und der Wettlauf gegen die Zeit hat nun seinen Höhepunkt erreicht. Nachdem 007 No ins kochende Wasser gestoßen hat, befreit er Honey und flieht mit ihr zum Pier. Eine gigantische Explosion vernichtet Nos Lebenswerk. Doch mit diesem Untergang begann gleichzeitig der kometenhafte Aufstieg von Ian Flemings Agentenfigur. *Dr. No* wurde ein riesiger kommerzieller Erfolg. *Dr. No* hatte ein Produktionsbudget von einer Million Dollar, und es ist unglaublich, was mit der relativ geringen Summe erreicht worden ist: gute Schauspieler, allen voran Sean Connery, Drehen an Originalschauplätzen, Technik und Ausstattung trugen zum großen Box-Office-Success bei. *Dr. No* verhalf dem Kino zu neuen Ideen und Erkenntnissen: das Zusammenspiel von Regie, Kamera, und Schnitt war bis ins kleinste perfekt und genau festgelegt, dies aber in einer neuen, dem Kinobesucher der fünfziger Jahre gänzlich unbekannten und deshalb interessanten Art. Die Schnittfolge war schnell, die Kamera wechselte häufig die Einstellung, die Regie ließ dem Zuschauer wenig Zeit über das Gesehene nachzudenken. Witzige Dialoge und andauernde Action taten das übrige, um das Publikum äußerst spannend zu unterhalten.

Alle diese Faktoren sicherten James Bond 007 die Rückkehr auf die Leinwand:

»The end of *Dr. No,*
But James Bond will be back
In *From Russia With Love.*«

James Bond (*Sean Connery*) und Honey Rider (*Ursula Andress*) lassen sich treiben

From Russia With Love

1963

Liebesgrüsse aus Moskau

007 wird gejagt

Großbritannien 1963. Eine Eon Produktion. Im Verleih der United Artists. *Regie* Terence Young. *Producer* Harry Saltzman und Albert R. Broccoli. *Drehbuch* Richard Maibaum, Johanna Harwood, nach dem gleichnamigen Roman von Ian Fleming (London 1957, deutsch: Scherz-Action-Krimi 495). *Kamera* (Technicolor) Ted Moore. *Musik* John Barry. Titelsong »From Russia With Love« komponiert von Lionel Bart, gesungen von Matt Munro (UA/SUNSET LP SLS 50291). *Schnitt* Peter Hunt. *Ton* John W. Mitchell und C. Le Mesurier. *Art Director* Syd Cain. *Titel* Robert Brownjohn und Trevor Bond. *Special Effects* John Stears, Frank George. *Stunts* Peter Perkins. *Make-up* Basil Newall, Paul Rabiger. *Darsteller* Sean Connery *(James Bond)*, Daniela Bianchi *(Tatjana Romanova)*, Pedro Armendariz *(Kerim Bey)*, Lotte Lenya *(Rosa Klebb)*, Robert Shaw *(Red Grant)*, Bernhard Lee *(M)*, Eunice Gayson *(Sylvia)*, Walter Gotell *(Morzeny)*, Francis de Wolff *(Vavra)*, George Pastell *(Zugschaffner)*, Lois Maxwell *(Miss Moneypenny)*, Aliza Gur *(Vida)*, Martine Beswick *(Zora)*, Vladek Sheybal *(Kronsteen)*, Fred Haggerty *(Krilencu)*, Desmond Llewelyn *(Q)*, Leila *(Bauchtänzerin)*, Nadja Regin *(Kerims Freundin)*, Hasan Ceylan *(Agent)*, Neville Jason *(Rolls-Chauffeur)*, Peter Bayliss *(Benz)*, Mushet Auaer *(Mehmet)*, Peter Brayham *(Rhoda)*, Jan Williams *(Masseuse)*, Peter Madden *(Mc Adams)*. *Länge* 116 Minuten.

Tatjana Romanova (*Daniela Bianchi*) und James Bond (*Sean Connery*)

Rosa Klebb (*Lotte Lenya*) inspiziert das PHANTOM-Trainingslager

Die internationale Terrororganisation PHANTOM beabsichtigt, den russischen und den englischen Geheimdienst gegeneinander auszuspielen.

Das einmalige Organisationstalent Kronsteen, das für den sicheren Verlauf dieses Vorhabens verantwortlich ist, trägt zu Beginn der Handlung gerade ein Schachspiel um die Meisterschaft aus. Dieses Spiel findet in Venedig in einem großen, reich ausgeschmückten Saal vor Zuschauern statt, die die Schachmeisterschaft auf einer großen Wandtafel beobachten und nachvollziehen können. Mitten im Spiel erreicht Kronsteen die Nachricht des PHAN-

James Bond (*Sean Connery*) und Miss Moneypenny (*Lois Maxwell*): ein Dauerflirt

TOM: Kommen Sie sofort! Der Planungschef beendet zunächst die Partie durch einen genialen Zug erfolgreich, dann verläßt er den Saal in Eile, ohne auf die zum Glückwunsch ausgestreckten Hände seiner Anhänger zu achten. Sein Ziel ist die Jacht von Ernst Stavro Blofeld, Mastermind der PHANTOM-Vereinigung. Ebenfalls bei der Lagebesprechung anwesend ist Rosa Klebb, die ehemalige Leiterin des russischen Geheimdienstes SMERSH, die jetzt für PHANTOM arbeitet. Am Beispiel von siamesischen Kampffischen erklärt Bösewicht Blofeld das Vorgehen in dieser Operation: Während sich zwei Fische bekämpfen, wartet ein dritter im Hintergrund ab, um den Überlebenden zu töten. Auf derselben Basis will Blofeld in seinem teuflischen Plan verfahren: PHANTOM gibt dem britischen Geheimdienst die Möglichkeit, eine russische Dechiffriermaschine, Lektor genannt, in die Hand zu bekommen.

Kronsteen ist davon überzeugt, daß die Engländer für eine solche Aufgabe ihren besten Mann schicken werden: James Bond. Nach dem Diebstahl der Lektor soll Bond beseitigt, der Secret Service beschuldigt und die Maschine in die Hand der Terrorgruppe gebracht werden. PHANTOM will dann die Lektor für eine hohe Summe an die UdSSR zurückverkaufen. Mit diesem Plan kann zugleich der Superagent James Bond vernichtet werden, der für den Tod von Blofelds Mitarbeiter Dr. No verantwortlich ist. Rosa Klebb soll nun Kronsteens Plan in die Tat umsetzen. PHANTOM leidet weder unter Personal- noch unter Geldmangel, denn Klebb wird per Helikopter auf eine Insel im Mittelmeer gebracht, die PHANTOM als Ausbildungsstätte und Trainingslager dient. Nach einem Rundgang begutachtet sie den fanatischen Killer Donovan »Red« Grant, der für die Beseitigung Bonds ausgewählt wurde. Nach einem kurzen, aber wirkungsvollen Test mit dem Schlagring hat sie sich von der unverwüstlichen Konstitution dieser Kampfmaschine überzeugt und verläßt die Insel.

Ebenso wichtig wie Grants Mission ist die Aufgabe, die Klebb einem russischen Mädchen namens Tatjana Romanova, das in der sowjetischen Botschaft in Istanbul tätig ist, zugedacht hat. Tatjana soll dem britischen Secret Service eine Nachricht zukommen lassen, daß sie sich in ein Aktenbild eines englichen Spions (James Bond) verliebt habe und bereit wäre, in den Westen überzulaufen.

Eine Lektor würde das Mitbringsel in den Westen sein, wenn sie der Agent ihrer Träume in Istanbul abholen käme. Tatjana, die von ihrer »Berufung« noch gar nichts weiß, erhält die Nachricht, sich bei der angegebenen Adresse zu melden. Eine uniformierte Rosa Klebb empfängt das Mädchen in einem unbewohnten Haus in der Altstadt Istanbuls. Tatjana hält Klebb immer noch für den Geheimdienstchef von SMERSH. Nachdem sie von Klebb in ihre Mission eingeweiht worden ist, muß sie annehmen, um nicht getötet zu werden. (Allerdings hat Klebb dem Mädchen die Absichten PHANTOMS gänzlich verschwiegen und Tatjana glaubt, im Auftrag Moskaus zu handeln.) Ihrer Majestät bester Agent vergnügt sich indessen auf seine spezielle Weise: Er liegt in den Armen einer schönen Frau, in einem am Ufer verankerten Boot, als er durch einen Autotelefonanruf zum Hauptquartier des Secret Service gerufen wird. Sein Vorgesetzter M ist über die Nachricht der sowjetischen Botschaftsangehörigen erstaunt und bittet 007 nach kurzer Schilderung der Fakten um seine Meinung.

»Es sieht nach einer Falle aus«, gibt Bond zur Antwort und M stimmt ihm zu. James Bond findet die Geschichte, daß sich eine Russin in das Paßfoto eines britischen Agenten verliebt haben soll, lächerlich, bis er ein Bild des Mädchens sieht. Danach ändert er seine Meinung schlagartig. Beide Männer sind sich der Gefahr eines solch riskanten Unternehmens bewußt, doch kann sich der Service nicht leisten, die Chance, eine Dechiffriermaschine zu erhalten, ungenützt zu lassen. So lautet James Bonds Auftrag, die Lektor und Tatjana Romanova aus Istanbul sicher nach England zu bringen. In Istanbul soll 007 von Kerim Bey, dem Leiter der dortigen Service-Niederlassung, Unterstützung zuteil werden.

Bevor Bond zu seiner neuen Mission aufbrechen kann, muß er noch den Besuch des Waffenmeisters Major Boothroyd, genannt Q, über sich ergehen lassen. Dieser händigt ihm einen Diplomatenkoffer mit Innenleben aus: Im doppelten Boden ist ein zerlegtes Gewehr mit Infrarotzielfernrohr untergebracht; ferner sind in diesem Gepäckstück Patronen für Bonds Pistole und eine finanzielle Notreserve in Höhe von fünfzig Goldstücken verstaut. Per Knopfdruck fährt auf der Außenseite ein Wurfmesser aus, und wer den Koffer auf normale Weise öffnen will, dem fliegt eine Tränengasbombe ins Gesicht. Nach einem kurzen Flirt mit M's Vorzimmerdame, Miss Moneypenny, verabschiedet sich Bond mit einem Gruß, den er auf Tatjanas Bild schreibt: From Russia With Love. Dann tritt er seine Reise an.

Nach seiner Ankunft in Istanbul wird James Bond von einem Sohn Kerim Beys abgeholt und in das

Rosa Klebb (*Lotte Lenya*) instruiert Tatjana Romanova (*Daniela Bianchi*)

Kerim Bey (Pedro Armendariz) und James Bond (*Sean Connery*) forschen die russische Botschaft aus

007 bei den Zigeunern

Hauptquartier gebracht. Unterwegs verfolgt ein klappriger Citroën Bonds Rolls, doch sein junger Chauffeur erklärt ihm, daß er keine Bedenken zu haben brauche: Die Verfolger seien harmlose Bulgaren, Beobachtungsposten, im Dienst der Russen. In der als Teppichgeschäft getarnten Geheimdienststation macht Bond die Bekanntschaft Kerim Beys, eines freundlichen Mannes in den besten Jahren. Dieser versucht Bond einen Einblick in die hierzulande herrschende Mentalität zu geben und erklärt ihm, daß Istanbul seit geraumer Zeit kein Schauplatz von Agententätigkeit mehr ist; er empfiehlt ihm, ein paar ruhige Tage zu verleben.

Inzwischen hat PHANTOM durch Red Grant die Initiative ergriffen: Während einer der beiden Bulgaren Bond in den Bazar gefolgt ist, hat Grant den zurückgebliebenen Fahrer überwältigt, getötet und das Automobil vor dem Eingang der russischen Botschaft geparkt. Dort wechselt er in ein Fahrzeug, in dem Rosa Klebb bereits auf ihn wartet. Unbehelligt fahren sie davon. Der mißtrauisch gewordene Wachposten vor der Botschaft öffnet die Autotüre, um nachzusehen, ob etwas nicht in Ordnung sei: Der ermordete Bulgare fällt ihm entgegen! »Nun wird der kalte Krieg in Istanbul nicht mehr lange kalt bleiben«, wendet sich Klebb spöttisch an Grant, der schweigend seine schwarzen Handschuhe abstreift.

Währenddessen ist James Bond in seinem Hotel

Zwei Zigeunerinnen (*Aliza Gur* und *Martine Beswick*) tragen eine Meinungsverschiedenheit aus

eingetroffen. Dort untersucht er zunächst sein Zimmer nach Abhörmikrophonen. Er wird bald fündig: Bild und Lüster sind »Wanzenträger« und das Telefon ist auch angezapft. Bond erkundigt sich an der Rezeption nach einem anderen Zimmer und erhält schließlich das Appartement für Hochzeitsreisende. 007 ist's zufrieden und ahnt nicht, daß diese neue Unterkunft andere Überraschungen birgt.

Kerim Bey muß inzwischen für Grants Verbrechen herhalten: Als Racheaktion explodiert eine Haftmine an der Außenwand seines Teppichgeschäfts, er bleibt jedoch unverletzt. Als Bond am Schauplatz des Geschehens eintrifft, ist Bey über eine solche Provokation seitens der Russen sehr erstaunt. Um diesem Anschlag auf den Grund zu gehen, unternimmt er zusammen mit James Bond einen unterirdischen Ausflug zur russischen Botschaft. Eine Geheimtreppe führt sie zu einem Wasserreservoir, das sich in Kanälen unter der ganzen Stadt hinzieht. Am Fuß der Treppe hat Kerim ein Ruderboot liegen. Von Wasserratten begleitet, erreichen die beiden die russische Botschaft und legen an. Kerim Bey zeigt 007 ein Sehrohr, wie es bei Unterseebooten benutzt wird. Als das Gebäude kurze Zeit renoviert wurde, ließ Kerim das Periskop heimlich einbauen, um immer Einblick in sowjetische Lagebesprechungen nehmen zu können. Bond ist vom Einfallsreichtum des Türken beeindruckt.

Im Moment findet eine anscheinend wichtigte Konferenz statt. Kerim fordert James Bond auf, einen Blick in das Konferenzzimmer zu werfen, und erklärt ihm die Bedeutung der Anwesenden. Bey macht einen wild gestikulierenden Mann namens Krilencu für das Attentat verantwortlich und warnt Bond vor diesem Bulgaren, der in sowjetischem Auftrag mordet. 007 unterbricht Kerim in seinen Ausführungen, da gerade ein Mädchen zur Nachrichtenübermittlung in den Raum getreten ist. Kerims Ansicht nach müßte dies Tatjana Romanova sein, da sie als einziges Mitglied der Nachrichtenabteilung Zutritt zu diesem Raum habe.

Kerim Bey hält eine Übernachtung im Hotel für zu gefährlich und beschließt, mit Bond in einem Zigeunerlager unterzutauchen. Kerim läßt die Zigeuner für sich arbeiten, da sich die Bulgaren für die Russen nützlich machen. Nach einem herzlichen Empfang werden die beiden zum Essen eingeladen, während eine Bauchtänzerin sie dabei mit ihrer Kunst aufs Angenehmste unterhält. Danach wird Bond Zeuge eines Kampfes auf Leben und Tod. Zwei Mädchen des Lagers lieben denselben Mann, und da keine bereit ist zu verzichten, müssen sie, nach alter Zigeunersitte, um ihn kämpfen. Kerim bittet Bond, sich keinesfalls einzumischen.

Inzwischen haben Krilencu und seine Mannen Kerims Versteck ausfindig gemacht, das Lager eingekreist und die Wachen getötet. Als der Kampf der Mädchen in vollem Gange ist und sich eine Entscheidung abzuzeichnen beginnt, gibt Krilencu das Signal zum Angriff. Es folgt nun ein wildes Durcheinander, als sich die überraschten Zigeuner gegen die Angreifer zur Wehr setzen. Kerims Waffe hat nach ein paar Schüssen Ladehemmung und er wird von Krilencu angeschossen. James Bond hat sich natürlich sofort ins Kampfgetümmel geworfen und trägt mit einem Schlag hier, einem Schuß dort, seinen Teil zum Sieg der Zigeuner bei.

Doch auch die dritte Partei, PHANTOM, hat ihren Abgesandten zur Schlacht beordert: Red Grant sitzt mit gezogener Pistole in einer Mauernische hoch über den Kämpfenden. Als Bond ernstlich Gefahr läuft getötet zu werden, rettet er ihm durch einen gezielten Schuß das Leben.

Die Bulgaren ziehen sich unter Führung Krilencus zurück. Durch Folterung eines Gefangenen erfahren die Zigeuner, daß Krilencu einen Exekutionsbefehl für Kerim Bey bekommen hat. Bond und Kerim brechen sofort auf, um den Killer zu stellen. Nachdem Bond sein Infrarot-Gewehr aus dem Hotel holen ließ, begibt er sich mit Kerim zum Schlupfwinkel Krilencus. Während sie in einer Nebenstraße im Schutz der Dunkelheit seine Wohnung beobachten, setzt Bond das Gewehr zusammen. Zwei von Kerims Söhnen, als Polizisten verkleidet, läuten an der Eingangstüre. Auf Anweisung Kerims beobachtet Bond eine große Reklametafel, die an der Seite zur Nebenstraße in Höhe des zweiten Stockes angebracht ist. Sie zeigt eine überdimensionale Anita Ekberg in dem Bob Hope-Film *Call Me Bwana.*

»Diese Anita hat einen großen Mund«, meint Kerim zu Bond. Plötzlich öffnet sich in der Plakatwand ein vorher unsichtbarer Notausgang in Form eines Fensters und als Bond durch die Linse blickt, erkennt er Krilencu, der sich aus dem Mund des Filmstars abseilt. Kerim bittet 007, die Exekution selbst vornehmen zu dürfen, obwohl er am Arm verletzt ist. Nachdem er die Waffe an Bonds Schulter aufgelegt hat, trifft er Krilencu mit einem gezielten Schuß tödlich. »Sie hätte besser den Mund gehalten«, murmelt Bond trocken. In das Hotel zurückgekehrt, erwartet James Bond eine neue Überraschung: Er findet Tatjana Romanova in seinem Bett vor. Als sie sich lieben, werden sie heimlich durch einen großen, über dem Bett hängenden Spiegel – hinter dem sich eine Kammer befindet – in Anwesenheit Rosa Klebbs gefilmt . . .

Eine Fähre ist tags darauf der Treffpunkt für Bond und Tanja. Dort soll ihm das Mädchen wichtige Informationen über die Lektor geben, während Bond das ganze Gespräch mit einem, in seiner Kamera versteckten Tonband aufzeichnet. In London wird das Band von M und seinem Stab von Technikern abgehört. Persönliche Fragen (»James, haben die russischen Mädchen genausoviel Sex-Appeal wie eure westlichen Frauen?«) zwingen M dazu, das Tonbandgerät vorzeitig abzuschalten und Miss Moneypenny ins Vorzimmer zu verbannen. Tatjana soll Bond einen Grundriß der russischen Botschaft besorgen, den er später mit dem Plan, der Kerim vorliegt, vergleichen will. Bond setzt die Hagia Sophia, die Sophienkirche Kaiser Justinian I., als Treffpunkt für die Übergabe fest.

James Bond nimmt an einer Führung durch die Hagia Sophia teil und hält nach Tatjana Ausschau. Diese wird von einem der Bulgaren verfolgt, der sie beim Deponieren der Zeichnung beobachtet. Als er sich des Planes bemächtigen will, wird er vom allgegenwärtigen Grant erschlagen. Bond findet am Treffpunkt den Toten, der den Grundriß in der Hand hält. Nachdem 007 die Richtigkeit der Zeichnung anhand Kerims Plan festgestellt hat, verabreden sie

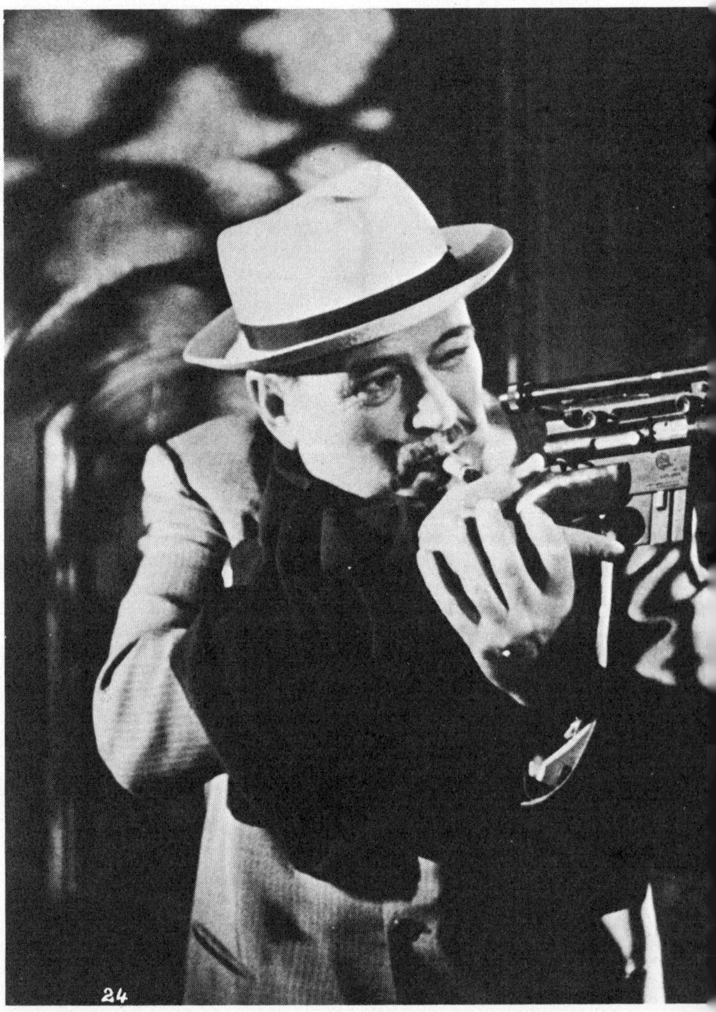

den Termin für den Diebstahl der Lektor aus der sowjetischen Botschaft.

Bond betritt die Botschaft unter dem Vorwand, ein Visum zu benötigen. Er erkundigt sich bei einem Sekretär nach der Genauigkeit der Wanduhr und wird dann zum Ausfüllen des Visums gebeten. Nach ein paar Augenblicken stellt Bond dem Mann nochmal die Frage: »Geht die Uhr dort auch gewiß richtig?« – »Russische Uhren gehen immer richtig!« meint der Botschaftsangehörige ärgerlich. In diesem Moment läßt eine Explosion die Botschaft in ihren Grundfesten erzittern, und alle Bediensteten laufen wirr umher, um die Akten und sich selbst in Sicherheit zu bringen. Jetzt tritt James Bond in Aktion: Nachdem er sich eine Gasmaske übergestreift hat, dringt er unter Zurücklassung von ein paar bewußtlosen Wachen zum Herz der Botschaft, in die Nachrichtenabteilung vor, wo eine hustende Tatjana auf ihn wartet. Sobald sie die Lektor, die die Größe einer normalen Schreibmaschine besitzt, an sich genommen haben, schlüpfen sie durch ein Loch, das Kerim von seinem Standpunkt unter der Botschaft freigesprengt hat. Die drei beeilen sich, den Fluchtweg, der von Massen quiekender Ratten wimmelt, schnell hinter sich zu bringen. Sie hasten eine Treppe hinauf und kehren durch eine Falltüre auf der anderen Straßenseite ans Tageslicht zurück. Bond, Kerim und Tatjana werden von einem Wagen erwartet, der sie zum Bahnhof von Istanbul bringt. Dort sollen sie die Flucht im Orient-Express fortsetzen. Kerim drängt bereits zum Einsteigen, als Tatjana von einem sowjetischen Agenten erkannt wird, der im letzten Moment in den anfahrenden Zug springt. Als der Express Istanbul verläßt, zeigt sich Red Grant im letzten Waggon . . .

Kerim Bey (*Pedro Armendariz*) tötet Krilencu

In ihrem Abteil wiegen sich die Freunde in Sicherheit und können nach dem gelungenen Diebstahl der Dechiffriermaschine aufatmen und sich entspannen. Kerim hat das anschließende Abteil, das durch eine Zwischentüre mit dem Bonds verbunden ist. James Bond händigt Tatjana einen Ring aus und erklärt, daß sie nun zur Tarnung das englische Ehepaar Somerset seien. Kerim übergibt ihnen falsche Pässe. Bond hat Tatjana auch Kleider gekauft und das Mädchen ist in seiner Rolle überglücklich. Kerim hat inzwischen den sowjetischen Agenten erkannt und erklärt Bond, daß dieser Mann, namens Benz, für die Überwachung der Bahnhöfe und Flugplätze verantwortlich ist. Sie beschließen, ihn unschädlich zu machen, bevor er sein Wissen an den Geheimdienst weiterleiten kann. Unter dem Vorwand einer Fahrkartenkontrolle wird Benz überrumpelt, geknebelt, mit seinem Jackett gefesselt und unter Kerims Bewachung zurückgelassen. James Bond, der glaubt, nun alle Vorsichtsmaßnahmen getroffen zu haben, findet in Tanjas Armen die benötigte Entspannung. Nach wenigen Stunden werden sie durch den Zugschaffner gestört, der Bond bittet, sofort mitzukommen, da etwas Furchtbares passiert sei. Er führt 007 in Benz' Abteil, und hier findet Bond Kerim Bey und den Russen tot vor. Anscheinend hat ein Kampf stattgefunden, in dessen Verlauf sich die beiden gegenseitig umbrachten. Bond besticht den Schaffner, bis zum Halt des Zuges in Triest zu schweigen.

Betrübt und zornig zugleich kehrt er in sein Abteil zurück und versucht aufgebracht, die Wahrheit aus Tatjana herauszuprügeln. So erfährt er, daß Rosa Klebb die Finger im Spiel hat. Das Mädchen versichert Bond, ihn zu lieben und nichts von der Ermordung Kerims gewußt zu haben. Angewidert zieht sich Bond mit der Lektor in Kerims Abteil zurück. Kerims Tod hat seine Pläne zunichte gemacht, da er ohne die Hilfe des Türken die Dechiffriermaschine nicht aus Jugoslawien herausschmuggeln kann. So läßt Bond das eigentliche Vorhaben, vom Zug abzuspringen und den Fluchtweg mit Kerims Söhnen im Automobil fortzusetzen, fallen. Als der Orient-Express die vereinbarte Stelle passiert, ohne daß jemand den Zug verläßt, werden die Söhne, die in der Nähe gewartet haben, mißtrauisch und fahren davon.

Der Orient-Express macht in Belgrad halt und 007 steigt kurz aus, um sich mit einem Sohn Kerims zu treffen. Nachdem er ihn vom Tod seines Vaters unterrichtet hat, übergibt er ihm dessen Uhr und Brieftasche und bittet ihn, mit dem Service in Jugoslawien in Verbindung zu treten. Die dortige Station soll ihm einen Mann zur Unterstützung nach Zagreb senden. Red Grant, der Bond verfolgte, hat das Gespräch mit unbeteiligter Miene belauscht.

In Zagreb, der nächsten Express-Haltestelle, tritt Grant in Aktion. Kaum ist der Zug zum Stehen gekommen, als er auch schon ausgestiegen ist und sich nach dem Agenten, der Bond zu Hilfe kommen soll, umsieht. Er erkennt den Mann, der einen Diplomatenkoffer wie Bond bei sich trägt, geht rasch auf ihn zu und nachdem sie ein paar Codewörter miteinander gewechselt haben, bittet Grant ihn mitzukommen. Sie verschwinden in einer Passage, die zu den Toiletten führt. Nach wenigen Augenblicken taucht Grant mit Hut und Koffer des Agenten wieder auf und begibt sich zum Zug zurück. Offensichtlich hat er ihn getötet.

Grant gibt sich James Bond als Service-Mann zu erkennen, sie tauschen das Codezeichen und steigen in den Express ein. Nachdem sich Grant als »Captain Nash« vorgestellt hat, essen sie zusammen mit Tatjana im Speisewagen zu Abend. Bond wird mißtrauisch, als Grant eine Tablette in Tanjas Champagner fallen läßt. Nach dem Essen wollen sie gerade in ihren Waggon zurückkehren, als Tanja bewußtlos zusammenbricht. Bond und Grant legen sie auf das Bett und nachdem sie in das Nebenabteil hinübergewechselt sind, zieht Bond die Pistole und will von Grant wissen, welches Mittel er Tanja verabreicht habe. Grant gibt zu, dem Getränk ein Schlafmittel beigefügt zu haben, aber nur deshalb, weil er höchstens eine Person über die Grenze schaffen könne. »Was ist Ihnen lieber? Das Mädchen oder die Lektor?« schließt Grant spöttisch seine Ausführung und bittet Bond, sich den Fluchtweg auf der Karte anzusehen.

Als sich Bond unvorsichtigerweise über die Karte beugt, wird er von Grant bewußtlos geschlagen und entwaffnet. Nachdem Bond wieder zu sich gekommen ist, merkt er, in welcher tödlichen Gefahr er eigentlich schwebt. Grant hält die Waffe auf ihn gerichtet und befiehlt Bond, niederzuknien und die Hände in die Hosentaschen zu stecken. Nachträglich fällt es ihm wie Schuppen von den Augen: »Ein Eng-

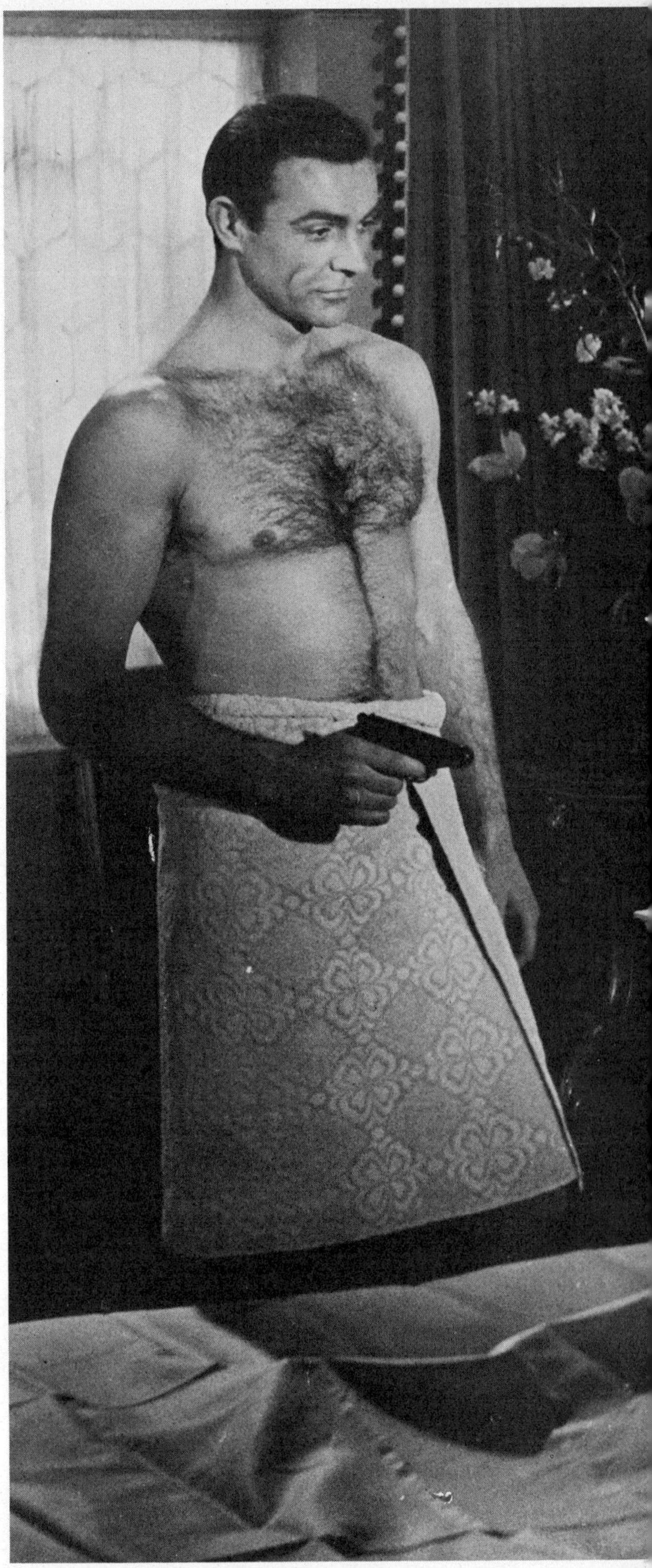

James Bond (*Sean Connery*) findet sein Bett von Tatjana Romanova (*Daniela Bianchi*) besetzt

FRWL·2

länder trinkt niemals roten Wein zum Fisch«, bekennt Bond seinen Fehler.

»Sie mögen sich in Weinen auskennen, aber jetzt knien Sie vor mir!« antwortet Grant böse. Grant kann es nicht lassen, Bond in das Geheimnis des PHANTOM einzuweihen und erklärt ihm die Zusammenhänge. Er zeigt ihm auch die Rolle des Films, der im Hotel aufgenommen wurde, und nun erkennt Bond die feine Ausarbeitung des Plans: Grant wird ihn und das Mädchen umbringen, den Film zurücklassen und das Ganze mit einem Brief garnieren, in dem Tanja Bond erpreßt, den Film zu veröffentlichen, falls er sie nicht nach England mitnehmen werden. Welch ein Schlamassel, in das der britische Secret Service da geraten würde! Grant sieht bereits die Schlagzeilen . . . »Aus welchem Irrenhaus sind Sie eigentlich entsprungen?« fragt Bond angewidert von der Perversität eines solchen Plans. Zum erstenmal zeigt Grant eine emotionale Reaktion und schlägt Bond mit dem Handrücken hart ins Gesicht. Bond wird jetzt anscheinend weich, da Grant seine Handschuhe überzieht und den Schalldämpfer auf seine Waffe schraubt. Bond bittet um eine Zigarette, doch Grant lehnt ab. Bond fleht und will ihm die letzte Zigarette seines Lebens auch gut bezahlen. »Womit denn?« lacht Grant spöttisch, da er Bond das ganze Geld schon abgenommen hat.

»In meinem Koffer dort sind fünfzig Goldstücke!« sagt Bond und setzt alles auf eine Karte. Langsam nimmt Grant den Koffer aus der Gepäckablage, begeht jedoch nicht den Fehler, ihn aufzumachen, sondern wirft ihn zu diesem Zweck James Bond vor die Füße. Bond dreht sich zur Seite und so entgeht Grant das ungefährliche Öffnen des Koffers. Bond händigt ihm die Goldstücke aus, als Grant auf den zweiten Koffer deutet und aus Habgier fragt: »Sind da auch welche drin?«

James Bond erkennt seine Chance und macht sich hastig daran, diesen Koffer zu öffnen. Grant schöpft sofort Verdacht, läßt ihn sich geben und greift zu: Mit lautem Knall explodiert die Gasbombe! Es folgt nun ein harter und erbarmungsloser Kampf, in dessen Verlauf es 007 gelingt, Grant zu entwaffnen. Dabei löst sich aus der Pistole ein Schuß, die Beleuchtung verlischt. Der Kampf auf Leben und Tod wird mit unveränderter Vehemenz im Dunkeln fortgesetzt. Zunächst sieht es so aus, als gewinne Bond die Oberhand, doch Grant hat noch eine Trumpfkarte in Reserve: Eine Drahtschlinge, die er aus seiner Armbanduhr hervorzieht, um Bond damit zu erwürgen. 007, der verzweifelt versucht, sich aus der tödlichen Umklammerung zu befreien, kann im letzten Augenblick seinen Koffer erreichen, den versteckten Knopf für das Messer betätigen und es Grant in den Arm rammen. So gelingt es Bond aus

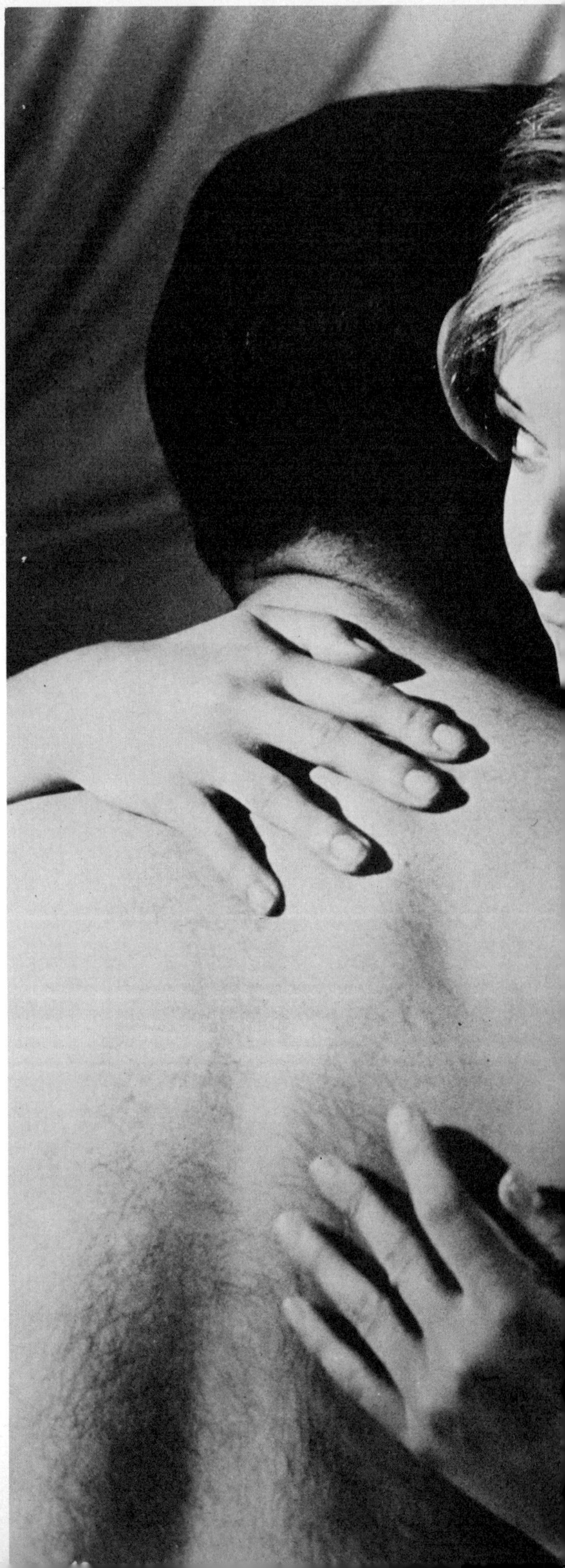

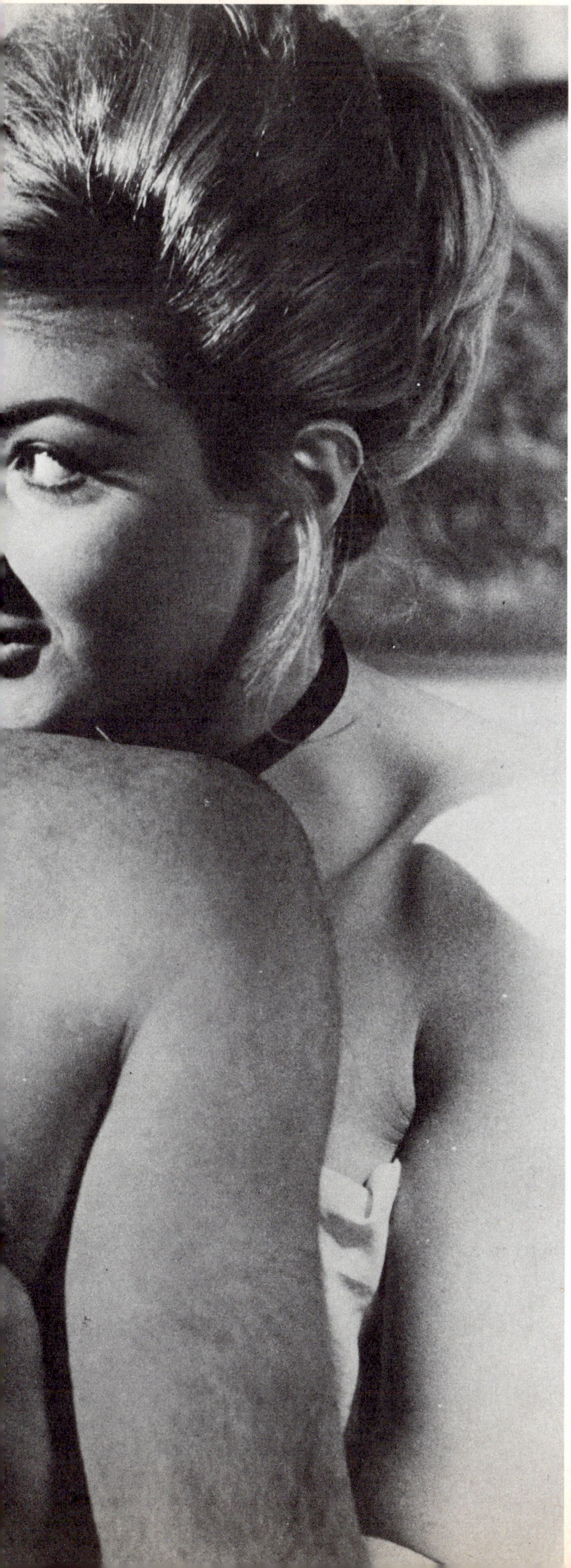

der Schlinge freizukommen und sie seinerseits um Grants Hals zu werfen und zuzuziehen.

Schweratmend und schweißgebadet steht James Bond vor Grants Leiche und nimmt ihm Geld und Waffe ab.

Er versucht nun die schlaftrunkene Tatjana auf die Beine zu bringen. James Bond macht sich jetzt die von PHANTOM vorbereitete Fluchtmöglichkeit zunutze, die eigentlich für Red Grant gedacht war. Als der Orient-Express wegen einem auf den Schienen stehenden, scheinbar defekten LKW stoppen muß, springen Bond und das Mädchen vom Zug ab.

Nachdem der Wagen zur Seite geschoben ist und der Express seine Fahrt fortgesetzt hat, schleicht sich 007 an den Fahrer heran, schlägt ihn nieder und bettet die immer noch benommene Tatjana auf eine Ladefläche voller Rosen. Dann setzt er sich ans Steuer und jagt, den gefesselten PHANTOM-Mann neben sich, die staubige Landstraße hinunter.

Am nächsten Morgen wird der Lastwagen von einem schwarzen Hubschrauber verfolgt, der Bond durch ein Handgranaten-Bombardement zum Halten zwingt. Um die Gefahr von Tanja abzulenken, flüchtet er zu Fuß mit Gewehr und Lektor. Er wird erbarmungslos gejagt und muß sich mehrmals mit einem Hechtsprung in Sicherheit bringen, um nicht niedergemäht zu werden. Als er in einer Felsspalte Zuflucht gefunden hat, setzt er sein Gewehr zusammen und verwundet den Co-Piloten, der gerade eine Granate wurfbereit gemacht hat: Der Helikopter explodiert in einem grellen Feuerball!

Inzwischen hat Blofeld Klebb und Kronsteen zu sich beordert und macht sie für das Scheitern des Unternehmens verantwortlich. Kronsteen versucht seinen Kopf aus der Schlinge zu ziehen, indem er Klebb denunziert. Einer von Blofelds Henkern baut sich hinter Klebb auf, der der Schweiß auf die Stirn tritt. Der Leibwächter schlägt militärisch die Hacken zusammen und eine vergiftete Klinge schnellt aus der Schuhspitze. Er wendet sich Klebb zu, tritt aber plötzlich Kronsteen ans Bein, worauf dieser völlig überrascht zusammenbricht. Blofeld gibt Rosa Klebb noch eine letzte Chance . . .

Bond hat in der Zwischenzeit die zweite Station auf Grants Fluchtweg erreicht: Am Golf von Venedig liegt ein schnelles Motorboot mit großen Reservetanks bereit. Auf hoher See befreit Bond seinen Gefangenen von den Fesseln und stößt ihn ins Meer. »Kein guter Tag für Sie!« ist sein einziger Kommentar. Alsbald tauchen mit Granatwerfern bestückte PHANTOM-Schnellboote auf, die das Feuer auf Bond eröffnen.

Als die Reservetanks getroffen werden, gibt Bond scheinbar auf. Die Boote stellen das Feuer ein und kommen näher. Da richtet Bond plötzlich eine

Rosa Klebb sieht zu, was Tatjana Romanova (*Daniela Bianchi*) und 007 treiben

Leuchtraketenpistole aufs Wasser und drückt ab. Das ausgelaufene Benzin verwandelt die ruhige See in ein Flammenmeer, aus dem es für Blofelds Schiffe kein Entkommen gibt.

Endlich ist Bond mit Tanja und der Lektor sicher in Venedig eingetroffen, der Weiterreise nach England steht jetzt nichts mehr im Wege. Fast nichts, denn Rosa Klebb betritt das Hotelzimmer, als Stubenmädchen verkleidet, um die Dechiffriermaschine zu holen. Tanja erkennt Klebb, doch übt diese Frau einen solch starken Einfluß auf sie aus, daß Tanja untätig bleibt. Als James Bond Klebb erkennt, ist es zu spät: Schon hat sie die Waffe auf ihn gerichtet und befiehlt Tatjana, mit der Lektor das Zimmer zu verlassen. Bond schwebt in akuter Lebensgefahr, denn schon krümmt sich der Finger um den Abzug, als die Liebe Klebb einen Strich durch die Rechnung macht: Tanja schlägt ihr die Pistole aus der Hand. Mit einem Wutschrei stürzt sie sich auf Bond und versucht, ihn mit ihrem Giftstachel im Schuh zu töten. Bond hat alle Hände voll zu tun, doch es gelingt ihm, Klebb mit einem Stuhl an die Wand zu nageln. Tatjana macht dem Spuk ein Ende, indem sie Klebb erschießt.

Bei einer romantischen Gondelfahrt auf dem Canale Grande kann James Bond seinen verdienten Urlaub genießen und die Strapazen dieses Auftrages in Tatjanas Armen vergessen.

Tatjana Romanova (*Daniela Bianchi*) und James Bond (*Sean Connery*) im Orient-Express

From Russia With Love beginnt mit James Bonds Tod. In der Pre-Titel Sequence, die in diesem zweiten 007-Abenteuer eingeführt und bis zum neuesten Thriller *Moonraker* beibehalten wurde, sieht der Zuschauer den Geheimagenten in einem Garten umherirren. 007 wird von einem gefährlich aussehenden, großen blonden Mann durch ein Hecken-Labyrinth verfolgt. James Bond ist sichtlich nervös, feuert mit seiner Walther PPK ins Leere und läuft dem Gegner, der ihn beobachtet, in die Falle. Als Bond sich vorsichtig um eine Hecke schleicht, zieht der Blonde einen scharfen, dünnen Draht aus seiner Armbanduhr. 007 dreht ihm den Rücken zu und kommt ihm näher. Da wirft der Killer Bond die Drahtschlinge um den Hals und zieht zu (diese Erdrosselung ist in der Version ab 12 Jahre geschnitten). Plötzlich ist der Tatort hell erleuchtet und Männer in schwarzer Lederkleidung kommen dem Blonden aus einem Landhaus

James Bond (*Sean Connery*) und Tatjana Romanova (*Daniela Bianchi*) tafeln mit Red Grant (*Robert Shaw*) im Speisewagen

entgegen. »Ausgezeichnet«, meint ihr Anführer, »nur eine Minute 52 Sekunden!« Er beugt sich zum Leichnam hinab und nimmt ihm eine Maske ab: darunter kommt ein unbekanntes Gesicht zum Vorschein! Mit der Maske in der Hand, geht der Mann zum Haus zurück . . .

Diese Szene ist ungeheuer spannend und schokkierend. Noch bevor die Schriften ablaufen, wird jedes James Bond-Abenteuer mit einem solchen Paukenschlag eröffnet. Die Pre-Title-Sequence von *From Russia With Love* hat besonders reichlich dosiert eine Eigenschaft, die man in allen frühen Bond-Filmen findet: sie machen ernstlich Angst. Während man in *The Man With The Golden Gun* oder in *The Spy Who Loved Me* nur noch über die unmöglichen Situationen und Handlungen lachen kann, vermitteln die ersten drei Filme Angst und nur zeitweise Belustigung: Angst vor dem Verbrecher oder den Mitteln, die der Verbrecher anwendet, Angst um Sean Connery als James Bond; Angst um die heile Haut der Heldinnen. Während also die alten Filme dem Publikum eher eine Gänsehaut verschaffen, enthalten die neueren (speziell die Roger Moore-)Bonds mehr Witz, Gags und Lacher.

Zu Robert Brownjohns und Trevor Bonds Titel-Design erklingt das *From Russia With Love*-Thema von Lionel Bart. Die übrige Musik schrieb John Barry, der noch sieben weitere 007-Soundtracks komponieren sollte.

Der Film beginnt in Venedig. Bei einer Schachmeisterschaft lernt das Publikum PHANTOMS Organisationschef Kronsteen kennen, der von Vladek Sheybal ausgezeichnet dargestellt wird. Kronsteen erhält die Nachricht, daß er dringend gebraucht wird. Obwohl er weiß, wie sehr PHANTOM Pünktlichkeit liebt, gewinnt er noch schnell die Partie und eilt dann zur Jacht des PHANTOMS.

Die Drehbuchautoren Richard Maibaum und Johanna Harwood waren wie in *Dr. No* bemüht, die Handlung des Films möglichst der Vorlage Ian Flemings anzugleichen und veränderten nur den Plot. Während im Buch ein russischer Geheimdienstler den Vorschlag macht, dem Secret Service eine Schlappe beizubringen und den 007-Agenten James Bond zu töten, wurde im Film die Terrorgruppe PHANTOM (im englischen Original SPECTRE) dafür verantwortlich gemacht. Dies hat seinen Grund: Fleming schrieb seine Agenten-Thriller in

der Periode des Kalten Kriegs. Im Zeitalter der Entspannung mußte ein neutraler Bösewicht herhalten: Ernst Stavro Blofeld. Blofeld ist *der* Superverbrecher schlechthin. Er taucht in allen James Bond-Filmen bis *Diamonds Are Forever* auf (Ausnahmen: *Dr. No, Goldfinger).* Doch erst in *You Only Live Twice* sieht man sein Gesicht. Es gibt aber ein Merkmal, an dem der Zuschauer gleich erkennt, daß der SPECTRE-Boss Drahtzieher der Aktion ist: Blofeld besitzt eine weiße Katze, die ihm in *Diamantenfieber* sogar das Leben rettet.

Die Aufträge des SPECTRE-Vorsitzenden werden in *From Russia* von zwei besonders verabscheuungswürdigen Kreaturen ausgeführt: Rosa Klebb, die (lesbische) ehemalige Leiterin der russischen Exekutionsabteilung SMERSH, ist für die Ausführung der Kronsteenschen Pläne verantwortlich. Ihr Werkzeug ist der irre Donovan »Red« Grant, ein eisenharter Superkiller, dem Töten ungeheure Genugtuung verschafft. James R. Parish und Michael R. Pitts beschreiben die beiden in ihrem Buch *The Great Spy Pictures* auf folgende Weise: »Kein Science-Fiction oder Comic-Strip-Varieté wie in *Dr. No*, sondern zwei heimtückische Monstren, die in ihrer Zurschaustellung menschlicher Laster real genug sind, um dreidimensional zu wirken.«

Lotte Lenya spielt Rosa Klebb genauso glänzend wie Robert Shaw den Killer »Red« Grant verkörpert. *From Russia* hat von allen James Bond-Filmen (mit Ausnahme *Goldfingers)* die beste Besetzung. Es ist unglaublich, wie die Schauspieler in *From Russia* in Ian Flemings Romanfiguren aufgehen.

1962 warf die Kritik Sean Connery vor, er sei als 007 »nicht aristokratisch genug«. Mag diese Kritik bei *Dr. No* berechtigt sein, so trifft sie auf *From Russia* gewiß nicht mehr zu. Connery spielt hier nicht 007, er *ist* 007! Und als 007 ist man halt automatisch aristokratisch (mit allem, was dieser Begriff an Zweideutigem umschließen mag).

Nachdem Rosa Klebb den Killer Grant auf der SPECTRE-Insel aufgesucht und ihn für fähig befunden hat, benutzt sie ein Mädchen der sowjetischen Botschaft in Istanbul für ihre Zwecke: Tatjana Romanova, die von Daniela Bianchi gespielt wird. Da-

PHANTOM-Hubschrauber gegen 007

niela Bianchi ist bis heute eine der attraktivsten »Bondinen«. Mit ihrem lammfrommen Augenaufschlag und viel Sex-Appeal ist Bianchi eine würdige Andress-Nachfolgerin.

Von Istanbul verlagert sich der Schauplatz der Handlung nach England und damit zu James Bond. Im Secret Service begegnet der Zuschauer dem frostigen Agentenchef M (Bernhard Lee) und seiner Sekretärin Miss Moneypenny (Lois Maxwell). In *From Russia* stellt sich auch ein neues Mitglied des »007-Teams« vor: Desmond Llewelyn als Waffenexperte Q. Llewelyn sollte die Zuschauer in neun weiteren Bond-Filmen mit den »Spezialanfertigungen« für den Agenten erfreuen. Diesmal gibt Q dem Geheimdienstler einen Diplomatenkoffer mit Knalleffekt mit auf die Reise. »Weihnachten 1964 ist das meistgeschätzte Geschenk für Männer der Diplomatenkoffer, von dem sich 007 in *From Russia with Love* um keinen Preis trennen will«. (Lietta Tornabuoni in: *James Bond – Eine Modeerscheinung)*.

Ein weiterer Schauplatzwechsel bringt das Publikum in den farbigen Bazar Istanbuls und zu Kerim Bey. Kerim, der für geheime Angelegenheiten seine unzähligen Söhne einsetzt, wird von Pedro Armendariz dargestellt. Armendariz, der Patent-Exote des amerikanischen Films, hätte als schlauer Türke nicht besser gewählt sein können.

Nach einigem Hick-Hack zwischen den Geheimdiensten (natürlich von PHANTOM angezettelt) findet eine der eindruckvollsten Szenen in *From Russia* statt: 007 fährt mit Kerim durch das Wasserreservoir Istanbuls. Im Gegensatz zu *Dr. No* wartet *From Russia* nicht mit kolossalen Aufbauten auf, sondern besticht durch die einzigartige Atmosphäre, die in keinem anderen 007-Thriller so dicht ist. Die Fahrt durch das Reservoir, die Übergabe des Planes in der Hagia Sophia und die nervenaufreibende Reise im Orient-Express ersetzen die Suggestion des Ungewöhnlichen, die üblicherweise mit riesigen Sets erzeugt wird. Syd Cain, der verantwortliche Art Director hat in *From Russia* hervorragende Arbeit geleistet (sein Meisterwerk ist und bleibt jedoch *On Her Majesty's Secret Service)*.

Unter der sowjetischen Botschaft angekommen, zeigt Kerim dem Briten ein heimlich eingebautes Periskop, mit dem man in den Konferenzraum blicken kann. Obwohl dies übertrieben und unwahrscheinlich ist, neigt man dazu, einem solchen Gag beinahe Glauben zu schenken. In allen James Bond-Filmen wird nur das Unwahrscheinliche, nie aber das Unmögliche gezeigt. Wenn jemand, wie es in *Moonraker* der Fall ist, ohne Fallschirm aus einem Flugzeug geworfen wird, so ist es nicht unmöglich, daß der Betreffende heil davonkommt, aber ziemlich unwahrscheinlich. In *From Russia* sind diese Unwahrscheinlichkeiten noch nicht in eine solche Dimension aufgerückt, befinden sich ganz in den Anfängen und sind nicht einmal den Kinderschuhen entwachsen, wie das Periskop-Beispiel zeigt.

From Russia bezieht seine Faszination zum großen Teil aus dem ständigen Wechsel des Schauplatzes: befand sich James Bond gerade noch in den muffigen Katakomben des Reservoirs, nimmt er jetzt an einem Essen teil, das Zigeuner außerhalb der Stadt vorbereitet haben. Beim Kampf zweier Mädchen fließt hier der Schuß Sadismus ein, für den *From Russia* von der Kritik angegriffen wurde. Wenn die Leute des Bulgaren Krilencu das Zigeunerlager überfallen, ist dies ein Highlight des Films. Red Grant ist allgegenwärtig und beobachtet den Verlauf des Gemetzels. Systematisch steigert sich die Unheimlichkeit des blonden Killers, der bis zur entscheidenden Zug-Szene kein Wort spricht. Als er einen Angreifer abschießt, der Bond an den Kragen will, tut er dies nur, um den Agenten später selbst umbringen zu können. Dies zeigt, wie sicher er seiner

Sache ist. Es folgt nun der Tod Krilencus. Nachdem zwei Söhne Kerims, als Polizisten verkleidet, am Haus des Mörders läuten, will sich dieser ungesehen aus einem Geheimfenster abseilen. Das Fenster befindet sich in der Plakatwand des Films *Call Me Bwana* (produziert von Harry Saltzman und Albert R. Broccoli). In der ungeheuer spannenden Szene schießt Kerim den Verbrecher mit Bonds Infrarotgewehr vom Seil. »Also ein feines Beispiel dafür, wie Held und Zuschauer stellvertretend die Lizenz zu töten genießen, ohne dabei gesetzliche oder moralische Maßnahmen mit dem Begehen eines Mordes in Verbindung zu bringen« (Parish/Pitts: *The Great Spy Pictures)*.

Als James Bond ins Hotel zurückkehrt, liegt Tatjana bereits in seinem Bett. Einen solchen Zimmerservice nutzt der Agent natürlich sofort aus. Die Szene schockiert, als die Kamera den Spiegel über dem Bett groß ins Bild nimmt. Plötzlich kann man in einer Kammer *hinter* dem Spiegel die gelangweilte Rosa Klebb sehen. Zum Surren einer Kamera beobachtet sie den Liebesakt. Am nächsten Tag gibt Bond dem Mädchen auf einer Fähre den Auftrag, einen Grundriß der Botschaft anzufertigen. Während Tatjana in 007 verliebt ist, bleibt er sachlich. Ihm geht es um die Lektor und das spürt Tatjana auch. Einmal sagt sie zu ihm: »Du denkst immer nur an die Lektor und nie an mich«. Tatjana soll den Plan in der Hagia Sophia hinterlegen.

In der Sophienkirche erschlägt Grant einen Bulgaren, der den Plan stehlen will, denn dadurch würde James Bond an seinem Vorhaben, die Lektor zu entführen, gehindert werden. In dieser Szene ist die Ausstrahlung des Films besonders stark. Ich bin immer wieder von Bond-Kennern auf die Sequenz hin angesprochen worden, die beim Publikum einen besonders tiefen Eindruck hinterläßt.

Als James Bond die Dechiffriermaschine aus der Botschaft entwendet, kommt es bei den Russen zur Panik. Kerim läßt direkt unter der Nachrichtenzentrale eine Bombe explodieren. Der Handlungsablauf ist schnell, hektisch und wird durch das pulsierende 007-Thema von John Barry unterstrichen.

Bond, Kerim und Tatjana setzen nun ihre Flucht mit dem Orient-Express fort. Der Zuschauer, der im letzten Waggon den Killer Red Grant erkennt, weiß, daß nicht alles so glatt gehen wird. Die Zugfahrt ist der absolute Höhepunkt des ganzen Films. Zunächst sieht es so aus, als ob James Bond seinen Feinden schon entkommen wäre, doch dann stirbt Kerim Bey den »Opfertod« dieses Films, und 007 muß seine Pläne ändern. Er fordert von der zuständigen Secret Service-Stelle Hilfe an. Dies ist nun Grants große Stunde! Nachdem er mit Bond Verbindung aufgenommen und ihn somit überlistet hat, schlägt er ihn bewußtlos. Robert Shaw zeigt jetzt was er kann! Er verkörpert den brutalen, geistesgestörten Killer so überzeugend, daß der Betrachter um den Agenten bangt. James Bond ist in der Gewalt eines sadistischen Mörders. 007 spielt auf Grants Geisteszustand an, als er fragt: »Aus welchem Irrenhaus sind Sie eigentlich entsprungen?« Das bringt ihm einen Schlag ins Gesicht ein, doch zum erstenmal hat Grant die Fassung verloren.

»Die erste Kugel wird dich nicht töten, die zweite auch nicht, die dritte auch nicht. Nicht, bis du auf den Knien rutschst und mir die Füße küßt!« Zu dieser Szene schreibt John Brosnan treffend: »Niemals zuvor oder danach ist der filmische James Bond in einer solch prekären Situation gewesen. Grant ist eine solch schreckliche Kreatur, daß wir förmlich fühlen, in welch drohender Gefahr Bond schwebt. Alle anderen gefährlichen Momente seiner Leinwandkarriere sind im Vergleich dazu nichtig«.

Der Kampf, der zwischen den beiden Kontrahenten entbrennt, ist für mich der härteste Fight, der jemals in einem James Bond-Abenteuer zu sehen *war* (in der »neuen« Version des Filmes wurde die Szene fast vollständig herausgeschnitten). Jeder bringt

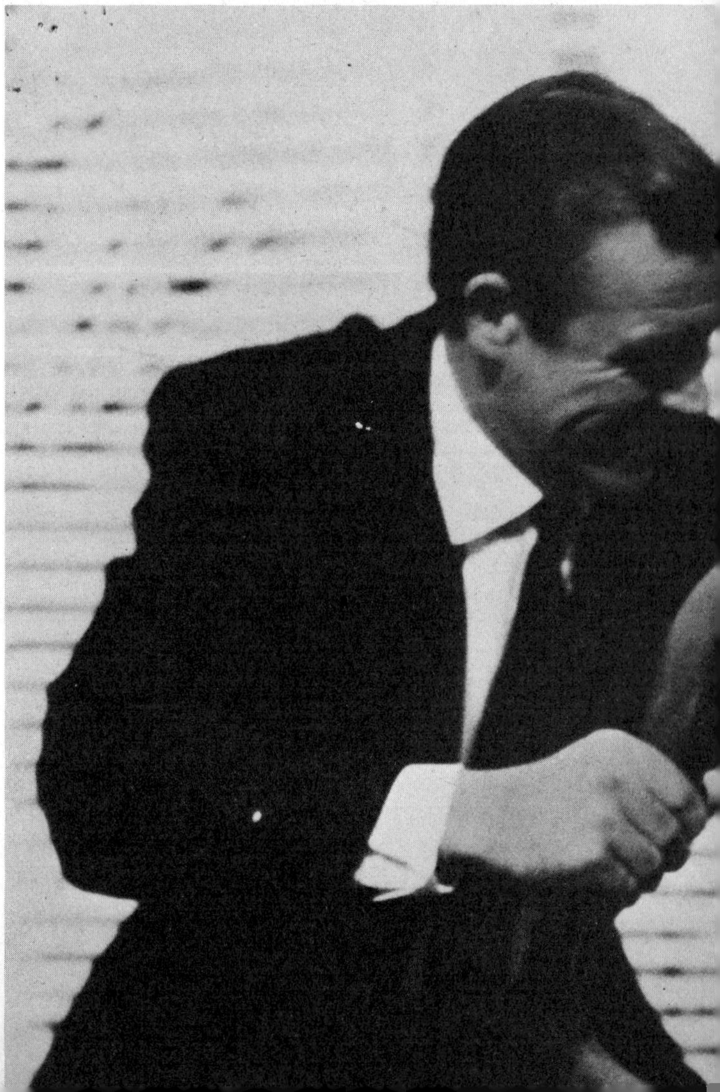

James Bond (*Sean Connery*) bietet Rosa Klebb (*Lotte Lenya*) einen Stuhl an

seine Geheimwaffe zum Einsatz: Grant die Drahtschlinge in der Armbanduhr (genau wie zu Beginn des Films) und Bond das Wurfmesser aus Q's Koffer, das ihm im entscheidenden Augenblick das Leben rettet. Der Kampf wird in bläulichem, gespenstischem Licht ausgetragen und neben dem Keuchen der Männer hört man nur das monotone Rattern des Zuges. Die Auseinandersetzung bleibt dem 007-Fan für alle Zeit im Gedächtnis, und ihrem Koordinator Peter Perkins gebührt volles Lob.

Nun beginnt die Flucht vor den SPECTRE-Agenten, die James Bond zunächst mit einem Helikopter auf den Leib rücken. In einer Verfolgung, die stark an *North by Northwest* (von Alfred Hitchcock) erinnert, kann Bond dem MP-Feuer entgehen, sein Gewehr zusammensetzen und den Hubschrauber zerstören. Wie viele andere Flugmaschinen sollten ihm noch folgen!

Nun will James Bond mit Grants Schnellboot nach Venedig weiterfliehen, doch Blofelds Mini-Flotte befindet sich schon in seinem Kielwasser! Die Szene ist besonders spektakulär, da Bond die ganze See in Brand steckt und Blofelds Schiffe vernichtet. Während der Dreharbeiten geriet das Feuer außer Kontrolle und einige Boote gingen wirklich in Flammen auf. Der Zuschauer könnte also ein paar SPECTRE-Männer mit (zu Recht) schreckgeweiteten Augen ins Meer springen sehen, wenn nicht auch dieses Stück Film der Schere der Zensur zum Opfer gefallen wäre.

Rosa Klebbs Schlußauftritt muß hier noch erwähnt werden, da diese »Zugabe« an das Publikum in jedem weiteren 007-Streifen erfolgt (Ausnahmen: *Thunderball, You Only Live Twice* und *Moonraker)*. Ein kleverer Trick, das Publikum bis zum letzten Augenblick zu fesseln.

From Russia With Love ist ein James Bond-Film, der die Entwicklung zum Perfektionismus *(Goldfinger)* darstellt. Manche 007-Fans halten ihn für den besten Film überhaupt. Es ist richtig, daß *From Russia with Love* wesentlich ausgereifter und detaillierter ist als sein Vorgänger *Dr. No,* aber die optimale Mischung des Erfolgsrezeptes wurde erst mit *Goldfinger* erreicht. Trotzdem ist *From Russia* ein atmosphärisch dichter, schöner und herausragender Beitrag der James Bond-Serie. Regisseur Terence Young hat mit *From Russia With Love* seinen besten James Bond-Film gedreht.

Goldfinger

1964

Oddjobb (*Harold Sakata*)

Großbritannien 1964. Eine Eon-Produktion. Im Verleih der United Artists. *Regie* Guy Hamilton. *Producer* Harry Saltzman und Albert R. Broccoli. *Drehbuch* Richard Maibaum und Paul Dehn, nach dem gleichnamigen Roman von Ian Fleming (London 1959, deutsch: Scherz-Action-Krimi 595). *Kamera* (Technicolor) Ted Moore. *Musik* John Barry. *Titelsong* »Goldfinger« komponiert von John Barry, Leslie Bricusse, Anthony Newley, gesungen von Shirley Bassey (UA/LP UAS 30126 XOT). *Schnitt* Peter Hunt. *Ton* Dudley Messenger, Gordon McCullum. *Production-Design* Ken Adam. *Art Director* Peter Murton. *Haupttitelentwurf* Robert Brownjohn. *Special Effects* John Stears, Frank George. *Stunts* Bob Simmons. *Make-up* Paul Rabiger und Basil Newall. *Darsteller* Sean Connery *(James Bond),* Gert Fröbe *(Goldfinger),* Honor Blackman *(Pussy Galore),* Tania Mallet *(Tilly Masterson),* Shirley Eaton *(Jill Masterson),* Harold Sakata *(Oddjob),* Bernhard Lee *(M),* Martin Benson *(Solo),* Cec Linder *(Felix Leiter),* Austin Willis *(Simmons),* Lois Maxwell *(Miss Moneypenny),* Desmond Llewelyn *(Q),* Bill Nagy *(Midnight),* Alf Joint *(Capungo),* Varley Thomas *(alte Dame),* Nadja Regin *(Bonita),* Raymond Young *(Sierra),* Richard Vernon *(Smithers),* Denis Cowles *(Brunskill),* Michael Mellinger *(Kisch),* Burt Kwouk *(Mr. Ling),* Hal Galili *(Strap),* Lenny Rabin *(Henkersknecht). Länge* 108 Minuten.

James Bond (*Sean Connery*)

Gleich geht die Bombe hoch

Im schwarzen Taucheranzug, zur Tarnung eine ausgestopfte Möwe auf dem Kopf, erreicht Geheimagent James Bond 007 den Verladepier einer Fabrik auf einer Insel in der Karibik. Kaum ist Bond dem nassen Element entstiegen, als er auch schon eine Spezialpistole auf die Werksmauer anlegt und einen Kletterhaken mit Seil abfeuert. Nachdem er so die Mauer überwunden und auf der anderen Seite einen Wachposten niedergeschlagen hat, läuft 007 zu einem der riesigen Tanks. Bond betätigt einen versteckten Knopf und eine kleine Luke öffnet sich, durch die er ins Innere des Tanks eindringt. Er befindet sich in einem futuristisch ausgestatteten La-

Ein Rendezvous im Badezimmer: James Bond (*Sean Connery*) und Bonita (*Nadja Regin*)

Jill Masterson (*Shirley Eaton*) wird Goldfinger untreu

gerraum, der eine Anzahl Nitro-Methangasfässer beherbergt. Auf diese Fässer drückt Bond Plastiksprengstoff und preßt die Kontakte des Zeitzünders hinein. Dann verläßt er das Fabrikgelände ungesehen.

James Bond streift seinen Taucheranzug ab, darunter kommt ein weißes Jackett zum Vorschein, in dessen Knopfloch er eine rote Nelke steckt. Er trifft nun seinen Verbindungsmann in einem nahegelegenen Nachtclub. Gerade nachdem Bond das Lokal betreten hat, explodiert die Fabrik. Die angebliche Ölraffinerie war in Wirklichkeit eine Rauschgift-Produktionsstätte. Die Gäste verlassen in panischem Schrecken das Lokal, Bond geht mit erstauntem Gesicht zur Bar. Er wird vom Verbindungsmann gewarnt in sein Hotel zurückzukehren, doch Bond hat dort noch ein Rendezvous.

Das Mädchen, das auf ihn wartet, sitzt bei seiner Ankunft gerade in der Badewanne. Nachdem Bond sein Pistolenhalfter abgelegt hat, umarmen sie sich. Plötzlich tritt hinter dem Schrank ein Mann mit Totschläger hervor. Bond sieht den herankommenden Gegner in der Pupille des Mädchens und reißt sie herum, so daß sie den Schlag abbekommt. Mit einem Schulterwurf schleudert Bond seinen Feind in die volle Badewanne. Doch dieser versucht jetzt Bonds Pistole zu erreichen, die im Halfter am Stuhl hängt! Geistesgegenwärtig ergreift 007 eine Heizsonne und wirft sie ebenfalls in die Wanne. Der Angreifer wird elektrisiert und stirbt. Die Verräterin liegt benommen am Boden.

»Widerlich«, meint Bond mit einem Blick auf die Leiche, »einfach widerlich«. . .

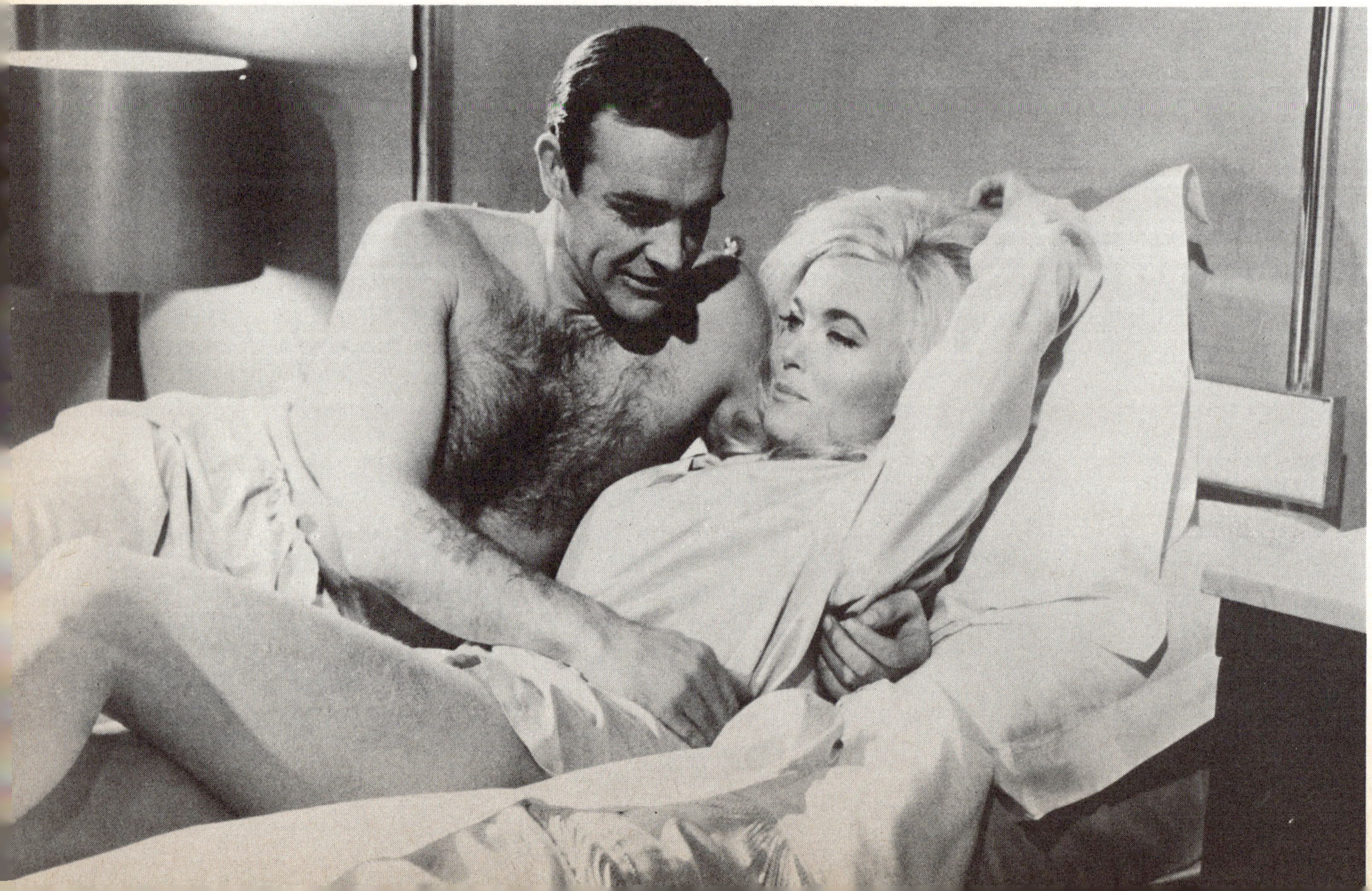

Nach diesem gefährlichen Abenteuer erhält 007 in Miami Beach von seinem alten CIA-Freund Felix Leiter Instruktionen für einen neuen Auftrag. James Bond soll die Aktivitäten des Multimillionärs Auric Goldfinger überwachen, der sich in demselben Hotel aufhält.

Bond und Felix beobachten Goldfinger beim Kartenspiel; er nimmt seinen Partner wie eine Weihnachtsgans aus. »Er läßt sich geduldig von Goldfinger abstauben, schon eine Woche lang«, kommentiert Felix. Der Millionär ist mit einem Hörgerät zum Spiel gekommen und bittet um seinen Stammplatz, da er angeblich in der Sonne sitzen will. Sein Opfer hat das Hotel im Rücken. Das genügt Bond! Er verschafft sich Zutritt zu Goldfingers Appartement und findet seinen Verdacht bestätigt. Auf dem Balkon liegt ein bezauberndes Mädchen, das durch ein Fernglas Goldfingers Gegner in die Karten schaut. Diese übermittelt sie ihrem Chef per Funk ins »Hörgerät«, und so kann er jedes Spiel gewinnen.

Bond schaltet zunächst den Apparat aus und nachdem er das Mädchen, Jill Masterson, für sich gewonnen hat, verpaßt er Goldfinger einen Denkzettel. Er stellt das Gerät wieder auf Empfang und droht ihm mit der Polizei, falls er nicht bereit ist, 15 000 Dollar an sein Opfer zu verlieren. Goldfinger kocht vor Wut, muß aber mitspielen.

Am selben Abend teilt Jill nicht nur das Essen, sondern auf das Bett mit James Bond. Während er Champagner aus dem Kühlschrank holt, wird er plötzlich niedergeschlagen. Nach ein paar Stunden erwacht Bond und macht im Schlafzimmer eine grausige Entdeckung: Jill liegt tot auf dem Bett, ihr ganzer Körper ist mit Goldfarbe bedeckt! Die Haut konnte nicht mehr atmen, und Jill ist langsam erstickt. Goldfinger hat nun Bond die Rechnung präsentiert.

In London erfährt James Bond bei einem Essen mit dem Präsidenten der Bank von England, Colonel Smithers, und M Genaueres über seinen Auftrag und Auric Goldfinger.

»Gentlemen, Mr. Goldfinger hat Barren im Wert von 20 Millionen Pfund in Zürich, Amsterdam, Caracas und Hongkong deponiert«, beginnt Colonel Smithers. Die britische Regierung nimmt an, daß Goldfinger den Großteil dieses Vermögens aus England geschmuggelt hat, um für das Edelmetall anderswo bessere Preise zu erzielen. Goldfinger ist amtlich zugelassener Goldschmied und Juwelier und berechtigt, Gold in einem gewissen Umfang außer Landes zu schaffen. Doch illegal verschwinden Unsummen, und die Regierung weiß nicht, wie Goldfinger seine Ware ins Ausland transportiert. James Bond soll dies herausfinden und dadurch eine weitere Erschöpfung des britischen Goldvorrates ver-

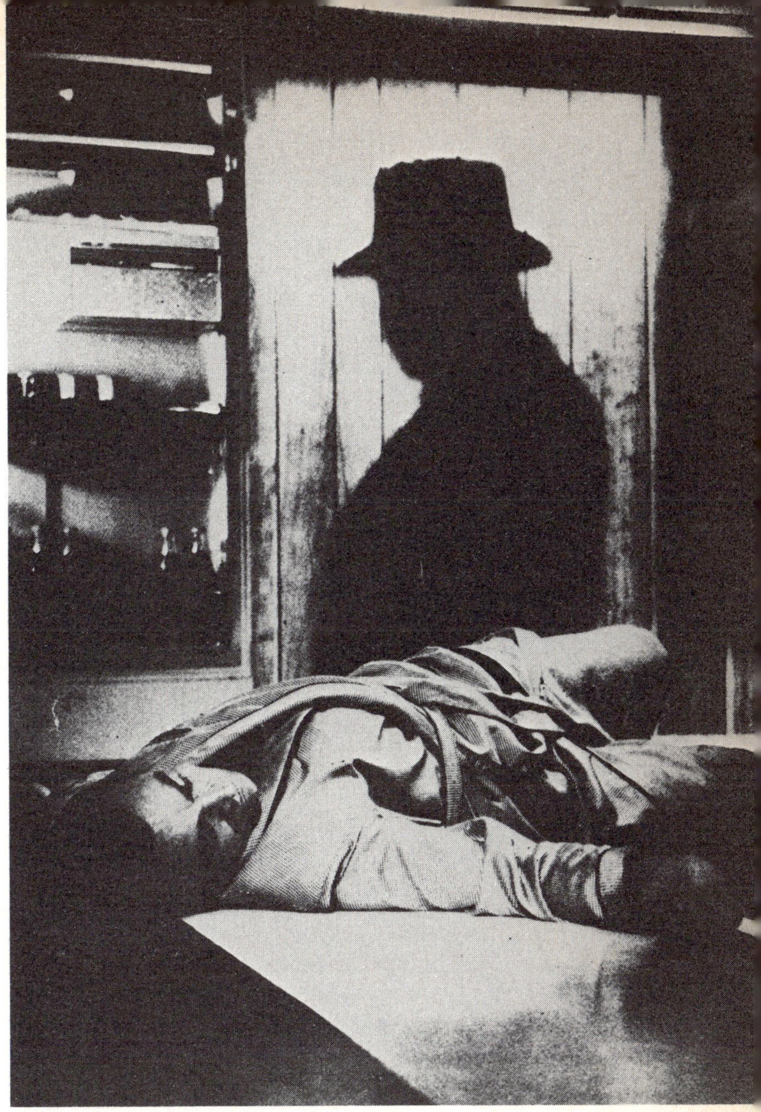

James Bond, auf Eis gelegt

Colonel Smithers (*Richard Vernon*) klärt 007 (*Sean Connery*) über Goldfingers Geschäfte auf

hindern. Als Köder erhält 007 einen Goldbarren im Wert von 5000 Pfund, der aus einem Nazi-Schatz stammt.

Am nächsten Tag holt sich der Agent seine Ausrüstung in der Abteilung Q Branch ab. Er bekommt einen nagelneuen Aston Martin DB 5, ein herrliches Automobil, in das Waffenmeister Q eine ganze Kiste voller Tricks eingebaut hat: die Scheiben sind kugelsicher, der Wagen ist mit drehbaren Nummernschildern ausgestattet, er besitzt Rauchentwickler ebenso wie Ölsprüher und Wasserwerfer. Auf Knopfdruck läßt sich eine kugelsichere Rückwand gegen schweren Beschuß ausfahren. Neben den verstärkten Stoßstangen ist rechts und links je ein Maschinengewehr untergebracht. Das Ganze ist durch Hebel zu bedienen, die sich in einem Kasten an der Mittelkonsole befinden. Garniert wird diese Sonderausstattung durch einen Schleudersitz für unerwünschte Beifahrer! 007 erhält auch einen Minisender namens »Homer«. Dieses Gerät besteht aus zwei Teilen: Den Minisender trägt Bond im Absatz seines Schuhs und kann so immer geortet werden. Das größere magnetische Gegenstück wird im gegnerischen Wagen befestigt und Bond ist in der Lage, dieses Auto zu verfolgen, ohne in seinem Blickfeld zu sein. Er empfängt das Signal auf einem Monitor, der sich am Armaturenbrett des Aston Martin befindet. Der Sender hat eine Reichweite von 300 Kilometern.

James Bond trifft Goldfinger in einem Golfclub wieder und lädt ihn zu einer Partie ein. Goldfinger hat den Koreaner Oddjob mitgebracht, der die Stellung eines Leibwächters und Killers innehat. Hier dient er seinem Herrn als Caddy. Während sie spielen fragt Goldfinger:

»Dieses Zusammentreffen ist kein Zufall. Was haben Sie vor, Mr. Bond?«

007 läßt als Antwort den mitgebrachten Goldbarren fallen. Goldfinger zeigt sich sofort interessiert, als Bond vorgibt, noch mehr beschaffen zu können. Der Millionär will nun den Spielgewinn um den Barren erhöhen. Bond ist einverstanden. Als Goldfinger einen Fehlschlag begeht und somit Gefahr läuft, das Match zu verlieren, betrügt er Bond mit einem falschen Ball. 007 zahlt mit gleicher Münze zurück, indem er die Bälle vertauscht. Da sie streng nach den Golfregeln spielen, hat Goldfinger das Loch und das Match verloren. Nach dem Spiel bringt 007 den Sender »Homer« in Goldfingers Rolls Royce unter. Als der Millionär aus dem Clubhaus tritt, warnt er Bond zum letzten Mal:

Goldfinger (*Gert Fröbe*) und sein vielseitiger Diener Oddjobb (*Harold Sakata*)

»Schon viele Leute haben versucht, sich in meine Angelegenheiten einzumischen, aber ohne Erfolg.« Auf ein Zeichen seines Herrn nimmt Oddjob die Melone ab, schleudert sie durch die Luft und köpft eine Gipsstatue.

»Fabelhaft«, meint James Bond, »aber was wird der Clubmanager dazu sagen?«

»Oh, nichts, Mr. Bond«, kontert Goldfinger, »der Club gehört mir!«

Goldfinger fährt nun mit Oddjob und dem Rolls Royce in die Schweiz. James Bond folgt mit seinem Aston Martin und hat das gegnerische Automobil schon bald auf dem Monitor. Als er Goldfinger auf der Paßstraße verfolgt, wird 007 von einem hübschen Mädchen in einem Sportwagen überholt. Er will ihr nach, reißt sich aber zusammen und beobachtet Goldfinger, der ein paar Serpentinen unter ihm eine kleine Rast einlegt. Plötzlich – ein Schuß! Bond geht sofort in Deckung, während der Rolls die Fahrt fortsetzt. Das Mädchen, das den Schuß abgegeben hat, wird nun von James Bond gejagt, der sich Klarheit über sie verschaffen will. Als sich die Fahrzeuge bei einem riskanten Überholmanöver des Mädchens nebeneinander befinden, zerstört Bond ihre Reifen mit einem Reifenaufschlitzer, Modell Q. Der Wagen landet im Straßengraben. Bond eilt dem Mädchen zu Hilfe und spielt den Zerknirschten. (»Ein doppelter Plattfuß! Sowas habe ich noch nie erlebt.«) Er setzt sie bei der nächsten Tankstelle ab. Unterwegs fällt Bond ihr Gewehrkasten mit den Initialen T. M. auf. Doch sonst kann er nichts in Erfahrung bringen.

Dann fährt Bond zu Goldfingers Fabrik, der AURIC ENTERPRISES. Aus der Ferne betrachtet er die Anlagen, um Mr. Goldfingers Werk einen zweiten, nächtlichen Besuch abstatten zu können.

Im schwarzen Kommandoanzug betritt 007 das Fabrikgelände. Bevor er noch etwas unternehmen kann, sieht er sich durch patrouillierende Wachposten gezwungen, eine Feuerleiter zu erklimmen, um nicht bemerkt zu werden. Dort hat Bond zufällig Einblick in Goldfingers Gießerei und entdeckt das Schmuggelgeheimnis: der Rolls Royce wird auseinandergenommen und eingeschmolzen. Die Karosserie besteht aus 18karätigem Gold, das unter einer Lackschicht verborgen ist. Ein genialer Einfall! 007 schnappt noch die Worte »Operation Grand Slam« auf und zieht sich dann in den nahe gelegenen Wald zurück.

Gerade als sich James Bond seiner Ausrüstung entledigt hat, bemerkt er eine dunkel gekleidete Gestalt, die ein Gewehr trägt. Bond wirft sich mit einem Hechtsprung auf sie, und siehe da – es ist das Mädchen T. M., das Bonds Wagen zu nahe kam. Sie erklärt 007, sie sei Tilly Masterston und hinter Goldfinger her, um den Tod ihrer Schwester Jill zu rächen. Inzwischen sind die beiden entdeckt worden und während ihnen Kugeln um die Ohren pfeifen, fliehen sie zum Aston Martin. In der nun folgenden halsbrecherischen Verfolgungsjagd bringt Bond alle Geheimwaffen seines Wagens zum Einsatz. Der Mercedes der Verfolger rast – in Nebelwolken eingehüllt – an einen Baum, der zweite schießt – dank des Ölsprühers – über die Kurve hinaus, explodiert und zerschellt an der Fabrikmauer. Schließlich zwingt ein steiler Abgrund den Agenten zum Halten. Bond fährt die kugelsichere Rückwand aus und gibt Tilly Feuerschutz, die in den Wald fliehen will. Doch da erscheint Oddjob und tötet das Mädchen durch einen gezielten Wurf mit seiner Stahlmelone. Bond eilt zu Tilly und wird von Oddjobs Leuten gefangengenommen.

Die Feind-Limousinen nehmen den Aston Martin in die Mitte und mit einem bewaffneten Bewacher auf dem Beifahrersitz darf Bond den DB 5 zur Fabrik lenken. Als sie einen Schlagbaum passiert haben und der erste Wagen rechts eingebogen ist, macht Bond einen erneuten Fluchtversuch: er betätigt den Schleudersitzauslöser und katapultiert den Posten aus dem Wagen. In einem Irrsinnstempo jagen die Autos über das Fabrikgelände. Bonds Sportwagen ist schneller und wendiger, als er aber durch einen großen Spiegel geblendet wird, steuert 007 den DB 5 in eine Mauer und der grinsende Oddjob birgt den Bewußtlosen aus dem Wrack. Als James Bond wieder zu sich kommt, liegt er in einem großen Labor. Er ist auf einer Goldplatte festgeschnallt und kann sich kaum bewegen. Da betritt Goldfinger den Raum:

»Guten Abend, 007!«

»Ich heiße James Bond!«

»Und Angehörige Ihres merkwürdigen Berufes gibt es höchst selten«, meint Goldfinger. »Sie sind erkannt worden. Sagen wir von einer gegnerischen Nummer, die auch eine Lizenz zum Töten hat. Und dieser interessante Wagen, den Sie fahren . . . Ich habe auch ein neues Spielzeug, aber erheblich praktischer.« Goldfinger zeigt auf einen Apparat, der direkt über 007 angebracht ist.

»Sie sehen hier einen Laserstrahler vor sich. Er strahlt ein ganz ungewöhnliches Licht, das es in der Natur nicht gibt. Er kann einen Lichtfleck auf den Mond projizieren, oder auf geringere Entfernung sogar Metall durchschneiden! Ich werd's Ihnen zeigen.« Goldfinger gibt ein Zeichen und der Laser richtet sich auf die Goldplatte auf der James Bond liegt. Plötzlich schießt ein grellroter Strahl hervor und beginnt die Platte langsam zu durchtrennen.

»Das ist Gold, Mr. Bond! Schon mein ganzes Leben lang habe ich seine Farbe geliebt, seinen Glanz, seine göttliche Schwere. Mir ist jedes Unternehmen

Eine Golfpartie mit Goldfinger (*Gert Fröbe*)

willkommen, das meinen Vorrat vergrößert, der schon recht beträchtlich ist.«

»Sie haben mich völlig überzeugt, Goldfinger, vielen Dank für die Demonstration!« sagt Bond in der Hoffnung, er werde das Teufelsding jetzt abschalten. Der Stahl hat sich nun den Weg zwischen Bonds gespreizte Beine gefressen und kommt immer näher!

»Überlegen Sie sich Ihre nächste geistreiche Bemerkung sorgfältig, Mr. Bond, es wird vielleicht Ihre letzte sein!« grollt Goldfinger. »Der Zweck unserer vorherigen Begegnung ist mir jetzt völlig klar«, fährt er fort. »Ich habe nicht die Absicht mich von einer weiteren verwirren zu lassen. Gute Nacht, Mr.Bond!« Goldfinger wendet sich zum Gehen und überläßt den Agenten seinem Schicksal. Der Laser rückt immer näher, immer näher . . . Bond bricht der kalte Schweiß aus.

»Erwarten Sie von mir, daß ich rede?!« ruft Bond.

»Nein, Mr. Bond, ich erwarte von Ihnen, daß Sie *sterben!* Es gibt nichts, was Sie mir erzählen könnten, das ich nicht schon wüßte!« Der Laser hat 007 inzwischen fast erreicht!

»Sie haben nur etwas vergessen! Wenn ich mich nicht mehr melde, werde ich von 008 ersetzt!«

»Ich hoffe zuversichtlich, daß er mehr Erfolg hat!« meint Goldfinger böse und verläßt den Raum. Bond kann die Hitze des Strahles bereits spüren! Er macht einen letzten, verzweifelten Versuch: »Er weiß, was ich weiß.«

»Sie wissen nichts, Mr. Bond!«

»Nur etwas über das Unternehmen Grand Slam, zum Beispiel«, antwortet 007.

»Zwei Worte, die Sie aufgeschnappt haben; die für Sie auch nicht den geringsten Sinn haben, für Sie nicht, noch für irgendeinen aus Ihrer Organisation!« stellt Goldfinger fest. In den nächsten Sekunden wird der Laserstrahl sein Ziel erreicht haben!

»Können Sie sich dieses Risiko leisten?!« schreit Bond. Der Strahl verlischt. »Sie haben recht, Mr. Bond, Sie haben mehr Wert für mich, wenn Sie leben!« Plötzlich tritt eine Wache auf den hilflosen Agenten zu, legt eine Pistole auf ihn an und jagt ihm ein Geschoß in die Rippen. Bond starrt ihn verwundert an und bricht dann zusammen.

James Bond erwacht im Himmel. Er befindet sich an Bord von Goldfingers Privatjet auf dem Weg nach Baltimore. Dies teilt ihm die Pilotin Pussy Galore mit. Bond war nur mit einer Betäubungspistole behandelt worden und soll nun auf Goldfingers Gestüt gebracht werden. Während sich Bond umzieht, nimmt er den Mini-Sender HOMER in Betrieb, der im Absatz seines Schuhes versteckt ist.

Prompt wird das HOMER-Signal vom CIA aufgefangen. Felix Leiter verständigt M in London über Bonds Ankunft in Baltimore und teilt ihm mit, daß Goldfingers Gestüt in Kentucky die Endstation des Fluges sei. M ist froh, endlich etwas von seinem besten Mann zu hören, verkennt aber die Situation. Er gibt Leiter Anweisung, nichts zu unternehmen, da 007 anscheinend sehr erfolgreich ist.

Inzwischen trifft James Bond in Kentucky ein. Auf Goldfingers Privatflugplatz hat 007 Gelegenheit, »Pussy Galores Flying Circus«, eine Cessna-Staffel, die von hübschen Mädchen geflogen wird, beim Kunstflug zu beobachten. Dann fahren ihn Oddjobs Männer zum Gestüt. Goldfinger hat momentan andere Dinge im Kopf und läßt den Agenten erst einmal in den Keller des Gutshauses führen, wo eine sichere Zelle auf ihn wartet. Goldfinger tritt nun in einen riesigen Aufenthaltsraum, in dem er die Gangster-Elite Amerikas versammelt hat. Die Gesellschaft ist ungeduldig, denn alle haben Goldfinger etwas geliefert und er schuldet jedem Anwesenden eine Million Dollar.

»Sie können die Million heute haben. – Oder zehn Millionen morgen!« ruft Goldfinger. Die Gangster sind gespannt. Nun erklärt ihnen der Millionär seinen Plan: er will Fort Knox, das größte Golddepot der USA, knacken! Zunächst verwandelt Goldfinger den Billardtisch in ein Schaltpult, auf dem er einige Knöpfe und Regler bedient. Eine große Wandkarte stellt sich auf, der Boden fährt zurück, hydraulisch wird eine Miniaturausgabe von Fort Knox und seiner Umgebung angehoben. Die Gangster staunen und trauen ihren Augen kaum.

»Der Mensch hat den Mount Everest bezwungen«, beginnt Goldfinger, »er hat den Grund des Ozeans erforscht, er hat Raketen auf den Mond geschossen, Atome gespalten, er hat Wunder vollbracht. Auf allen Gebieten menschlichen Strebens, nur nicht in der Kriminalität!«

James Bond hat seinen Wächter durch einen Trick in die Zelle gelockt und niedergeschlagen. Er eilt durch die unterirdischen Gänge und gelangt zur Rampe des Modells. Hier kann er nun Goldfingers Plan mitverfolgen. Goldfingers Flugzeugstaffel soll zunächst das Fort überfliegen und ein unsichtbares Nervengas – *Delta 9* – versprühen, um die 41 000 Soldaten unschädlich zu machen, die zur Bewachung dort stationiert sind. James Bond kritzelt die wichtig-

Goldfinger (*Gert Fröbe*) erklärt Bond (*Sean Connery*), wie ein Laser funktioniert

sten Daten auf einen Zettel und belauscht die weiteren Ausführungen Goldfingers.

Sobald Bevölkerung und Militär bewegungsunfähig sind, wollen Goldfingers Männer in motorisierten Einheiten zum Fort vorrücken. Das elektrisch gesicherte Gitter soll in die Luft gesprengt werden. Dann dringen die Mannschaften zum Haupttor vor und brechen es auf. Nun braucht man nur noch in die Goldkammern hinabsteigen . . .

Alle Gangster sind tief beeindruckt. Nur Solo, ein großer Boss, will auf der Stelle sein Geld. Goldfinger entschuldigt sich und verläßt den Raum, um ihm eine Million in Goldbarren zu übergeben.

James Bond hat alles mitangehört. Plötzlich wird er von Pussy Galore überwältigt und unter Bewachung weggebracht. Kisch, ein »leitender Angestellter« Goldfingers, schließt die Tore hinter ihnen und wendet sich dem Aufenthaltsraum zu, in dem sich die Gangster befinden. Er betätigt einige Schalter, leitet Giftgas in den Raum und beobachtet ihren Tod auf einem Monitor. Diese Verbrecher hatten Goldfingers Operation erst richtig möglich gemacht: ein Gauner schmuggelte die Mannschaften nach Amerika, ein anderer brachte die Giftgasbehälter ins Land, Solo transportierte den Laser. Nun, da sie ihre Aufgabe erfüllt haben, räumt Goldfinger die Mitwisser aus dem Weg. Gerade verabschiedet er Mr. Solo, als James Bond und Pussy auf der Bildfläche erscheinen. Das Gold wird in einen Wagen verladen und Bond öffnet Solo die Türe, läßt dabei aber unbemerkt den Zettel, den er um den Sender HOMER gewickelt hat, in Solos Tasche gleiten. Mit Oddjob als Chauffeur fährt der Gangster davon.

Felix Leiter ortet das HOMER-Signal und verfolgt den Wagen Solos. Oddjob hält an und tötet den Verbrecher. Dann bringt er den Toten zu einem Autofriedhof. Er steigt aus, ein Kran erfaßt das Automobil und läßt es über einer großen Verschrottungspresse fallen. Der Wagen wird zu einem Würfel zusammengedrückt, auf Oddjobs neuen fahrbaren Untersatz – einen Transporter – verladen und so tritt der Koreaner den Heimweg an. Felix kann das Signal nicht mehr empfangen und kehrt ebenfalls um. Kisch teilt Goldfinger mit, daß zwei Männer (Felix und sein Mitarbeiter) das Haus mit Ferngläsern beobachten. Goldfinger befiehlt, 007 herzubringen, um jeden Verdacht zu zerstreuen. Bei einem Drink auf der Terrasse unterhalten sich Bond und Goldfinger über das Unternehmen »Grand Slam«. 007 versucht Goldfinger die Ruchlosigkeit einer solchen Operation klarzumachen: »Sie werden 60 000 Menschen umbringen!«

»Autofahrer bringen im Lauf von zwei Jahren genausoviele um!« sagt Goldfinger verächtlich. Doch James Bond glaubt nicht an den Erfolg des Unternehmens, da Goldfinger zum Abtransport der Barren 12 Tage benötigen würde. Er hat aber höchstens zwei Stunden Zeit, bis die Streitkräfte eintreffen.

»Wer hat behauptet, daß das Gold abtransportiert werden soll?« fragt Goldfinger verschmitzt. Nun wird Bond alles klar: Goldfinger hat von Rotchina eine Atombombe erhalten, die er in Fort Knox zünden soll. Damit schlägt er zwei Fliegen mit einer Klappe. Er hat ein wirtschaftliches Chaos im Westen verursacht, da der gesamte Goldvorrat der USA für 58 Jahre radioaktiv und somit unbrauchbar werden würde. Zum anderen erfährt Goldfingers Edelmetall (immerhin 20 Millionen Pfund) eine ungeheure Wertsteigerung.

»Ich muß mich entschuldigen, Goldfinger«, meint Bond bewundernd, »der Plan ist genial.«

Gerade trifft Oddjob mit dem »Würfelwrack« ein. Während sich Goldfinger darum kümmert, führt Pussy den Agenten herum. Felix glaubt 007 in Sicherheit und fährt zum Hotel zurück. Bond ist mit Pussy in einer Scheune verschwunden und will die kühle Pilotin verführen. Pussy verteidigt sich mit Judo und erst, als 007 sie ein paarmal durch die Luft gewirbelt hat, erlischt ihr Widerstand, und sie lieben sich.

Am nächsten Morgen beginnt die Operation »Grand Slam«. Pussys Staffel startet mit den *Delta 9*-Behältern und nimmt Kurs auf Fort Knox. Alles verläuft planmäßig. Beim Überfliegen des Depots versprühen die Mädchen das Gas. Unter ihnen sakken die Soldaten wie abgeschnittene Marionetten zusammen. Ob im Auto, Flugzeughangar oder beim Training, dem unsichtbaren Gift entkommt keiner.

Nachdem die ganze Besatzung eingeschläfert wurde, rücken Goldfingers Einsatztruppen in Lkws und Militärjeeps zum starkstromgesicherten Eisengitter vor. Eilig wird dieses Hindernis gesprengt, die Männer dringen in Fort Knox ein! Ihr nächstes Ziel ist das Haupteingangstor. Ein als Ambulanz getarnter Lkw fährt rückwärts heran, das Dach klappt zurück und der Laser erscheint. Sein roter Strahl beginnt das große Stahltor zu durchschneiden. Gerade als sie sich so Zugang verschafft haben, kommt ein von Pussy gesteuerter Hubschrauber mit Goldfinger und der Bombe an. Während er ein riesiges Stahlschott zu den Goldkammern öffnet, nimmt Mr. Ling, ein chinesischer Kernspaltungsexperte, die Bombe in Betrieb.

In einem Wagen vor dem Fort startet nun die Gegenaktion: Felix, der sich auch unter den »Toten« befand, öffnet plötzlich die Augen, als ein wild tikkender Geigerzähler die Inbetriebnahme der Bombe ankündigt. Die »vergasten« Soldaten erwachen alle zu neuem Leben, schneiden den Eindringlingen den Weg ab und bereiten sich zum Angriff vor.

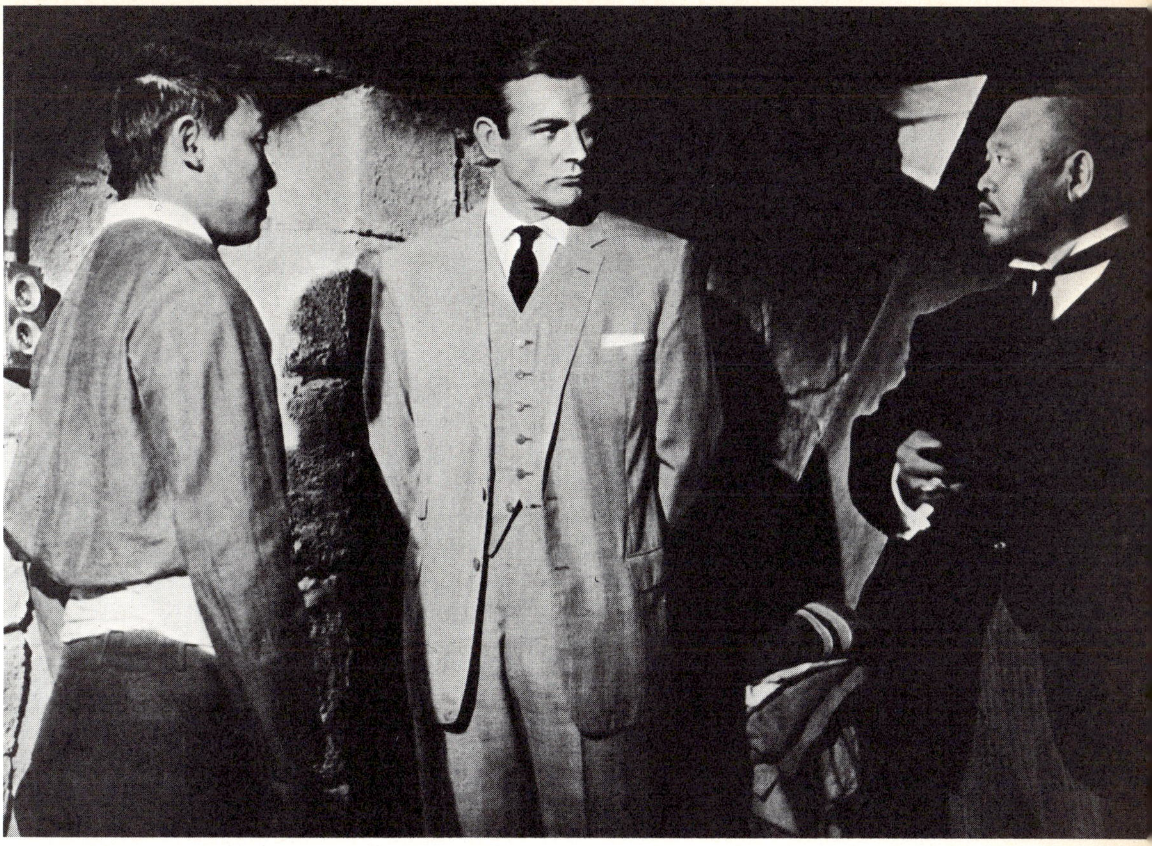

Oddjobb (*Harold Sakata*) hält James Bond (*Sean Connery*) in Schach

James Bond wurde inzwischen an die Bombe gekettet und mit einem Aufzug ein paar Stockwerke tief ins Zentrum des Forts gebracht. Oddjob und Kisch befinden sich noch in der Nähe des Aufzuges, Goldfinger will bereits den Rückzug befehlen, als Maschinengewehrfeuer seine Wachen niedermäht. Goldfinger schließt zunächst das Schott, reißt sich den Mantel vom Leib, um gleich darauf in einer amerikanischen Uniform unbehelligt das Weite zu suchen.

Kisch und Oddjob sind jetzt wie 007 im Fort zusammen mit der Bombe eingeschlossen! Kisch will den Zünder entfernen, um nicht sterben zu müssen. Der Koreaner läßt dies nicht zu und wirft Kisch über das Treppengeländer. Er schlägt ein paar Schritte von Bond entfernt auf. Kisch trägt die Schlüssel für Bonds Handschellen in der Brusttasche seiner Uniform! 007 versucht krampfhaft, die Leiche zu erreichen und sich von der Bombe zu befreien. Oddjob rast die Treppe hinunter, um Bond zuvorzukommen. Der Agent zerrt die Bombe, die sich auf einem Schubwagen befindet, über die Gitterstäbe, erreicht die Schlüssel und kann sich gerade noch vor Oddjobs Melone in Sicherheit bringen. Bond versucht – im Wettlauf mit der Zeit – gegen den unverwüstlichen Koreaner zu kämpfen. Er schleudert ihm einen Goldbarren gegen die Brust – ohne Erfolg. Oddjob wirft die Melone zum zweitenmal und kappt ein Starkstromkabel, das funkensprühend den Boden peitscht. Bond ist am Ende seiner Kräfte. Wie soll er gegen ein solches Monster ankommen? Da entdeckt er Oddjobs Melone, hebt sie auf und augenblicklich verschwindet das Grinsen vom Gesicht des Koreaners. Bond hat jetzt eine gefährliche Waffe. Mit voller Wucht schleudert er die tödliche Kopfbedeckung nach dem Feind – und verfehlt! Die Melone bleibt zwischen den Gitterstäben hängen. Als Oddjob sie herausziehen will, erkennt Bond seine einmalige Chance: er packt das Stromkabel und hält es ans Gitter. Der Strom fließt, Oddjob steht unter Spannung und wird elektrisiert.

Jetzt hastet James Bond zu seinem zweiten Gegner – der Bombe! Nachdem er den Deckel geöffnet hat, sieht er sich einem Gewirr von Drähten und Spulen gegenüber. Er scheut sich, etwas zu zerstören, um keine vorzeitige Detonation zu provozieren.

Draußen hat die Armee Goldfingers Männer besiegt und ein Entschärfungsexperte kommt Bond im letzten Moment zu Hilfe. Er schaltet das Laufwerk einfach an einem Schalter aus. Das Zählwerk stoppt bei *0 0 7 !*

»Habt ihr Goldfinger erwischt?« fragt Bond.

»Noch nicht, aber er kommt nicht weit«, antwortet Felix.

»Und Pussy?«

»Die hat uns geholfen das Gas auszuwechseln. Übrigens, warum hat sie Washington angerufen?«

»Ich habe wahrscheinlich ihre mütterlichen Instinkte geweckt«, meint Bond.

Am nächsten Tag soll James Bond die Ehre zuteil werden, mit dem Präsidenten im Weißen Haus zu Mittag zu essen. Nachdem er mit militärischen Ehren verabschiedet wurde, besteigt 007 ein Sonderflugzeug, das ihn nach Washington bringen soll. Auf dem Flug wird Bond von Goldfinger überrascht, der die Crew überwältigt und im Hangar gefesselt zurückgelassen hat.

»Wo ist Pussy?« fragt Bond.

»Im Augenblick da, wo sie hingehört, in der Kanzel«, erwidert Goldfinger und fuchtelt mit seinem goldenen Revolver in der Gegend herum. 007 stürzt sich auf ihn und versucht, ihm die Waffe zu entreißen. Dabei löst sich ein Schuß, der das Fenster trifft. Die Kabine verliert den Druck, es entsteht ein mächtiger Sog und Goldfinger wird aus dem Fenster gezogen. Bond kann sich gerade noch festhalten. Nach dem Druckausgleich will Bond Pussy beim Abfangen der unkontrollierbaren Maschine helfen.

In der Basis verfolgen Leiter und seine Leute den Absturz auf dem Radarschirm. Im letzten Moment retten sich Bond und Pussy mit dem Fallschirm. Der Jet zerschellt und explodiert. Später sucht Felix die Gegend mit einem Hubschrauber ab. Als Pussy ihn sieht und Zeichen geben will, zieht Bond sie unter den Fallschirm:

»Das laß' nur. Retten lassen wir uns später.«

007 genießt eine Spezialität a la Goldfinger

Goldfinger
He's the Man
The Man with a Midas touch
A spider' touch
Such a cold finger
Beckons you to enter his web of sin
But don't go in!

Goldfinger ist zwar nicht der kommerziell erfolgreichste James Bond-Film, wohl aber der berühmteste. Er wurde 1964 von Publikum *und* Kritik gleichermaßen begeistert aufgenommen, wie kein zweiter Film dieser Reihe. Es ist schwer, alle Faktoren, die *Goldfinger* zu einem solchen Erfolg verhalfen, auf einen Nenner zu bringen. Doch kann man sagen, daß es dieser Film verstand, eine ganz spezielle Ausstrahlung zu erzeugen, die jedermann in ihren Bann zog.

Schon die Pre-Title-Sequence läßt vermuten, daß es der beste Agent Ihrer Majestät diesmal mit etwas Besonderem zu tun hat. James Bond überwindet alle Hindernisse entweder mit Kraft, Intelligenz oder mit Hilfe der Technik und sprengt ein Rauschgiftdepot. Daß dieses Erlebnis nichts mit der eigentlichen Handlung zu tun hat, ist unwichtig. Es zeigt nur ein Exzerpt aus dem Leben des Geheimagenten, das uns am Rande präsentiert wird.

Den Spion erwartet im Inneren des Tanks ein typischer Ken Adam-Raum. Futuristisch, extravagant, ungewöhnlich. Nur unbewußt nimmt der Zuschauer wahr, daß der Held davon nicht sonderlich beeindruckt ist. James Bond ist eben in seiner Welt zu Hause.

Nachdem er die Fabrik verlassen hat, zieht 007 den Taucheranzug aus. Darunter ist er schon in einen perfekt sitzenden Anzug gekleidet und steckt sich zur Belustigung der Betrachter eine rote Nelke ins Knopfloch. Ein unverkennbarer Bond-Joke. Überhaupt haben die Drehbuchautoren Richard Maibaum und Paul Dehn in *Goldfinger* eine gekonnte Mischung von Spannung und Entspannung geschaffen.

Nach der traditionellen Pre-Title-Sequence folgt ein atemberaubender Vorspann von Robert Brownjohn. Auf den Körper eines nackten, goldüberzogenen Mädchens werden Ausschnitte aus dem nun folgenden Film und aus dem vorhergegangenen 007-Streifen *From Russia With Love* projiziert. Dazu singt Shirley Bassey das Titellied *Goldfinger* von John Barry, Leslie Bricusse und Anthony Newley. John Barry, der schon *From Russia With Love* komponierte, schrieb für *Goldfinger* seinen besten Soundtrack und setzte einen Meilenstein in der Geschichte der Filmmusik. Das Titellied wurde ein Welterfolg.

Ein Rendezvous im Pferdestall: James Bond (*Sean Connery*) und Pussy Galore (*Honor Blackman*)

Welcome to Miami Beach! Hier stößt James Bond zum erstenmal auf seinen Widersacher Auric Goldfinger. In Gert Fröbe haben die Produzenten Saltzman und Broccoli den optimalen Goldfinger gefunden. Goldfinger ist ein überdimensionaler Bösewicht und Fröbe spielt ihn auch überdimensional. In einem Interview erzählte mir Gert Fröbe, wie er zu dieser Rolle kam: »Meine Agentur sagte mir, da wird ein Film *Goldfinger* gedreht und ich soll die Titelrolle spielen. Nun hatte ich damals gar keine richtige Vorstellung, was James Bond-Filme eigentlich sind, denn die ersten beiden hatten in Deutschland anfänglich kein sehr großes Echo. Später, als *Goldfinger* herauskam, zog dieser Bond-Streifen *Dr. No* und *From Russia With Love* mit. Als ich nun nach London kam, fragte ich die verantwortlichen Produzenten Saltzman und Broccoli: ›Wie kommen Sie denn auf mich?‹ und da sagten sie mir, sie hätten vor sechs

Jahren einen Film gesehen *Es geschah am hellichten Tag,* da habe ich einen Kindermörder gespielt. Und die beiden sagten sich, ›den holen wir uns eines Tages‹. *Goldfinger* ist praktisch der Ableger von *Es geschah am hellichten Tag.*«

Goldfinger entnimmt einen Großteil seiner Originalität aus dem herrlichen Zusammenspiel von Sean Connery und Gert Fröbe. Connery zeigt in *Goldfinger* seine routinierteste Bond-Darstellung, hinter der aber Engagement steckt, und sagt man Connery *ist* Bond, muß man auch einräumen, Fröbe *ist* Goldfinger.

Wie gelang es nun Gert Fröbe, einen solchen Super-Gangster derart überzeugend zu spielen? Er selbst meint dazu: »Nun, das ist eine ganz seltsame Geschichte in der Schauspielerei. Man identifiziert sich natürlich mit dem Sujet oder mit dem Text, den man gerade zu spielen hat. Es gelingt einem talentierten Schauspieler, sich völlig in seine Rolle hineinzudenken. So steigere ich mich in einen Kindermörder, obwohl ich keiner bin, oder, wenn Sie wollen, eben auch in einen Goldfinger.« Darin liegt ein wichtiger Punkt für *Goldfingers* Erfolg. Gert Fröbe ist der beste James Bond-Gegenspieler überhaupt. Da er seinen Part ernst nimmt, obwohl dieser unglaubwürdig ist, erzeugt er ein Gefühl der Realität, wobei alles um ihn herum unrealistisch ist. Das fasziniert den Zuschauer und bezieht ihn ins Geschehen ein. »Ich stelle mir jede Figur, die ich spiele, im Idealfall vor. Wie würde dieser Mensch aussehen? Wie würde er sich bewegen? Wie würde er handeln? Goldfinger habe ich mir auch so vorgestellt. Er ist ein unheimlich potenter, massiger Typ und da hat sich dann diese Ausstrahlung zwangsläufig so ergeben, aufgrund eines guten Buches«, sagt der Darsteller. Obwohl Gert Fröbe die *Goldfinger*-Rolle nicht als seine größte schauspielerische Leistung betrachtet, hat er es verstanden, eine künstlerische Note in eine Darstellung hineinzulegen, die für ein Millionen-Publikum gedacht ist.

James Bond (*Sean Connery*) und Oddjobb (*Harold Sakata*) in Fort Knox

Einen ersten Eindruck von Goldfingers Verschlagenheit und Brutalität erhält der Zuschauer in der Miami-Kartenspielszene (die übrigens in den englischen Pinewood Studios entstanden ist). Nachdem Bond den Trick mit dem Hörgerät durchschaut hat, begegnet er in Goldfingers Hotelsuite der reizenden Jill Masterson, die von Shirley Eaton gespielt wird. Als Jill Bond sieht, ist sie sofort bereit, zu ihm überzulaufen. »It must be the way he smiles«, erklärt John Brosnan in seinem Buch *James Bond in the Cinema* ihren plötzlichen Entschluß. Als 007 Goldfinger zum Verlieren zwingt, zerbricht dieser in ohnmächtiger Wut seinen Bleistift und der Zuschauer ahnt sofort, daß Bonds Attacke noch Folgen haben wird.

Der Agent bekommt Goldfingers Macht in Form eines Handkantenschlages zu spüren, mit dem ihn das Faktotum Oddjob (»seltsamer Beruf«) betäubt. Die »Verräterin« wird grausamer bestraft, indem Goldfinger ihren Körper mit Gold überziehen läßt und sie dadurch erstickt. Indirekt hat James Bond den Tod des Mädchens verschuldet. Wie Quarrel in *Dr. No* und Kerim Bey in *From Russia With Love* stirbt Jill einen Opfertod, der das Publikum zum Hassen des Verbrechers motiviert und Bonds Töten des Bösewichts und seiner Helfershelfer bis zu einem gewissen Grad rechtfertigt.

Die ganze *Golden Girl*-Szene ist unvergeßlich. Den Betrachter beschleicht das Gefühl der Beklommenheit, der Anteilnahme, und für einen Moment hält er den Atem an. Goldfinger hat sich bei James Bond mit einem perversen Mord revanchiert!

Bei einem Golfspiel treffen die beiden Gegner er-

Oddjobb (*Harold Sakata*) zeigt 007 (*Sean Connery*) die Goldvorräte von Fort Knox

neut aufeinander. In Ian Flemings Vorlage war dieses Match ein Höhepunkt, aber wohl nur für Profis verständlich. Die Filmversion ist kürzer, einfacher und macht deshalb mehr Spaß. Nachdem Bonds Goldbarren als Spielgewinn vereinbart wurde, entwickelt sich die anfänglich unbeschwerte, heitere Partie zum Duell. Als Bond Sieger bleibt, stellt ihm Goldfinger, zur Warnung, den Koreaner Oddjob vor. Harold Sakata spielt die rechte Hand des Millionärs nicht nur unheimlich, sondern direkt furchterregend. Der Horror überkommt den Zuschauer besonders, wenn Sakata den Golfball, der 007 zum Sieg verhalf, mit der bloßen Hand zerquetscht. Fröbe und Sakata geben in ihrem alten Rolls Royce ein einmaliges Bild ab und sind auch sonst ein großartiges Gespann. Ich habe schon von Gert Fröbes realitätsbezogener Darstellung gesprochen, doch gelingt es Sakata, ebenfalls ein Ungetüm, das es in Wirklichkeit nicht gibt, überzeugend darzustellen. Im Gegensatz zu ihnen scheinen Sigmund Stromberg und Jaws, der Beißer, übertrieben und sind den Marvel Comics näher als den Bösewichtsfiguren, die Fleming schuf.

Ein Darsteller ganz anderer Art wurde zum Publikumsliebling: James Bonds silbergrauer Aston Martin DB 5, ein exklusiver englischer Sportwagen, dessen Sonderausstattung wohl einmalig sein dürfte. Nach *Dr. No* und *From Russia With Love,* die relativ wenige technische Spielereien beinhalten, entschlossen sich die Produzenten, mehr Gadgets und Gimmicks einzubauen. Das Ergebnis: ein Automobil, dessen Verteidigungsapparatur eine kleine Armee ausrüsten könnte. Selbst 007 glaubt sich verhört zu haben, als ihm Desmond Llewelyn stolz den Schleudersitzauslöser präsentiert. »Ein Auto mit Schleudersitz, Sie machen wohl Scherze?«

»Ich scherze nie, wenn es sich um meine Arbeit handelt!« versichert Q mit eisiger Miene. So tut es dem (automobilbegeisterten) Betrachter auch herzlich leid, wenn das Prachtstück im Verlauf des Auftrages in die Brüche geht. Doch schon ein Jahr später hat Bond den DB 5 in *Thunderball* wieder. Eine neuere Version dieses Wagens tauchte dann in *On Her Majesty's Secret Service* auf, und 1977 erhielt der Geheimagent einen neuen Straßenhobel, den weniger exklusiven Lotos Esprit (denn auch der Secret Service muß sparen!). 1964 entstand um das James Bond-Fahrzeug ein regelrechter Kult: Als es in Mailand ausgestellt wird, »waren enthusiastische Verehrer dabei, Zubehörteile und Griffe mit bloßen Händen abzureißen. Ein auf der Durchreise befindlicher Scheich will das Auto unbedingt kaufen. Er ist bereit, 60 Millionen Lire dafür auszugeben, obwohl der Aston Martin doch nur 28 Millionen kostet« (Lietta Tornabuoni, *James Bond – Eine Modeerscheinung)*.

Auf dem Gelände der AURIC ENTERPRISES findet dann auch eine rasante, spektakuläre Autojagd statt, die oft kopiert, jedoch nie erreicht wurde. Als James Bond zur toten Tilly Masterson (zweiter Opfertod) eilt, umzingeln ihn Goldfingers Häscher, allen voran Oddjob. Diese Szene hat einen besonderen Touch: Bond kniet vor der Toten, die Feinde bauen sich um ihn herum auf; sein Gesichtsausdruck ist steinern, als er aufblickt, um zu erkennen, daß er keine Chance mehr hat. Sean Connery at his best! Die Kamera zeigt diese Einstellung perspektivisch, so daß die Gangster wie Riesen aussehen. Bond läßt sich willig abführen. Das Publikum erfaßt die Szene als etwas Definitives: 007 ist jetzt erledigt! Um so überraschender ist es, daß Bond die geringste Chance wahrnimmt, um die Jagd mit Vehemenz fortzusetzen. Hier kann man *einen* Grund für James Bonds Beliebtheit erkennen: er gibt niemals auf. Als er abermals geschnappt wird, herrscht beim Zuschauer doppelte Enttäuschung.

In einem bizarren Raum spielt sich nun ein Höhepunkt des Films ab. James Bond wird von Goldfinger mit einem Laserstrahler gefoltert. Der Dialog wechselt andauernd zwischen beiden hin und her, steigert sich, als der Laser näher kommt und erlischt mit dem Strahl. Die Szene trieft vor Boshaftigkeit und Sadismus. »Als im Roman Goldfinger James Bond foltern will, verwendet er eine Kreissäge. Ein recht einfaches und wirkungsvolles Mittel, für jedermann verständlich. Im Film bemüht man zu diesem Zweck einen Laser, in einer völlig überflüssigen Show, lediglich *»pour épater le bourgeois,«* meint G. B. Zorzoli in seinem Aufsatz *Die Technik in der Welt des James Bond.* Ich bin anderer Ansicht. Eine Kreissäge ist dem Publikum zu vertraut, der Laser aber entfacht die Angst vor dem Unbekannten und läßt den Betrachter um Connery bangen. Außerdem wird der Laser ja zum Durchschneiden des Fort Knox-Tores benötigt, ist also keineswegs überflüssig.

Die Laser-Beam-Szene war die erste Einstellung, die für *Goldfinger* gedreht wurde. Gert Fröbe erinnert sich: »Ich kam ins Atelier und alle Beleuchter

Die letzte Konfrontation in der Luft: Goldfinger (*Gert Fröbe*) und James Bond (*Sean Connery*)

guckten oben herunter, ›Ah, da ist Goldfinger.‹ Ich sagte zu Guy Hamilton, dem Regisseur: ›Guy, sei nicht nervös, ich bin es heute, ich bin heute nervös. Ich kenne mich, ab morgen geht das besser‹ und Guy antwortete: ›Don't worry‹.

Ein paar Minuten später kam der Kameramann (Ted Moore) und sagte: ›Gert, sei nicht nervös, wir haben so viel Zeit.‹ Da hatte es sich schon herumgesprochen, daß Goldfinger nervös war. Bei der Crew herrschte ein fabelhafter Teamgeist. Ich kann mich nicht erinnern, von Guy Hamilton je eine Anweisung erhalten zu haben.«

Goldfinger begeht in dieser Sequenz den notwen-

digen Fehler, James Bond am Leben zu lassen und bringt ihn auf sein Gestüt nach Amerika. Das dortige Gangster-Meeting ist eindrucksvoll, und man staunt mit den Verbrechern über das, was sich die Techniker zu diesem Aufenthaltsraum haben einfallen lassen. Nun folgt der Angriff auf Fort Knox! In einem spannungs- und actiongeladenen Highlight, als Pussys Maschinen das Golddepot ansteuern, die Besatzung betäuben und Goldfingers Truppen das Fort stürmen, ist der Zuschauer von der Reibungslosigkeit, mit der das Unternehmen abläuft, beunruhigt. Die Spannung wird dadurch gemindert, daß die Soldaten sehr unecht zu Boden gehen. Doch dies hat seinen Grund. Pussy alarmierte im letzten Moment die Regierung, und mit Pussys Hilfe wurden auch die *Delta-9*-Behälter vertauscht. Die Soldaten spielen also ihre Ohnmacht nur, was dem Publikum natürlich erst im Nachhinein bewußt wird.

Production-Designer Ken Adam hat sich mit seiner Version des Fort Knox selbst übertroffen. Riesige Mengen Goldbarren stapeln sich in einer Lagerhalle vom Keller bis zum Dach des Depots, nur durch Gitterstäbe voneinander getrennt. In der Mitte befinden sich ein Aufzug und eine große, stählerne Treppe.

Beim entscheidenden Endkampf wechselt die Kamera zwischen dem Angriff der Armee und der Konfrontation James Bond – Oddjob. Während Goldfinger draußen seine eigenen Leute erschießt, um fliehen zu können, geht es drinnen 007 an den Kragen. Stunt-Koordinator Bob Simmons gab diesem Zweikampf Härte, Brutalität und den nötigen Zunder. Bond hat gegen den melonenschwingenden Asiaten keine Chance. Erst unter Stromeinfluß zeigt Oddjob, daß er nicht unverwundbar ist. Die Armee kämpft gegen Goldfinger, James Bond gegen Oddjob, aber die tickende Bombe kämpft gegen alle! Dies ist dem Zuschauer klar und versetzt ihn in Spannung, die wieder in Entspannung übergeht, als das Zählwerk gerade auf *007* stehenbleibt.

Die letzte Auseinandersetzung mit Goldfinger muß Bond im Flugzeug bestehen. Als die beiden um die Waffe ringen, zerschmettert ein Schuß das Fenster. Bond und Goldfinger schweben, durch den plötzlichen Druckabfall, im Innenraum umher. Schließlich wird der Bösewicht durchs Fenster gezogen. Im ersten Teil der Szene ist die Decke des Flugzeuges nicht zu sehen. Sean Connery und Gert Fröbe waren nämlich durch dünnste Drähte mit einem Kran verbunden, der sich im Studio befand und sie herumschwenkte. Als Gert Fröbe hinausgezogen wurde, nahm die Kamera nur dieses eine Fenster auf. Dem Publikum ist somit keine Vergleichsmöglichkeit gegeben. Fröbe lag auf einem Wagen (diesmal fehlte der Boden!) und wurde mit einem Ruck aus dem größeren Fenster herausgezerrt. Wenn das Flugzeug abstürzt, bekommt der genaue Betrachter zum erstenmal schlecht gemachte Trickaufnahmen eines Modells zu sehen, das an deutlich sichtbaren Fäden geführt wird. Das wäre nicht notwendig gewesen, denn so etwas ist billig und eines Goldfinger nicht würdig.

Trotzdem ist *Goldfinger* bis heute der beste Beitrag der James Bond-Serie, ein Film, der nicht altert, sondern sein Fluidum bis heute bewahrt hat. Besonders die konsequente Liebe zum Detail hat Goldfinger zu dem gemacht, was er heute ist: der Klassiker unter den James Bond-Filmen.

Thunderball

1965

Feuerball

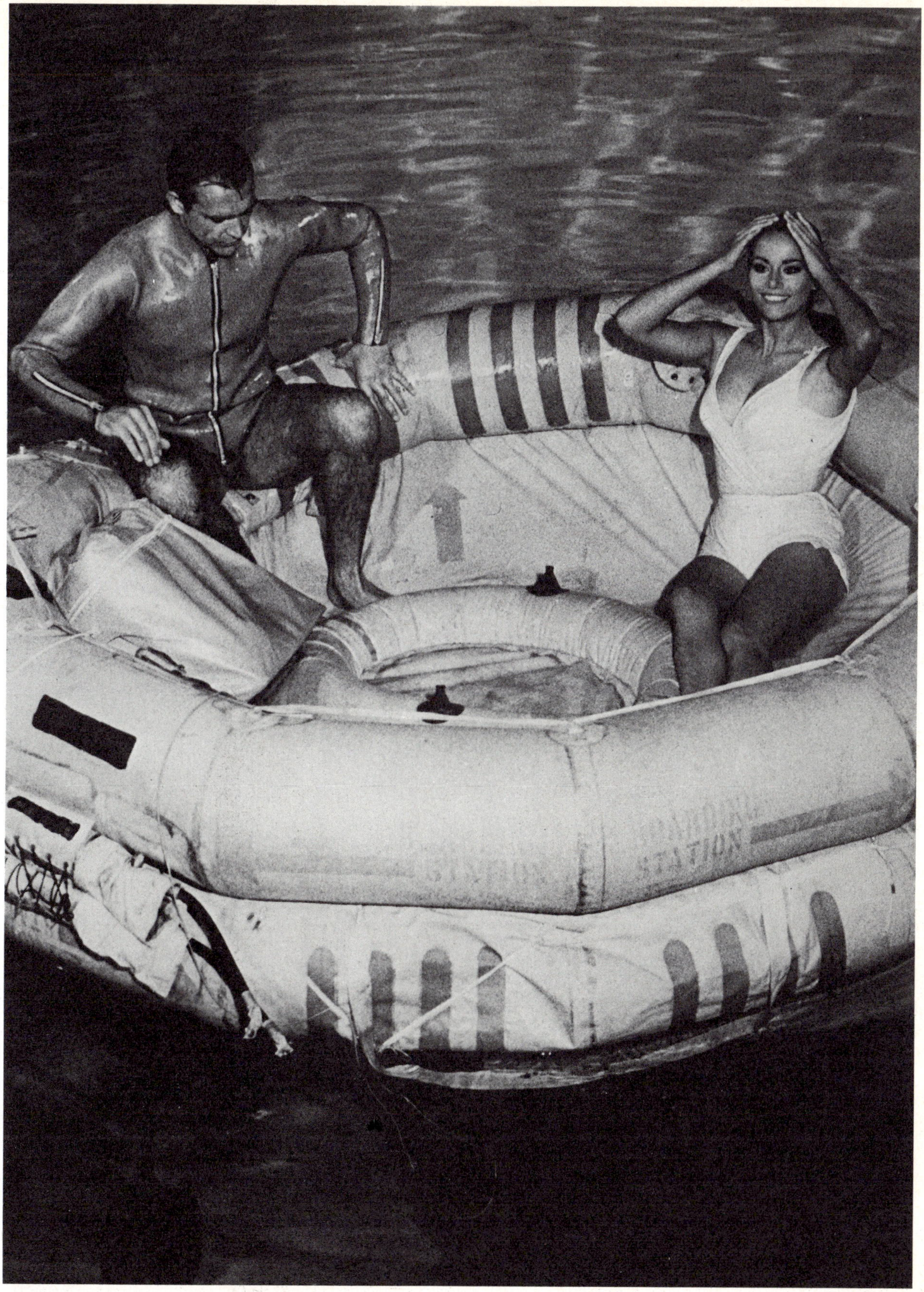

James Bond (*Sean Connery*) und Domino (*Claudine Auger*)

Großbritannien 1965. Eine Eon Produktion. Im Verleih der United Artists. *Regie* Terence Young. *Producer* Kevin McClory. *Drehbuch* Richard Maibaum und John Hopkins. Nach dem Originaldrehbuch von Jack Whittingham, Kevin McClory und Ian Fleming und dem gleichnamigen Roman von Ian Fleming (London 1961, deutsch: Scherz-Action-Krimi 707) *Kamera* (Panavision, Technicolor) Ted Moore. *Musik* John Barry. Text des Titelsongs »Thunderball« von Don Black, gesungen von Tom Jones (UA/SUNSET LP SLS 50396). *Schnitt* Peter Hunt. *Ton* Bert Ross und Maurice Askey. *Production-Design* Ken Adam. *Art Director* Peter Murton. *Haupttitelentwurf* Maurice Binder. *Special Effects* John Stears. *Stunts* Bob Simmons. *Make-up* Paul Rabiger und Basil Newall. *Unterwasserszenen* Ivan Tors, Underwater Studios Ltd. *Unterwasserregie* Ricou Browning. *Unterwasserkamera* Lamar Boren. *Darsteller* Sean Connery *(James Bond)*, Claudine Auger *(Domino)*, Adolfo Celi *(Largo)*, Luciana Paluzzi *(Fiona)*, Rik Van Nutter *(Felix Leiter)*, Bernhard Lee *(M)*, Martine Beswick *(Paula)*, Guy Doleman *(Graf Lippe)*, Molly Peters *(Patricia)*, Desmond Llewelyn *(Q)*, Lois Maxwell *(Miss Moneypenny)*, Roland Culver *(Außenminister)*, Earl Cameron *(Pinder)*, Paul Stassino *(Palazzi)*, Rose Alba *(Madame Boiter)*, Philip Locke *(Vargas)*, George Pravda *(Kutee)*, Michael Brennan *(Janni)*, Leonard Sachs *(Gruppenkapitän)*, Edward Underdown *(Vizemarschall der Luftwaffe)*, Reginald Beckwith *(Kenniston)*. *Länge* 125 Minuten.

Neuer Auftrieb für James Bond

Ernst Stavro Blofeld, Geschäftsführer der Terrorgruppe PHANTOM, will zwei Atombomben in die Hand bekommen, um damit die Vereinigten Staaten zu erpressen.

In Paris hat PHANTOM in einem Amt zur Unterstützung arbeitsloser Ausländer sein Hauptquartier aufgeschlagen. Blofeld ist gerade dabei, die Berichte seiner Agenten entgegenzunehmen. Diese Konferenz findet in einem Geheimzimmer statt, in dem alle Mitglieder der Organisation an einem langen, nied-

Die Schlacht um die DISCO VOLANTE

rigen Tisch sitzen und über ihre »erwirtschafteten Erträge« Auskunft geben. Blofeld ist der Meinung, daß Agent Nr. 13 Teile eines großen Gewinns für sich behalten hat, und stellt ihn zur Rede. Agent 13, der diese Sache mit Nr. 12 gemeinsam bearbeitet hat, verteidigt sich, wird aber zusehends nervös, während sein Nebenmann ruhig bleibt. Doch Blofeld wollte den wahren Täter, Agent Nr. 12, nur in Sicherheit wiegen: zur Strafe setzt der Super-Verbrecher den Stuhl des Diebes unter Starkstrom. Die Leiche läßt er samt qualmendem Stuhl durch eine hydraulisch gesteuerte Klappe im Boden verschwinden. Nun erteilt die Nr. 1 seinem besten Mann, Emilio Largo, das Wort. Largo ist für den Diebstahl zweier amerikanischer Atombomben verantwortlich, durch deren Besitz die Wahnsinnssumme von 100 Millionen Pfund in ungeschliffenen Diamanten von der Regierung der USA erpreßt werden soll. Largo erklärt seinen Kollegen, daß momentan die erste Phase des Planes in Shrublands – einem englischen Kurheim – abläuft und dort von Graf Lippe (ebenfalls PHANTOM-Mitglied) überwacht wird.

Verletzungen, die er sich während seiner letzten Mission in Frankreich zuzog, haben den britischen Geheimagenten James Bond ebenfalls nach Shrublands zur Kur gebracht und dort lernt er Graf Lippe kennen. Er bemerkt an Lippes Handgelenk eine seltsame Tätowierung, die ihn veranlaßt, beim Secret Service Erkundigungen einzuziehen. Bond erfährt, daß der Graf einem Geheimbund angehört hat und beschließt, ihn im Auge zu behalten.

Als James Bond auf einem Gerät zur Streckung der Wirbelsäule hilflos festgeschnallt ist, verübt der heimtückische Graf einen Mordanschlag auf ihn, indem er den Geschwindigkeitsregler der Maschine bis zum Anschlag hinaufdrückt. Bevor der ohnmächtige Agent von den Federzügen und Gewichten in Stücke gerissen wird, befreit ihn die bezaubernde Krankenschwester Patricia von der Folterbank.

007 revanchiert sich bei Lippe, als dieser im Schwitzkasten sitzt. Nachdem er den Kasten verschlossen hat, dreht er die Armatur auf »Grill-Stufe«. Dann macht Bond sich auf, Lippes Raum zu durchsuchen. Dabei wird er von einem Mann gestört, dessen Kopf ganz bandagiert ist. Bond erfährt von Patricia, daß dies ein mit Lippe befreundeter Millionär sei, der sich hier von den Folgen eines schweren Autounfalls erholen wolle. Dieser Unbekannte nimmt die Schlüsselposition in PHANTOMS Erpressungsversuch ein: die Organisation plant, sich eines VULKAN-Bombers der NATO zu bemächtigen, der zwei Atombomben an Bord hat. Zu diesem Zweck wurde in Shrublands ein Doppelgänger des erfahrenen, französischen Piloten Major François Derval angefertigt, der die VULKAN in Phantoms Armee fliegen soll.

Während das Double durch Gesichtsoperationen perfekt gemacht wurde, hat sich Fiona, die Leiterin der PHANTOMschen Exekutionsabteilung, an den echten Major Derval herangemacht und spielt die Rolle seiner Geliebten. Als Derval zum Flughafen aufbrechen will, begegnet er seinem Doppelgänger,

Largo (*Adolfo Celi,* ganz links) bei der PHANTOM-Konferenz

der ihn mit einer Giftgaspistole erschießt und seinen Platz einnimmt.

Graf Lippe läßt den toten Major nach Shrublands bringen, um am nächsten Tag vom Tod des Unfallopfers zu berichten, das einem Herzversagen erlegen sei. Zufällig beobachtet James Bond die nächtliche Ankunft des Krankenwagens und geht der Sache auf den Grund. Als er die Leiche gefunden und die Binden vom Gesicht des Mannes genommen hat, wird er von Lippes Männern angegriffen, kann jedoch fliehen und Feueralarm auslösen. Währenddessen hat der falsche Major die Wachposten vor der NATO-Basis unbehelligt passiert und tritt den Flug mit den anderen Besatzungsmitgliedern an. Als er nach einiger Zeit ans Steuer der VULKAN gerufen wird, nimmt er seinen Sauerstoffapparat in Betrieb und tötet die Mannschaft, indem er Kohlendioxid in ihre Atemmasken leitet.

Nun ändert er den Kurs, Richtung Bahamas. Dort wartet schon Largos Jacht, die DISCO VOLANTE auf die Landung des Bombers. Dervals Doppelgänger setzt die Maschine gekonnt aufs Wasser und die VULKAN versinkt. Aus einer großen Öffnung an der Unterseite der Jacht quellen Largo und zahlreiche Taucher, die unter anderem auch einen Riesen-Scooter zum Abtransport der A-Bomben mitgebracht haben.

Das Double hat inzwischen die Glashaube der VULKAN abgesprengt, hat aber mit den Sicherheitsgurten Schwierigkeiten, die sich nicht öffnen wollen. Largo schwimmt zu ihm und scheint ihm helfen zu wollen, schneidet aber dann doch lieber den Luftschlauch durch. Ein Mitwisser weniger.

Die Bomben werden im Rumpf der DISCO VOLANTE verstaut, die VULKAN am Meeresgrund getarnt. Largo gibt Nr. 1 Nachricht, daß alles planmäßig verlaufen sei. Blofeld befiehlt der Exekutions-Abteilung, sich um Graf Lippe zu kümmern und ihn wegen seiner dummen Unvorsichtigkeit (in Shrublands) zu bestrafen. James Bond muß nun dem Kurheim und Patricia Lebewohl sagen, da ein neuer Auftrag auf ihn wartet. Auf der Fahrt nach London verfolgt ihn Graf Lippe und kommt seinem Aston Martin bedenklich näher. Bevor Lippe jedoch etwas Ernstliches unternehmen kann, wird er von einem Motorrad eingeholt und durch Raketengeschosse ins Jenseits befördert. Fiona hat wieder zugeschlagen!

Im Hauptquartier des Service angekommen, wird Bond von Miss Moneypenny zu einer Top-Secret-Konferenz gesandt. Unter Leitung des Außenministers erfahren die versammelten 00-Agenten, daß ein Bomber des VULKAN-Typs mit zwei A-Bomben an Bord von PHANTOM gekidnappt wurde. M spielt den Anwesenden ein Tonband vor, das die Forderungen der Erpresser beinhaltet: nach zwei

Emilio Largo, Blofelds bester Mann (*Adolfo Celi*)

Tagen Bedenkzeit muß sich die britische Regierung entscheiden: entweder erhält PHANTOM 100 Millionen Pfund in Diamanten, oder die westliche Welt erhält zwei zerstörte Großstädte! Bei Einverständnis soll der Big Ben um sechs Uhr abends *sieben*mal schlagen.

M weist seine Männer an, jeder Spur in der Operation FEUERBALL nachzugehen und teilt Informationsmappen aus. James Bond erkennt Major Derval auf einem Foto, das den Piloten mit seiner Schwester Domino in Nassau zeigt. Es ist *seine* Leiche, die Bond in Shrublands vorfand und er unterrichtet seinen Chef. Der Airforce-Experte widerspricht 007, da ja Derval zu dieser Zeit schon im Flugzeug saß, doch M glaubt seinem besten Mann und setzt ihn in Nassau auf den Bahamas ein. Dort nimmt James Bond mit Dervals Schwester Domino Kontakt auf. Bei einem Essen zeigt sich das Mädchen von Bonds Charme zunächst unbeeindruckt, doch erfährt 007, daß Domino die Nichte von Largo ist. Als die

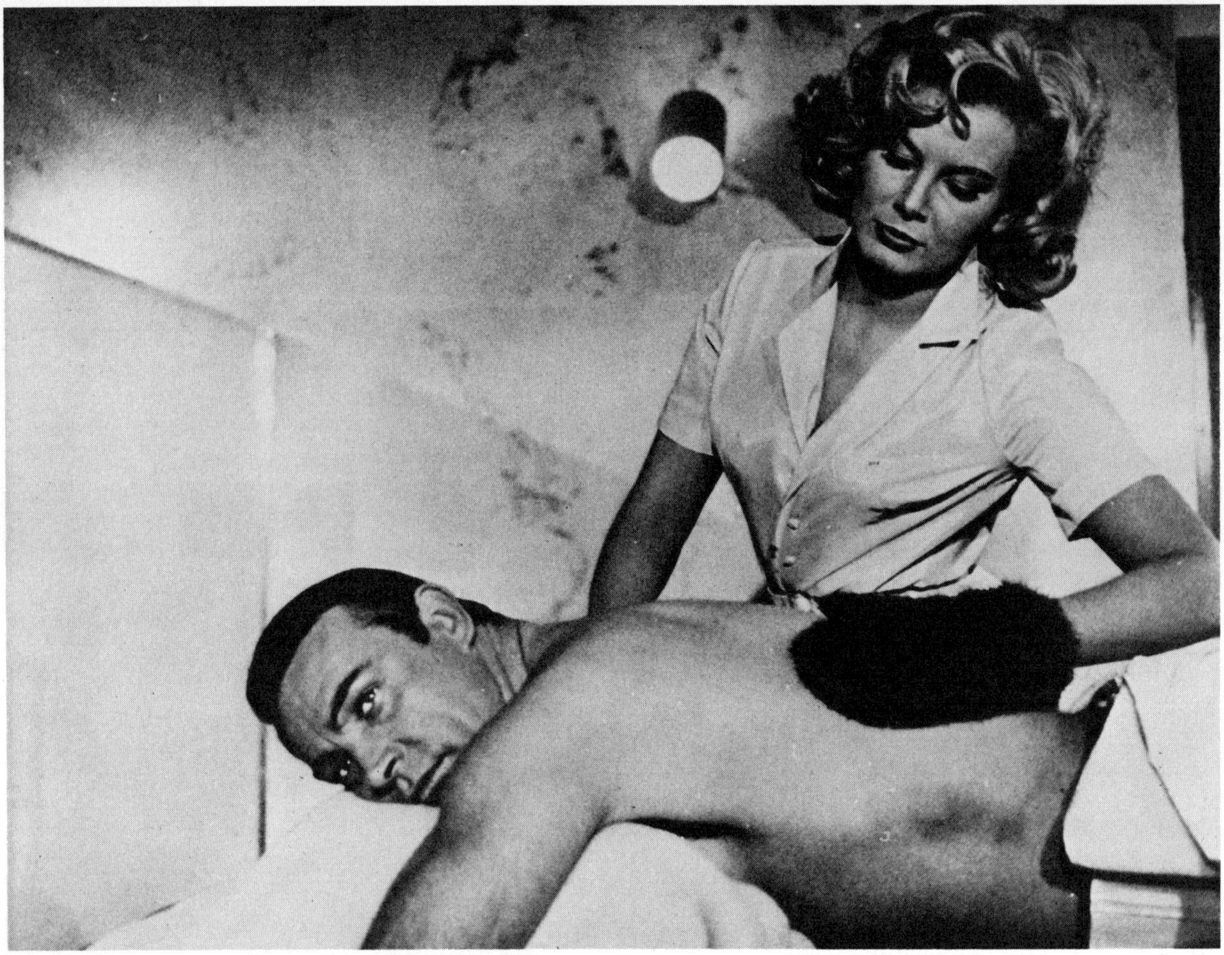

007 (*Sean Connery*) wird von Patricia (Molly Peters) fit gemacht

Ein heimtückischer Anschlag auf James Bond (*Sean Connery*)

DISCO VOLANTE im Hafen einläuft, bricht das Mädchen hastig auf. Während der Unterhaltung werden die beiden von einem Mann mit Sonnenbrille beobachtet.

In dieser Nacht kommt James Bond ins Café Martinique und trifft dort auf Domino, Largo und sein Gefolge. Bond spielt mit Largo Baccarat und gewinnt. Er verläßt den Spieltisch, um mit Domino zu tanzen, die beiden kommen sich näher, und Domino gesteht Bond, daß sie nicht Largos Nichte, sondern seine Geliebte ist. Da taucht Largo auch schon auf, nimmt Domino mit sich und lädt 007 in sein Haus auf die Insel Palmyra ein. Als Bond am nächsten Morgen in sein Hotel zurückkehrt, hört er zunächst ein Tonband ab, das er in einer Bibel versteckt hatte. Mit Erfolg: ... das Öffnen der Türe ... Schritte zum Badezimmer ... Als Bond mit gezogener Pistole eingreifen will, wird er durch ein Klopfen an der Türe gestört. Draußen steht der Mann mit der Sonnenbrille, dem Bond sofort einen Magenschwinger verpaßt und dann ins Badezimmer eindringt. Bond macht den Largo-Mann, der sich dort versteckt hatte, unschädlich und schickt ihn dann weg. Es stellt sich heraus, daß der Sonnenbrillenträger in Wirklichkeit Bonds alter Freund Felix Leiter ist. 007 entschuldigt sich bei Leiter für den ungastlichen Empfang, aber Leiter war eben im Begriff, ihn 007 zu nennen und das mußte verhindert werden.

Inzwischen ist der Ganove zu Largos Hauptquartier auf Palmyra zurückgekehrt und berichtet, daß er nichts zu berichten habe. Largo ist wütend und verfüttert den Armen an die Haie, die er in einem seiner Swimmingpools hält.

Tags darauf machen Bond und Leiter eine Exkursion zur DISCO VOLANTE, können aber nichts Ungewöhnliches feststellen. 007 beschließt, der Jacht unter Wasser einen zweiten Besuch abzustatten.

Als sie in ihre Station zurückkehren, finden sie Major Boothroyd vor. Q halst 007 eine ganze Lastwagenladung voll Erfindungen und Neuentwicklungen auf. Bond erhält eine Unterwasserkamera mit Infrarotlinse, eine Kamera mit eingebautem Geigerzähler und »Atemstäbchen«, die für fünf Minuten Luft enthalten. Q hält auch einen propellergetriebenen Aufsatz zu Luftflaschen bereit (natürlich mit Morselampe und automatisch abschießbaren Harpunen), der den Träger schnell durchs Wasser gleiten läßt. Durch eine radioaktive Pille kann Bonds jeweiliger Standort immer ausfindig gemacht werden – falls er bereit ist, sie zu schlucken. Dann macht sich der Agent zu seiner nächtlichen Mission auf.

Als sich James Bond die DISCO VOLANTE von unten ansieht, fällt ihm die große Bugklappe auf, und er fotografiert sie mit seiner Infrarotkamera. Ein feindlicher Taucher greift ihn hinterrücks an und der folgende Kampf löst an Bord Alarm aus. Bond hat den Taucher zwar überwältigt, wird aber durch explodierende Handgranaten kräftig durchgeschüttelt. Auch ein Boot nimmt die Verfolgung auf. Bond kann seine Gegner überlisten, indem er Luftflaschen und Taucherbrille opfert und so seinen Tod vortäuscht. Largos Männer sind zufrieden und drehen ab.

Am Strand kommt James Bond vom Regen in die Traufe. Im ersten Wagen, den er anhält, sitzt die tödliche Fiona. Sie bringt 007 in einem Irrsinnstempo zum Hotel. Am nächsten Tag unternehmen Bond und Felix Leiter einen Hubschrauberflug, um die Gegend nach der verschwundenen VULKAN abzusuchen. Ohne Erfolg überfliegen sie auf dem Rückweg Largos Inselchen Palmyra. Auch hier nichts von Bedeutung. Largo und Fiona unterhalten sich beim Tontaubenschießen über den Geheimagenten. Während Fiona der Ansicht ist, Bond müsse sterben, hält ihn Largo für einen ungefährlichen Schnüffler, der nichts herausbekommen wird.

James Bond (*Sean Connery*) und der falsche Major Duval

James Bond (*Sean Connery*) und Paula (*Martine Beswick*) vom Secret Service

Largo (Adolfo Celi) und 007 (*Sean Connery*) – noch beim Hobby-Schießen

Noch am selben Tag nimmt James Bond die Einladung Largos wahr. PHANTOMS Nr. 2 führt ihn auf Palmyra herum, zeigt ihm das Haifischbecken und lädt ihn zum Tontaubenschießen ein. Obwohl Bond vorgibt, nichts von Gewehren zu verstehen, ist jeder Schuß ein Treffer.

Abends trifft sich James Bond mit Domino beim *Junkanoo,* einem Paradefestzug der Eingeborenen.

Im Hotel bewacht Paula, eine Secret Service-Agentin, die 007 schon vorher unterstützt hatte, die entwickelten Aufnahmen der DISCO VOLANTE. Sie wird von Largos Männern entführt. Felix Leiter teilt James Bond auf dem Fest mit, daß Paula aus dem Hotel verschwunden sei. 007 muß nun handeln und beschließt, eine Exkursion zu Largos Insel Palmyra zu unternehmen. Er erwirkt von den Behörden eine totale Stromunterbrechung, um im Schutz der Dunkelheit Anhaltspunkte über den Verbleib der VULKAN zu finden. Im schwarzen Kommandoanzug, fast unsichtbar, schlägt Bond einen Wächter nieder und dringt in die Villa ein. Er findet im Keller eine tote Paula, die nach Folterung Gift nahm.

Plötzlich ist das Haus hell erleuchtet! Largo besitzt einen eigenen Generator und in der Helligkeit wird Bond entdeckt, kann aber über das Hausdach fliehen. Bei dieser Kletterei verliert er seine Waffe. Im Kampf fällt Bond mit einem Angreifer in den Swimmingpool. Largo betätigt einen Hebel am Beckenrand und eine stählerne Abdeckung überspannt die Wasseroberfläche. Hydraulisch wird ein Schott geöffnet, das Haifischen aus einem anderen Pool Zutritt zu den Eingeschlossenen verschafft. Bond hat seinen Gegner erdolcht und behilft sich mit Q's Mini-Atemstäbchen. Er entflieht, indem er durch den Hai-Tunnel schwimmt. Die Raubfische zerreißen inzwischen den PHANTOM-Mann.

Wieder im Hotel, findet 007 Fiona in Paulas Zimmer vor und liebt sie. Als sie zur *Junkanoo* aufbrechen wollen, erlebt Bond eine böse Überraschung. Auf dem Gang warten Largos Leute, im Zimmer hat Fiona eine Pistole auf ihn gerichtet!

»Der große James Bond! Von einer Frau überlistet«, triumphiert sie.

»Glaubst Du vielleicht, es hat mir Spaß gemacht?« antwortet Bond brutal. »Alles, was ich getan habe, habe ich für's Vaterland getan!«

Bond wird abgeführt und mit dem Wagen weggebracht. Als sie wegen des *Junkanoo* kurz halten müssen, belästigen Schnapsverkäufer die wartenden Autos. Einer der Händler beugt sich in den Wagen der PHANTOM-Leute und als sich Fiona eine Zigarette anzünden will, reagiert James Bond sofort: mit dem Fuß schlägt er den Fusel aus der Hand des Mannes und steckt das nasse Polster mit Fionas Feuerzeug in

Brand. Dann schnellt er sich aus dem Wagen, wird durch einen Schuß in den Unterschenkel verwundet und flieht in die Menschenmenge. Fiona und die Männer nehmen die Verfolgung auf. Sie orientieren sich an Bonds Blutspur und hasten verbissen durch das fröhliche Karnevalstreiben. Bond hat inzwischen einen Nachtclub erreicht und seine Wunde in der Toilette notdürftig verbunden. Doch da tauchen auch schon seine Gegner auf. Bond greift sich ein Mädchen und tanzt, um weniger aufzufallen. Fiona fährt dazwischen und vertreibt seine Partnerin. Sie gibt Bond Anweisung, ohne Aufsehen mitzukommen, da er ja doch keine Chance mehr hätte. Im Hintergrund stehen ihre Gorillas und schneiden Bond den Weg ab. Eine Waffe wird auf 007 angelegt und im letzten Augenblick kann er Fiona herumreißen und so der Kugel entgehen. Dafür wird Fiona tödlich getroffen. Als die Ganoven sehen, daß sie ihre Chefin liquidiert haben, suchen sie das Weite. Bond setzt Fiona behutsam an den Tisch eines Liebespaares und fragt: »Darf sich meine Freundin hier etwas ausruhen? Sie stört Sie bestimmt nicht, sie ist nämlich tot.«

Tags darauf gehen Bond und Felix erneut auf Erkundungsflug. Nach einiger Zeit entdecken sie die getarnte VULKAN. Während ihm Leiter die Haie mit einem Gewehr vom Leibe hält, taucht Bond zum Bomber hinab. Er dringt ins Cockpit der Maschine ein und nimmt Dervals Doppelgänger Uhr und Erkennungsmarke ab. Dann kehrt er zur Oberfläche zurück.

Am Nachmittag geht Bond mit Domino schwimmen. Nach einem Unterwasser-Schäferstündchen eröffnet ihr Bond den Tod Dervals, ihres Bruders. Als Beweis übergibt er ihr dessen Uhr und Erkennungsmarke. Domino will alles tun, die Mörder zu entlarven, und Bond händigt ihr die Geigerzählerkamera aus, mit der sie feststellen soll, ob die Bomben an Bord der DISCO VOLANTE sind. Doch schon sind sie wieder in Gefahr! Vargas, Largos rechte Hand, will Bond erschießen. 007 wird von Domino gewarnt, ergreift seine Harpune und nagelt Vargas an eine Palme. Von Domino erfährt James Bond von einem Geheimgang auf Palmyra, der direkt zum Meer führt. Dort würden Largos Taucher jede Nacht mit unbekanntem Ziel aufbrechen. Nachdem Bond Q's Kapsel geschluckt hat, hält er sich in der Nähe des Geheimganges versteckt. Als die Männer in ihre Taucheranzüge schlüpfen, schlägt Bond einen von ihnen bewußtlos und schließt sich den anderen an. Unter Largos Führung erreichen sie eine künstlich angelegte Höhle – das Versteck der Bomben. Gerade als sie auf den Scooter umgeladen werden, erkennt Nr. 1 den Agenten und befiehlt einem Taucher ihn zu töten. Während Bond mit dem Mann ringt, verschwinden Largo und die Männer mit

Paula (*Martine Beswick*) wird von Largos Männern entführt

007 wird bei einem Besuch von Largos Villa überrascht

den Bomben. Die schweren Tore schließen sich hinter ihnen. Bond hat zwar gesiegt, ist nun aber gefangen.

Die A-Bomben werden an Bord der DISCO VOLANTE verstaut. Zur selben Zeit macht sich Domino mit der »Kamera« auf, um die Jacht zu untersuchen. Sie wird von Largo ertappt und ein wenig gefoltert. Professor Kutee, ein Wissenschaftler, der die Bomben überprüft, bittet Largo den neuerlichen Transport der Sprengkörper zu überwachen. PHANTOM will die Bomben in einem alten Schiffswrack an Floridas Küste unterbringen, denn Miami wurde als eventuelles Ziel eines Anschlags bestimmt. Inzwischen dringt 007 durch einen Spalt in eine Nebenhöhle ein, erkennt einen hellen Punkt und schwimmt zur Oberfläche. Die Erstickungsgefahr ist jetzt gebannt, doch sind die Wände zu steil, um hochzuklettern; der Weg in die Freiheit bleibt ihm jedoch nicht lange versperrt: dank seiner »Sendertablette« hat ihn Felix aufgespürt und Bond wird mit einer Rettungswinde in den Hubschrauber gehievt. Er informiert die Regierung der USA, die eine Abteilung Fallschirmspringer, in kompletter Taucherausrüstung, vor der Küste Floridas zum Einsatz bringt. Hier kommt es nun zu einer gigantischen Unterwasserschlacht, in der sich Soldaten und Largos Männer erbarmungslos bekämpfen. 007 fährt, von seinem Propelleraufsatz getrieben, wie ein Racheengel unter die Feinde. Er reißt ihnen die Taucherbrillen reihenweise vom Gesicht, schneidet Luftschläuche durch und harpuniert. Als Bond in das Wrack hinabtaucht, schwimmen ihm gleich drei Gegner hinterher. Auch sie schlüpfen durch die enge Luke, finden aber nur Bonds Miniscooter vor. 007 ist inzwischen zum Eingang zurückgekehrt und wirft eine Unterwasser-Handgranate in die Öffnung. Nach der Explosion sind ein paar nach oben treibende Flossen das traurige Überbleibsel der Largo-Leute.

Der Kampf ist auf dem Höhepunkt angelangt: überall ringende Körper, sterbende Taucher, blutrotes Wasser. Da greifen auch noch Haie an, um sich auf ihre Art am Gefecht zu beteiligen! Largo wendet sich zur Flucht, da er erkennt, daß seine Männer der Übermacht unterliegen. Während die Soldaten die Leute des PHANTOMS zum Auftauchen zwingen, rast Largo mit einem Scooter zur DISCO VOLANTE. Bond kommt zu spät. Die Klappe im Schiffsrumpf hat sich geschlossen. 007 setzt sich auf den Anker der Jacht, die gerade startet. Kreuzer der Marine eröffnen das Feuer auf die DISCO VOLANTE und Largo spielt die letzte Trumpfkarte aus: Durch Knopfdruck wird der hintere Teil der Jacht ausgeklinkt, die Bugpartie schießt wie ein Delphin davon!

Bond ist währenddessen an Bord geklettert und liefert Largo einen harten Kampf, in dessen Verlauf die Steuerung der VOLANTE außer Kontrolle gerät. Ein paarmal kann 007 das Ruder in letzter Sekunde herumreißen, um das Auflaufen auf einem der Riffe zu verhindern. Als ihn ein Stoß zur Seite schleudert, ergreift Largo die Chance und die Pistole und will Bond erschießen. Da tötet die von Kutee befreite Domino den Mörder ihres Bruders durch einen Harpunenschuß.

Sie retten sich mit einem Sprung über Bord, die DISCO VOLANTE zerschellt an einem Felsen.

Ein Rettungsflugzeug wirft ein Schlauchboot ab, in dem es sich Bond und Domino gemütlich machen. Zur Sonderausstattung des Bootes gehört ein Ballon, den 007 mit Hilfe von Treibgas aufsteigen läßt. Er verankert ihn mit einem Karabinerhaken am Taucheranzug und umfaßt das Mädchen. Spezialgreifer eines Navy-Aufklärers nehmen das Stahlseil am Ballon auf und reißen James Bond und Domino aus diesem Abenteuer.

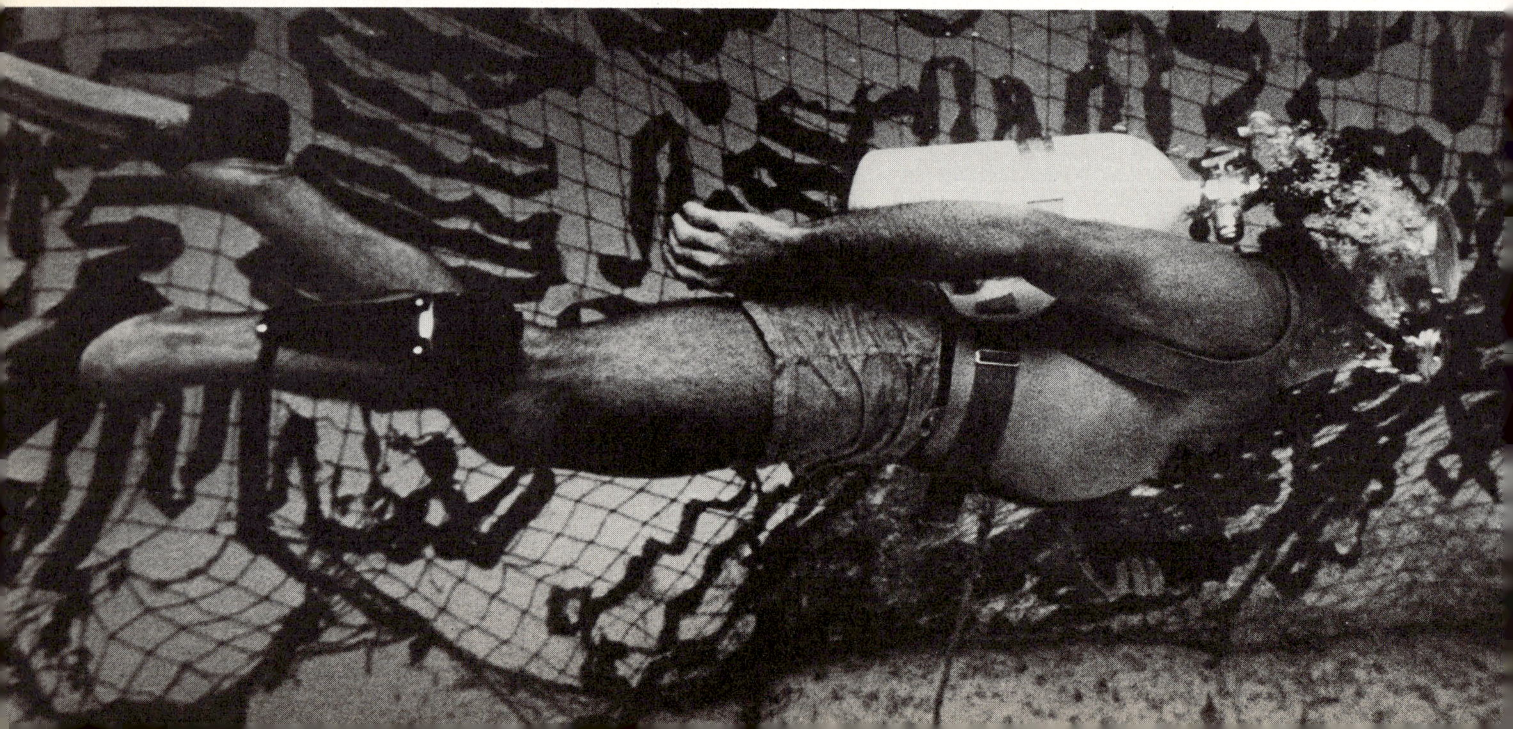

Sie jagen nicht nur Haie: James Bond (*Sean Connery*) und Domino (*Claudine Auger*)

Das beste an *Thunderball* ist seine Pre-Title-Sequence: James Bond wohnt in einer Kirche einem Requiem bei und beobachtet mit einer Agentin des französischen Geheimdienstes die Witwe des Verblichenen. Diese verläßt nach der Zeremonie die Kirche, steigt in eine Limousine und fährt in ihr Landhaus. Zu ihrer Überraschung erwartet sie dort 007, geht auf sie zu und sagt: »Mein aufrichtiges Beileid!«

Dann holt er aus und versetzt der Witwe einen trockenen Kinnhaken, der sie über ein Beistelltischchen fliegen läßt. Die einfache Erklärung: die Witwe ist gar keine Witwe, sondern ein Geheimagent der anderen Seite. Es folgt eine schnelle, harte Auseinandersetzung, in der James Bond mit einem Feuerhaken angegriffen wird. Es gelingt 007, den Feind mit dem Haken zu erwürgen. Nachdem er aus einer Vase Blumen genommen und sie auf den Leichnam geworfen hat, flieht Bond vor den hereinstürmenden Wachen auf die Dachterrasse und fliegt mit Hilfe eines Düsengürtels davon. Er landet ein paar hundert Meter weiter, schnallt den Raketengürtel ab und verstaut ihn im Kofferraum seines Aston Martin. Als er losfahren will, sind die Wachen schon zur Stelle und feuern auf ihn. Bond läßt die kugelsichere Rückwand ausfahren und betätigt einen weiteren Schalter: aus dem Zwillingsauspuff des Aston schießen Wasserfontänen, die mit unglaublichem Druck die Angreifer einfach wegspülen!

Nach einem solch »spritzigen« Auftakt hält *Thun-*

James Bond (*Jean Connery*) hat den Vulkan-Bomber gefunden.

Largo (*Adolfo Celi*) bei der Lagebesprechung

derball nicht, was er verspricht. Obwohl der vierte James Bond-Film bis 1977 der kommerziell erfolgreichste 007-Thriller war, ist *Thunderball* (mit *You Only Live Twice)* meiner Meinung nach der Tiefpunkt der ganzen Serie. Dies hat verschiedene Gründe: Zwar hielt Sean Connery die *Feuerball*-Story für die beste Geschichte von allen (1965 sagte er: »Es gibt da wunderbare Unterwasserszenen bei den Bahamas, und die Idee, daß die Schurken eine Wasserstoffbombe mit einem dazugehörigen Vulkanbomber entführen wollen, ist außerordentlich aufregend«), aber anscheinend nahm er sich seinen enthusiastischen Ausspruch bei den Dreharbeiten nicht zu Herzen. Hatte Connery ein Jahr vorher Ian Flemings Geheimagenten in *Goldfinger* trefflich auf die Leinwand gezaubert, war ihm die Rolle in *Thunderball* gleichgültig. In den Pinewood Studios wurde auch eine Bettszene mit James Bond und der »Shrublands«-Krankenschwester Patricia (Mollie Peters) aufgenommen. Connery und Peters lagen ausgezogen im Bett und wiederholten die Szene unter Terence Youngs kritischem Auge.

Rache für den Verrat: Domino (*Claudine Auger*) und Largo (*Adolfo Celi*)

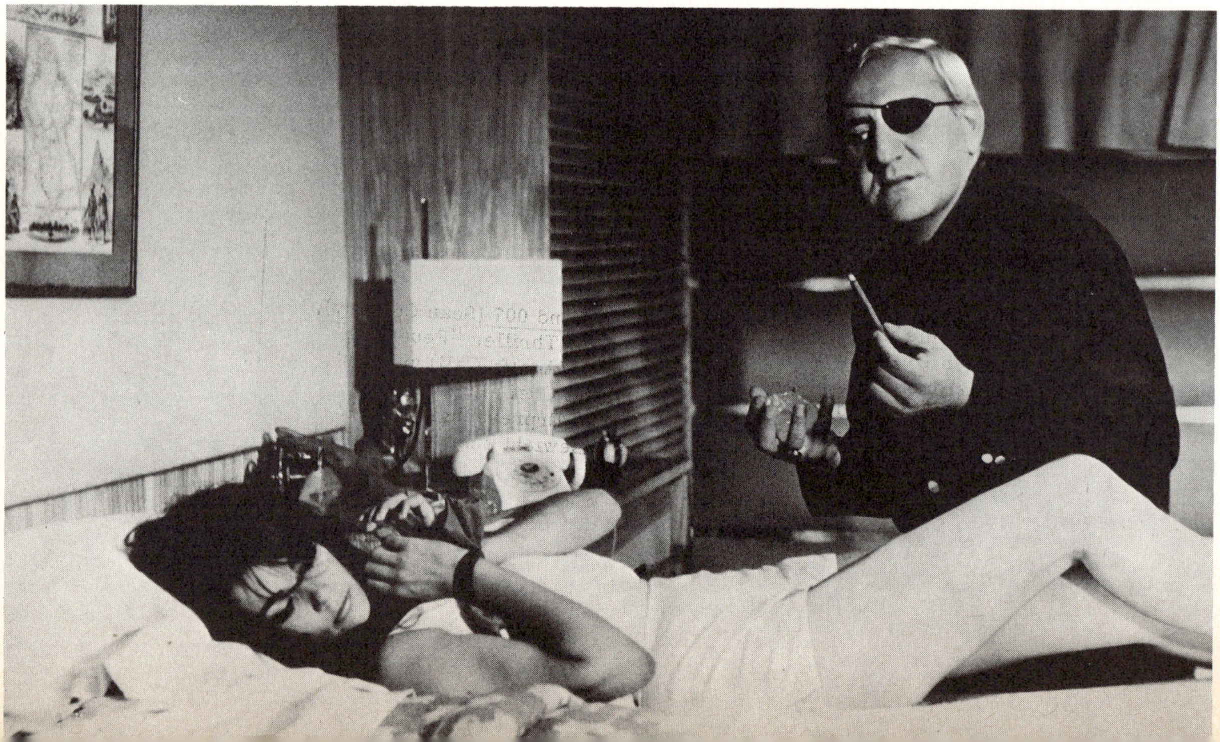

James Bond (*Sean Connery*) und Domino (*Claudine Auger*)

»Es gab eine kurze Pause, während die Beleuchtung verändert wurde«, erinnert sich Mollie. »Dann rief Terence: ›Action!‹ Ich wendete mich zärtlich Connery zu . . . doch er war fest eingeschlafen«. Ein besseres Beispiel für Connerys »Bond-Müdigkeit« gibt es nicht. Zum ersten Mal ist der Zuschauer nicht von der 007-Interpretation des Schotten überzeugt. Connery wirkt müde, abgespannt, gelangweilt und schleppt seine Rolle wie eine Bürde mit sich herum. Aber Sean Connery trifft eigentlich keine Schuld, denn es war die *Figur* des James Bond, die sich nicht gegen die Technik des Films, gegen Gimmicks und Gadgets durchsetzen konnte. Die Produzenten beschlossen 1965, die technisch aufwendige Seite der 007-Reihe zu betonen und ihr Augenmerk auf gigantische Sets und Dekorationen zu richten. Dies konnten sie sich nach der Erfolgsbombe *Goldfinger,* die allein in England und Amerika im ersten Anlauf zirka 23 Millionen Dollar eingespielt hatte, nun wirklich leisten. Dabei räumten sie aber der Figur des Geheimagenten zuwenig Spielraum ein und Connery, der es allmählich satt hatte, auf diese Rolle fixiert zu sein, konnte und wollte aus dem (eingeengten) James Bond-Charakter *Thunderball* einfach keinen *Goldfinger* machen. Mit dem Enthusiasmus war auch der Spaß verschwunden. Trotzdem ist *Thunderball* ein unterhaltsamer Film, den ich *You Only Live Twice* auf jeden Fall vorziehe. Er hat einige außerordentlich spannende Szenen, doch der Geheimagent selbst ist vernachlässigt und »ausgebondet« worden. Nach Maurice Binder's erstklassigem Vorspann (das Titellied wird diesmal von »Tiger« Tom Jones gesungen) beginnt *Thunderball* in Paris. Dort hat SPECTRE-Boss Blofeld sein Lager aufgeschlagen. In einem typischen Ken Adam-Raum sitzen die Ressort-Chefs und geben ihrem »großen Vorsitzenden« einen kurzen Rapport. Als der Verbrecher den Stuhl eines Verräters unter Starkstrom setzt, gewinnt der Zuschauer einen Eindruck vom Gimmick-Reichtum des Films.

In dieser Szene lernt das Publikum auch gleich Bonds Gegenspieler Emilio Large kennen, der von Adolfo Celi gespielt wird. Celi kann einem Vergleich mit Gert Fröbe nicht standhalten, bemüht sich aber, so böse wie möglich zu sein. So ist er denn – mit schwarzer Augenklappe und sicherem Auftreten – ein furchterregender Super-Verbrecher.

Adolfo Celi erinnert sich, wie er zur Largo-Rolle kam: »Ich flog von Hollywood über New York nach Madrid, und brauchte etwas zu lesen. Ich hatte noch nie ein James Bond-Abenteuer gelesen und so wählte ich aus dem Stapel einer Buchhandlung *Thunderball* aus. Rein zufällig. Mir gefiel die Geschichte sehr gut, und ich dachte, daß ich diesen Largo gerne im Film darstellen würde. Der Gedanke ging mir nur so durch den Kopf. Es war absurd, länger darüber nachzudenken. Ich kannte niemanden, der mit den Bond-Filmen in Verbindung stand und wußte nicht einmal, daß gerade *Thunderball* verfilmt werden sollte! Zwanzig Tage später benachrichtigte mich mein Agent, daß mich Mr. Saltzman in Paris treffen wollte. Wir sprachen über Bond und man bot mir eine Rolle im neuen Bond-Film an. ›Welches Buch?‹ fragte ich. Sie sagten es mir und ich lachte: ›Oh, *Thunderball,* darüber weiß ich alles.‹ Das Leben ist schon ziemlich komisch, nicht wahr?«

Die Drehbuchautoren Richard Maibaum und John Hopkins komplizierten zwar den Plot mit einem Doppelgänger (Pilot Derval), hielten sich ansonsten aber an Ian Flemings Romanvorlage. Es gab auch nicht viel mehr zu verändern, denn das Maibaumsche Drehbuch basierte auf einer Originalstory von Kevin McClory, Jack Whittingham und Ian Fleming. Fleming hatte schon lange davon geträumt, seinen Helden auf der Leinwand (oder im Fernsehen) zu bewundern, aber die Projekte fielen der Reihe nach ins Wasser.

Zu James Bonds Aufenthalt in »Shrublands«, dem englischen Kurheim, gibt es nicht viel zu kommentieren, da er höhepunktlos und ziemlich langweilig verläuft. Erst als Dervals Doppelgänger die VULKAN entführt, kommt Tempo auf.

Als der Bomber in der Nähe von Largos Jacht, der DISCO VOLANTE landet, ist dies ein Highlight des Films. Das Bombermodell wog zwanzig Tonnen, kostete 50 000 Pfund Sterling und wurde in einer Tiefe von zwanzig Metern verankert. Denn erst unter Wasser geht die Sache richtig los: Largo und seine Männer sausen auf einem Riesenscooter heran, übernehmen die Bomben und verfrachten sie in die Jacht. Dann tarnen die Taucher das Flugzeug.

Ich habe niemals bessere Unterwasseraufnahmen gesehen. Die einzigartige Kameraführung von Lamar Boren macht diesen 007-Film sehenswert. Man muß sich die immense Arbeit vor Augen führen: »An einem guten Tag bekommen wir *zwei* Minuten brauchbaren Films in den Kasten. An einem schlechten Tag, wenn die See stürmisch oder schmutzig ist, können wir genausogut zu Hause bleiben«, kommentiert Lamar Boren. Die Aufnahmen entstanden mit Hilfe der *Ivan Tors Underwaterstudios,* die in TV-Serien wie *Flipper* ausreichende Erfahrungen gesammelt hatten. Die *Studios* entwarfen und bauten auch die Scooter und Unterwasserschlitten von Largos Männern (sie kosteten 20 000 Pfund). Die DISCO VOLANTE verschlang zirka 100 000 Pfund und ist bis heute das schönste Schiff, das je in einem James Bond-Film zu sehen war.

Die spektakulärste Szene *Feuerballs* ist und bleibt aber die (Unterwasser-) Endschlacht. Niemals zuvor sah man so viele Taucher miteinander kämpfen. Begleitet von John Barrys erstklassiger Musik, vollführen die Froschmänner ein tödliches Unterwasser-Ballett. Fast zwei Stunden lang hat sich der Film auf diese Massenszene vorbereitet. Zwar gibt es einige spannende Momente in *Thunderballs* Verlauf (Fionas Raketen-Motorrad, Bonds Sturz ins Haifischbecken etc.), aber trotzdem fehlt es dem Film an Tempo. Was sich der Zuschauer erwartet hat, tritt erst im großen Finale auf: Action, Action, Action.

Thunderball ist ein unterhaltsamer und farbiger James Bond-Film. Als *Goldfinger*-Nachfolger enttäuscht er jedoch: enttäuschend sind Bonds Frauen Claudine Auger, Luciana Paluzzi und Martine Beswick (übrigens stirbt sie den »Opfertod« dieses Films). Die schlimmste Vernachlässigung aber hat die Figur des James Bond erfahren.

Dily Powell schrieb 1965 in der »Sunday Times«: »Alles in allem ist *Thunderball* einfach *zu* groß geraten. In diesem riesigen Kompendium von riesiger Gaunerei kann man manchmal den Faden des Wer-macht-was-warum verlieren, manchmal einen trockenen Witz verpassen (und dabei gibt es wirklich ein paar brillante).«

Mit dem doppelten Aufwand eines *Goldfinger* wurde *Thunderball* nur halb so gut. Ein Zeichen dafür, daß auch bei James Bond die Qualität nie durch Quantität ersetzt werden kann.

James Bond (*Sean Connery*)

You Only Live Twice

1967

Man lebt nur zweimal

James Bond (*Sean Connery*)

員
委

Großbritannien 1967. Eine Eon Produktion. Im Verleih der United Artists. *Regie* Lewis Gilbert. *Producer* Harry Saltzman und Albert R. Broccoli. *Drehbuch* Roald Dahl, nach dem gleichnamigen Roman von Ian Fleming (London 1964, deutsch: Scherz-Action-Krimi 586). *Kamera* (Panavision, Technicolor) Freddie Young. *Luftaufnahmen* John Jordan. *Unterwasser-Kamera* Lamar Boren. Musik John Barry. Text des Titelsongs »You Only Live Twice« von Leslie Bricusse, gesungen von Nancy Sinatra (UA/SUNSET LP SLS 50365). *Schnitt* Thelma Conell. *Ton* John Mitchell. *Production-Design* Ken Adam. *Art Director* Harry Pottle. *Titel* Maurice Binder. *Special Effects* John Stears. *Stunts* Bob Simmons. *Make-up* Basil Newall und Paul Rabiger. *Darsteller* Sean Connery *(James Bond)*, Akiko Wakabayashi *(Aki)*, Donald Pleasence *(Ernst Stavro Blofeld)*, Tetsuro Tamba *(Tiger Tanaka)*, Mie Hama *(Kissy Suzuki)*, Teru Shimada *(Osato)*, Karin Dor *(Helga Brandt)*, Bernhard Lee *(M)*, Desmond Llewelyn *(Major Boothroyd, genannt Q)*, Lois Maxwell *(Miss Moneypenny)*, Charles Gray *(Henderson)*, Tsai Chin *(chinesisches Mädchen)*, Alexander Knox *(amerikanischer Präsident)*, Robert Hutton *(Sekretär des Präsidenten)*, Burt Kwouk *(SPECTRE Nr. 3)*, Michael Chow *(SPECTRE Nr. 4)*. *Länge* 116 Minuten.

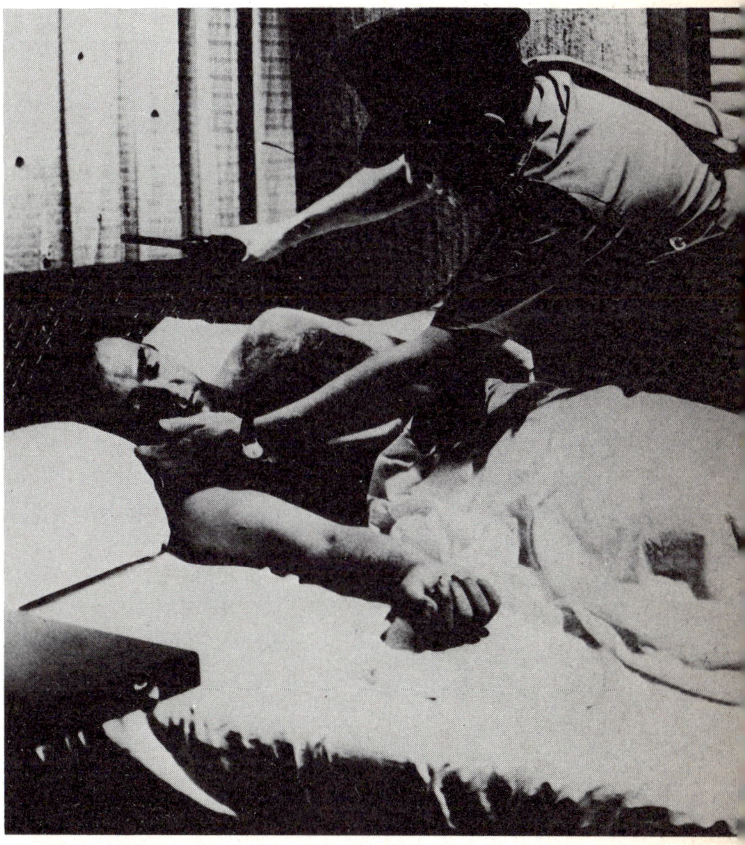

James Bond (*Sean Connery*) – gestorben im Dienst?

Der Super-Verbrecher Ernst Stavro Blofeld hat einen neuen Operationsbereich entdeckt: den Weltraum. Seine Organisation SPECTRE besitzt eine riesige Rakete, die eine amerikanische Raumkapsel kidnappt. Der von Cap Canaveral gestartete Flugkörper befindet sich im Orbit um die Erde, als Blofelds Monster-Rakete die Kapsel einfach verschluckt und einen Astronauten tötet.

Die Amerikaner haben das Hijacking auf den Kontrollmonitoren miterlebt, doch als das nicht identifizierte Flugobjekt zur Landung auf der Erde ansetzt, verschwindet es plötzlich vom Radarschirm und der Geheimdienst kann den Standort der Kidnapper nicht ausmachen. Blofelds Rechnung geht

James Bond (*Sean Connery*)

Kollege Henderson, ein Opfer seines Berufs (*Charles Grey* und *Sean Connery*)

auf: Die USA machen die Sowjet-Union auf einem eigens einberufenen Gipfeltreffen für den Zwischenfall verantwortlich. Rußland hält diesen Vorwurf für eine bewußt herbeigeführte Provokation und die Beziehung der Großmächte verschlechtert sich zusehends. Nur der Abgesandte der britischen Regierung weist darauf hin, daß auch jemand anders seine unsaubere Hand im Spiel haben könnte. Der Secret Service neigt zu der Ansicht, daß die Rakete in Japan gelandet ist. »Unser Mann in Hongkong ist schon in der Sache tätig,« beendet der Minister seine Ausführungen.

Der Mann in Hongkong ist natürlich James Bond. Doch seine einzige Tätigkeit besteht momentan darin, sich mit einer hübschen Chinesin die Zeit im Bett zu vertreiben. Als sie aufsteht, um Essen zu machen, betätigt sie einen Knopf, und das Bett klappt zusammen mit 007 in die Wand. Zwei mit Maschinenpistolen bewaffnete Chinesen stürmen ins Zimmer und jagen ein Magazin in das aufgestellte Bett. Nachdem die Polizei am Tatort eingetroffen ist, wird das Bett heruntergeholt und darin liegt James Bond in seinem Blut.

»Gestorben im Dienst«, meint einer der Polizisten, »so hat er es sich immer gewünscht . . .«

James Bond erhält eine feierliche Seebestattung und nachdem der letzte Salut für den Commander abgefeuert wurde, befördern die Matrosen den Leichnam von Bord des Zerstörers ins Meer. Auf dem Grund des Hongkong-Hafens hat 007 nicht lange Ruhe. Taucher bringen den in Segeltuch gehüllten Körper in ein Unterseeboot. An Bord wird das Tuch aufgeschnitten und James Bond, in eine Marineuniform gekleidet, nimmt seine Atemmaske ab. M und Miss Moneypenny befinden sich ebenfalls an Bord des U-Bootes, und 007 erfährt von seinem Chef den Sinn und Zweck seiner »Ermordung«. Bonds Feinde nehmen nun an, er sei tot, und so kann 007 einen neuen Auftrag gefahrlos antreten.

James Bond soll den Startplatz der feindlichen Rakete ausfindig machen und ein erneutes Kidnapping unbedingt verhindern, denn in zehn Tagen startet die Gemini-Kapsel der Vereinigten Staaten. Bevor 007 mit einem Torpedo an die japanische Küste geschossen wird, folgt der übliche Flirt mit Moneypenny. Sie gibt ihm nicht nur ein Codewort (»Ich liebe dich«), sondern auch ein Handbuch mit dem Titel »So lerne ich schnell japanisch« mit auf den Weg. »Du vergißt, daß ich eine 1 in orientalischen Sprachen in Cambridge hatte«, lacht Bond.

In Tokio besucht James Bond einen Sumo-Ringkampf, um dort mit dem japanischen Geheimdienst in Verbindung zu treten. Während des Kampfes nimmt Aki, die Sekretärin des Geheimdienstchefs Tiger Tanaka, mit 007 Kontakt auf. Nachdem sie den Code ausgetauscht haben, bittet das Mädchen Bond mitzukommen. Sie bringt ihn zu einem britischen Agenten namens Henderson, der in Japan heimisch geworden ist. Henderson will 007 gerade etwas über eine Firma Osato Chemicals Corporation mitteilen, als er durch die dünne Papierwand des japanischen Hauses erdolcht wird. Bond hetzt dem Mörder sofort hinterher, stellt und tötet ihn. Er streift Maske, Mantel und Schuhe des Attentäters über und schleppt sich, eine Verwundung vortäuschend, zum Auto, in dem ein Komplize wartet. Es gelingt Bond, unerkannt auf dem Rücksitz liegenzubleiben, und wie unter Schmerzen stöhnend läßt er sich vom ahnungslosen Fahrer zum Verwaltungsgebäude der Osato Corporation chauffieren. Dort angekommen, trägt der riesenhafte Japaner den scheinbar Bewußtlosen in ein Büro, das sich im obersten Stockwerk des Gebäudes befindet. Als der Mann Bond die Maske abnimmt, trifft ihn ein furchtbarer Kinnhaken. Doch damit ist der Japaner nicht erledigt. Erst als Bond nach längerem Kampf eine Statuette auf dem Kopf des Gegners entzweibricht, geht dieser knockout. 007 bringt ihn in einem großen Wandschrank mit eingebauter Bar unter. Dann versucht er den Tresor der Firma zu knacken, löst beim Öffnen jedoch Alarm aus und flieht mit einigen Diamanten. Durch einen Trick entgeht er den heranstürmenden Wachen und fährt mit dem Lift nach unten. Dort liefert er den Posten ein kleines Feuergefecht und entkommt mit Akis Hilfe, die in ihrem Toyota Sportwagen auftaucht.

Aki bringt 007 zu einer verlassenen Untergrundbahnstation und ist plötzlich hinter einem Garagentor verschwunden. Bond folgt ihr und fällt dabei durch eine Bodenklappe, saust eine Rutschbahn hinunter und landet in Tiger Tanakas Büro. Nach kurzer Begrüßung verlassen sie den mit Monitoren und anderer technischer Ausrüstung versehenen Raum und fahren mit Tanakas Privat-U-Bahn (aus Sicherheitsgründen meidet er Straßen) zu seinem Domizil. James Bond wird in Tigers Haus sehr freundschaftlich empfangen und von einer Schar hübscher Japanerinnen gebadet und anschließend von Aki massiert. Bond nutzt die Gelegenheit und auch das Mädchen ist nicht abgeneigt: »Es wird mir eine Freude sein, unter Ihnen zu arbeiten.«

Später sehen sich Bond und Tanaka einen Mikrofilm an, den 007 unter anderem aus Osatos Safe entwendet hat. Das Bild zeigt ein Schiff und japanische Schriftzeichen, die besagen, daß das Bild von einem amerikanischen Touristen geschossen wurde, den man daraufhin ermordete.

Als Geschäftsmann »Mr. Fisher« stattet James Bond dem Osato-Komplex am nächsten Tag einen erneuten Besuch ab. Als Bond im Vorzimmer auf Osato wartet, wird er von versteckten Kameras gefilmt. Ihm fällt auf, daß die Kampfspuren der vergangenen Nacht verwischt sind. Das ganze Zimmer ist komplett, sogar die zerbrochene Statuette wurde ersetzt. Inzwischen ist Osato mit der hübschen Sekretärin Helga Brandt per Helikopter auf dem Gebäudedach gelandet. Helga will zur Erfrischung eine Flasche Champagner aus der Bar holen und öffnet den Schrank. Bond zuckt zusammen. Doch kein toter Japaner kommt zum Vorschein, der Raum ist leer. Osato hat hinter seinem Schreibtisch Platz genommen und einen Röntgenapparat eingeschaltet, der auf Bond gerichtet ist und seine Pistole im Schulterhalfter zeigt. Nun weiß Osato Bescheid. Nachdem der Agent das Zimmer verlassen hat, gibt er Helga den Befehl, Bond aus dem Weg zu räumen. Kaum ist Bond auf die Straße getreten, als auch schon Killer in einer schwarzen Limousine mit MPs das Feuer auf ihn eröffnen. Doch noch einmal wird 007 von Aki

007 erledigt einen Attentäter

und ihrem Toyota gerettet. Es beginnt nun eine wilde Verfolgungsjagd, die sich von den Straßen Tokios auf die Außenbezirke der Stadt ausdehnt. Als die Verfolger immer näher kommen, fordert Aki per Funk von Tanaka Hilfe an. Ein Hubschrauber des japanischen Geheimdienstes greift bald ein. Er läßt über dem Feindfahrzeug einen riesigen Elektromagneten herab, der das Auto anzieht. Der Wagen wird samt Passagieren hoch über dem offenen Meer abgeworfen.

Tiger weist nun Bond und Aki an, zum Kobe Dock zu fahren, da dort das Schiff, das auf dem Mikrofilm abgebildet war, gerade beladen wird. Am Kobe Dock angekommen, entdecken die beiden eine heiße Spur: die Fracht des Osato-Schiffes besteht aus Behältern mit flüssigem Sauerstoff, den man als Raketentreibstoff-Zusatz verwendet. Plötzlich stehen ihnen einige Osato-Hafenarbeiter gegenüber, so daß Bond es vorzieht das Weite zu suchen. Aki kann gerade noch entkommen, als die Männer Bond über die Hafenanlagen jagen. Bond schießt und schlägt ein paar Osato-Leute nieder und rettet sich vor der Übermacht durch einen waghalsigen Sprung vom Dach eines Gebäudes. Weich landet er einige Meter tiefer auf gestapelten Kartons, steht auf, zieht die Krawatte fest und wird von hinten niedergeschlagen.

James Bond erwacht an Bord des Osatoschiffes, gefesselt und in Gegenwart der schönen Helga, die droht, ihn mit Skalpellen zu foltern. Helga will erfahren, wer Bond geschickt hat. 007 gibt sich als Industrie-Spion aus und schlägt Helga vor, gemeinsame Sache zu machen. Darauf zerschneidet Helga – durch Bonds Charme angeregt – seine Fesseln. Dafür schneidet Bond die Träger ihres Kleides entzwei . . .

007 und Helga fliegen nun in ihrer Maschine nach Tokio. Unterwegs wirft sie eine Rauchbombe zu Boden und läßt per Knopfdruck eine hölzerne Sperre ausfahren, die Bond auf seinem Sitz festhält. Dann setzt sie sich mit dem Fallschirm ab. Das Brett kann Bonds Kraft nicht lange widerstehen, er kommt frei und bringt das Flugzeug unter Schwierigkeiten zum Landen. Er schafft es, gerade noch die Maschine zu verlassen, als sie auch schon explodiert. Zurück in Tanakas Stützpunkt, erfährt James Bond, daß das Schiff die Insel Ama im Süden Japans angelaufen hat. Um ihm die Untersuchung Amas zu erleichtern, hat Waffenmeister Q dem Agenten »Little Nellie« aus England mitgebracht. »Little Nellie« stellt eine schwerbewaffnete Kreuzung zwischen einem Flugzeug und einem Hubschrauber dar und ist in vier Koffern unterzubringen. Mit ihren Maschinengewehren, den Raketen, dem Flammerwerfer und den Luftminen hat »Little Nellie« alles, was ein Agent zum Besichtigungsflug einer Insel braucht. Beim Überfliegen Amas kann 007 nichts Verdächtiges ausmachen. Da erregt ein großer Krater seine Aufmerksamkeit. Als er näher heransteuert, erkennt er,

James Bond (*Sean Connery*) läßt sich verwöhnen

007 (*Sean Connery*) übt japanische Kampfmethoden

daß der Boden des erloschenen Vulkans mit Wasser bedeckt ist. Plötzlich sind vier Hubschrauber hinter ihm her und beharken ihn mit Maschinengewehrsalven. Bond schießt einen nach dem anderen ab und kehrt zur Station zurück.

Im Weltraum gehen inzwischen wieder schlimme Dinge vor sich: Blofeld kapert erneut eine Raumkapsel, aber diesmal sind die Russen die Leidtragenden. Nach dem Kidnapping fliegt die SPECTRE-Rakete mit ihrer Beute zur Erde zurück und landet prompt in dem Krater, für den sich 007 so interessierte. Der »Boden« des Kraters fährt hydraulisch zurück und darunter befindet sich eine gigantische Lande- und Kontrollstation, in der es von Wachposten, Jeeps und Technikern nur so wimmelt. Eine riesige Weltkarte ist ebenso vorhanden wie ein Hubschrauberlandeplatz und eine Mini-Bahn. Von einem Kontrollraum (der auch hermetisch vom Krater abgeriegelt werden kann) beobachtet Bösewicht Nr. 1 Blofeld die Landung der Rakete. Auch Osato und Helga sind anwesend. Blofeld schärft Osato ein, James Bond endlich zu töten. Um diesem Befehl Nachdruck zu verleihen, wirft er die Versagerin Helga den Piranhas zum Fraß vor. Dann verhandelt er mit zwei Chinesen über eine hohe Geldforderung. Blofeld will nämlich zum Nutzen Chinas den dritten Weltkrieg zwischen der UdSSR und den USA auslösen und somit ungeheuren Profit machen.

Inzwischen wurde James Bond zum Japaner. Tanaka ist der Meinung, daß 007 so größere Chancen hat, die Insel nochmals genauer unter die Lupe zu nehmen. Seine Haut wird gefärbt, sein Haar geschnitten. Nach dieser »Verwandlung« führt ihn Tiger durch das Trainingslager der Ninja, einer schlagkräftigen Elitetruppe.

Nachts verübt ein Mann Osatos vom Dachboden der Hütte einen Mordanschlag auf James Bond, indem er sich bemüht, an einem Faden Gift in Bonds Mund laufen zu lassen. Doch im letzten Moment dreht sich 007 zur Seite und Aki bekommt das Gift ab. Bond erwacht von Akis Stöhnen, bemerkt den Mörder und schießt ihn vom Dachboden. Aki stirbt, als Tanaka eintrifft. Tags darauf übt Bond mit einem Ninja-Mann Stockfechten. Plötzlich macht der Gegner ernst und läßt eine Klinge aus dem Bambusrohr hervorschnellen. Bond entwaffnet ihn und tötet ihn mit seiner eigenen Waffe. Tanaka hat jetzt genug und befiehlt nun aufzubrechen. James Bond muß zum Schein das Fischermädchen Suzuki heiraten, um seine Tarnung perfekt zu machen.

Nachts benachrichtigt Tiger Bond, daß der Countdown für das Gemini-Projekt bereits in vollem Gange ist. Bond hat nur noch sechs Stunden Zeit, das Versteck der Kapsel zu finden. Zudem hat der amerikanische Präsident den Russen mit Krieg gedroht, falls beim Flug irgendeine Störung auftreten sollte. Kissy erzählt Bond vom Tod eines Mädchens aus dem Dorf, das in einer Höhle Amas unter merkwürdigen Umständen ums Leben gekommen ist. Am frühen Morgen untersuchen Bond und Kissy mit einem Boot die Höhle. 007 riecht plötzlich Gas, und beide springen über Bord und tauchen aus der Gefahrenzone.

James Bond nimmt an, daß eine Verbindung zwischen Krater und Höhle besteht und klettert mit Kissy zum Rand des Vulkans hinauf. Bei einer Rast kommen sich Bond und Kissy näher, als sie durch das Geräusch eines anfliegenden Helikopters gestört werden. Der Hubschrauber fliegt in den Krater! Als 007 und das Mädchen den Rand erreichen, ist er verschwunden. Doch Bond läßt nicht locker und steigt in den Vulkan hinab. Bei Einbruch der Nacht haben sie den Boden erreicht, und 007 entdeckt, daß der vermeintliche See aus Plastik besteht. Jetzt ist ihm einiges klar. Er sendet Kissy, um Tanakas Truppe zu Hilfe zu holen, als sich der Krater öffnet, um einen Hubschrauber aufsteigen zu lassen. James Bond streift das Fischergewand ab und darunter kommt ein Kommandoanzug mit Spezialausrüstung zum Vorschein.

Es gelingt ihm, unbemerkt in Blofelds Abschußbasis zu steigen, bevor die Plattform die Öffnung wieder abdeckt und verschließt. Bond hält sich durch Saugnäpfe an der glatten Oberfläche fest und wagt an Gerüststangen den steilen Abstieg. Unten versteckt sich 007 in einem Wagen der Mini-U-Bahn. Durch Zufall erfährt er den Aufenthaltsort der gefangenen Astronauten, überwältigt die Wachen und befreit sie.

Nachdem sie mit den bewußtlosen Posten die Kleider getauscht haben, bringt Bond seine Verbündeten in einen Raum, in dem gerade einer von Blofelds Astronauten für den kommenden Flug ins All vorbereitet wird. Abermals überwältigen sie die SPECTRE-Leute und Bond schlüpft nun in den Raumanzug des Astronauten.

Als er die Station betritt, wird 007 zu den anderen Raumfahrern gebracht und zur Abschußrampe der Rakete gefahren. Mit einem Lift zum Einstieg des Raumschiffs befördert, will James Bond gerade die Kanzel betreten als über Lautsprechern Blofelds Stimme befiehlt, diesen Astronauten unverzüglich zu ihm zu bringen.

Blofelds Leibwächter führt 007 in den Kontrollraum, und zum erstenmal steht James Bond seinem Erzfeind Ernst Stavro Blofeld gegenüber! Bond darf den Start der SPECTRE-Rakete mitverfolgen, die im Weltraum die amerkanische Gemini-Kapsel entführen soll.

Inzwischen sind Tanaka und seine Männer eingetroffen, die das Öffnen des Vulkans zu einem Angriff nutzen. Sie werden von Selbstschußanlagen unter Feuer genommen und ein Teil der Ninjas stirbt im Kugelhagel. Bond, der alles auf Monitoren mitangesehen hat, nimmt eine Zigarette heraus, entzündet sie und feuert eine Miniaturrakete auf den Techniker ab, der die Armaturen zum Schließen des Kraters bedient. Mit einem Satz ist Bond zur Stelle und betätigt den Öffnungsknopf. Einige Ninjas dringen ein, werden jedoch abgeschossen. Bond ist der Übermacht erlegen, der Vulkan schließt sich erneut. Da läßt einer der überlebenden Ninjas an der Plattform eine Bombe hochgehen und die Explosion reißt ein großes Stück der Abdeckung heraus.

Nun seilen sich Tanakas Männer auf den Boden ab und es beginnt eine riesige Schlacht um den Krater. Mit Schüssen, Handgranaten und Zweikämpfen auf Leben und Tod wird nicht gespart. Gegen die geschulte Ninja-Truppe kommt Blofelds Armee nicht an. Der Bösewicht befiehlt nun, die Selbstzerstörung der Rakete auszulösen, nachdem sie die Gemini-Kapsel intus hat. Dann zwingt er 007, mit ihm das

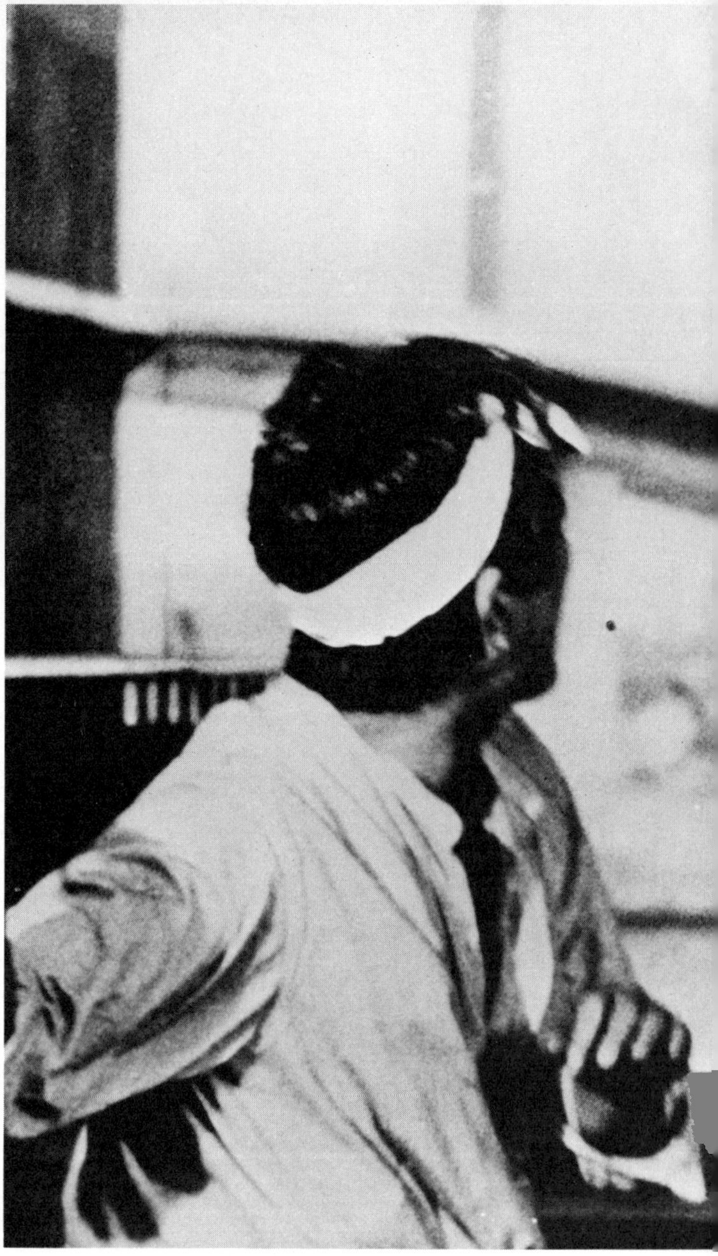

James Bond (*Sean Connery*) zeigt, was er gelernt hat

Kontroll-Center zu verlassen. Blofeld besteigt einen Wagen seiner privaten U-Bahn und will James Bond gerade erschießen, als Tanaka im letzten Augenblick einen Shuriken schleudert und Blofelds Hand trifft. Dieser jagt mit der Bahn davon. Bond teilt Tiger mit, daß sie unbedingt den Kontrollraum aufbrechen müssen, um die Gemini-Kapsel zu retten. Da entdeckt 007 einige Techniker, die sich durch einen Tunnel aus dem Staub machen. Er weiß nun, daß die Zentrale einen geheimen Eingang besitzt. Der Gang führt zu Blofelds Konferenzzimmer, in dem sich das

Piranha-Becken befindet. Bond sieht sich mit Blofelds Leibwächter konfrontiert, der den Schlüssel zur Eliminierung des Zerstörungszählwerks in der Hand hält. Der Hüne bereitet 007 anfänglich einige Schwierigkeiten, landet dann aber glücklich im Piranha-Becken. Jetzt hetzt Bond in die zerstörte Zentrale. Drei Sekunden bevor die Rakete die Kapsel erreicht, schaltet 007 das Zählwerk aus, und dreht den Schlüssel der Zündung: das SPECTRE-Schiff explodiert. Die Gemini-Kapsel ist gerettet.

Inzwischen ist Blofeld zurückgekommen und löst eine Serie von Detonationen aus, die James Bond und den Ninjas den Tod bringen sollen. Doch 007, Tanaka, Kissy und der Rest der Truppe haben durch unterirdische Gänge bereits das Meer erreicht, als der Vulkan hinter ihnen, durch die Sprengungen erschüttert, in sich zusammenbricht. Ein Rettungsflugzeug wirft Schlauchboote ab, Bond und Kissy haben es sich gerade in einer der »schwimmenden Inseln« gemütlich gemacht, als M's privates U-Boot M 1 aus den Fluten auftaucht und den Agenten an Bord nimmt.

Helga Brandt (*Karin Dor*) will 007 (*Sean Connery*) den Mund verbieten

Willkommen in Tokio Mr. Bond!

Nach dem phänomenalen Erfolg von *Thunderball* (1965) entschlossen sich die Produzenten Harry Saltzman und Albert R. Broccoli, einen an Gadgets, Gimmicks und Sets alles überbietenden Film zu machen. Dies ist ihnen wirklich gelungen. Doch dafür kam das fünfte James Bond-Spektakel *You Only Live Twice* an anderen Stellen zu kurz. Hatte die Handlung der ersten vier Filme bis dahin noch einigermaßen Ähnlichkeit mit Ian Flemings Vorlage, so konnte bei *You Only Live Twice* davon keine Rede mehr sein. Die einzige Verbindung zu Flemings Buch besteht darin, daß das Abenteuer in Japan spielt, der Titelheld James Bond heißt und der Bösewicht Blofeld ist. *You Only Live Twice* wurde mit einem Produktionsaufwand von 10 Millionen Dollar in Szene gesetzt und ist ein spektakulärer Film. Doch fehlt diesem 007-Thriller das gewisse Etwas, das *Goldfinger* (1964) und auch *Moonraker* (1979) so einmalig macht. Auch warf man dem Film vor, er sei ein großes Remake der vorausgegangenen Bond-Streifen, doch dies trifft nur teilweise zu. Meiner Meinung nach ist *You Only Live Twice* die erste Hinwendung Bonds zum Science-Fiction-Genre und diese Hinwendung bedeutet leider in diesem Fall eine Qualitätseinbuße (daß dies nicht immer der Fall sein muß, beweist *Moonraker,* der neueste James Bond-Film). Die Pre-Title-Sequence ist dem Vorspannabenteuer aus *From Russia With Love* nachempfunden. Beide Male sehen die Zuschauer den Geheimagenten in den ersten Minuten des Films sterben. Beide Male lebt 007 (natürlich) weiter, das heißt, er wird gar nicht wirklich getötet. In *From Russia With Love* ist die Szene allerdings wirkungsvoller und schockierender.

Nun folgt ein wunderbarer Titel von Maurice Binder. Die Schriften laufen vor feuerspeienden Vulkanen und blubbernden Kratern ab, die in allen Farben leuchten. Dazu singt Nancy Sinatra das Titellied, komponiert von John Barry, getextet von Leslie Bricusse. John Barry hat für *You Only Live Twice* seinen einfühlsamsten James Bond-Soundtrack geschrieben. Er enthält einige japanische Motive, die variiert werden und einen angenehmen Kontrast zu dem harten, pulsierenden »James Bond Theme« bilden.

Das Problem, eine Entführung in den Weltraum zu verlegen, ist zwar reizvoll, konnte aber vom Stand der damaligen Tricktechnik her nicht optimal realisiert werden. Vergleicht man die Special Effects von *You Only Live Twice* mit den in *2001-A Space Odyssey* (zur gleichen Zeit entstanden) gezeigten Tricks, so schneidet James Bond ziemlich schlecht ab (übrigens wurde das Thema »Entführung« in den Filmen *The Spy Who Loved Me* und *Moonraker* wiederverwendet). Die Überfülle technischer Spielereien drängt sich dem Publikum förmlich auf. Viele James Bond-Abenteuer enthalten herrliche Landschaftsaufnahmen, die in diesem Film sehr rar sind. Die Überbetonung der Technik ermüdet den Betrachter und schmälert die Bedeutung einiger wichtiger Szenen.

Nachdem Bond auf See »bestattet« wurde, bringen Taucher den »Leichnam« in M's privates U-Boot M 1. Ein kompliziertes Verfahren seine Gegner auszutricksen; der Zuschauer weiß nicht recht, was er davon halten soll. Allerdings hatte Drehbuchautor Roald Dahl mit der Idee, 007 in einem Torpedo an die japanische Küste zu schießen, einen guten Einfall.

Obwohl die Werbung mit dem Slogan »Sean Connery *IS* James Bond« eine Identifizierung von realer Person und Filmfigur suggerierte, sah es so aus, als hätte Connery hier einige Schwierigkeiten, den Part des Agenten genauso überzeugend zu spielen, wie er dies in *Goldfinger* tat. Ermüdet schleppt Connery seine Bond-Rolle mit sich herum. Ein Werbespruch: »Connery ist Connery der James Bond spielen muß«, käme der Wahrheit näher. Seit *Thunderball* ist Sean Connery, nicht nur dicker geworden, er hat auch den Enthusiasmus verloren, der ihn in *Dr. No* (1962) und *Goldfinger* auszeichnete. Doch wer kann ihm seine Bond-Müdigkeit übelnehmen? Connery

Q (Desmond Llewelyn) macht James Bond (*Sean Connery*) mit „Little Nellie“ bekannt

wollte sich weiter profilieren und zeigen, daß er mehr kann, als nur den Agenten Ihrer Majestät mimen. So war es kein Wunder, daß der Schotte 1969 die Rolle, die ihm Weltruhm einbrachte, dem Australier George Lazenby für *On Her Majesty's Secret Service* überließ.

Der Film plätschert von Bonds Ankunft an Japans Küste bis zum Treffen mit Henderson höhepunktslos dahin. Als Henderson, trefflich gespielt vom späteren Blofeld-Darsteller Charles Gray (in *Diamonds Are Forever,* 1971), ermordet wird, erhält der Film durch Non-Stop-Action den nötigen Auftrieb. Die folgenden Szenen erinnern an den Stil der frühen 007-Thriller und hier zeigt Regisseur Lewis Gilbert, daß er genau weiß, worauf es bei einem James Bond-Abenteuer ankommt: auf unmögliche Situationen.

Nach seinen nächtlichen Abenteuern im Osato-Komplex lernt James Bond den japanischen Geheimdienstleiter Tiger Tanaka kennen, dargestellt von Tetsuro Tamba. In Tanakas Büro dominiert die Technik: TV-Bildschirme und gleich nebenan Tanakas eigener Zug, der die beiden zum Haus des Geheimdienstchefs bringt.

Tags darauf besucht Bond Osato (Teru Shimada) offiziell unter dem Vorwand, eine Lizenz erwerben zu wollen. 007 will sich diesen geheimnisvollen Magnaten einmal genauer ansehen. Doch der Besuch bringt Bond keine Information, sondern hat nur zur Folge, daß er beim Verlassen des Gebäudes von wild herumknallenden Killern verfolgt wird. Eine Küstenstraße ist nun Schauplatz für eine der spektakulärsten Szenen in *You Only Live Twice:* der Hubschrauber des Geheimdienstes erfaßt mit einem gigantischen Magneten den Wagen der Verfolger und wirft ihn über deR Tokio Bay ins Meer. Ein einmaliger Abschleppdienst made in Japan!

Am Kobe Dock erfolgt eine neue Auseinandersetzung zwischen James Bond und Osatos Leuten. 007 schießt zwar jede Menge Häscher über den Haufen, wird aber dennoch hart verfolgt. Aus der Vogelperspektive zeigt die Kamera in herrlichen Bildern Bonds Flucht über die Dächer, wobei er einen Gegner nach dem anderen erledigt. Als sich 007 vor den

Feinden durch einen Sprung vom Dach des Gebäudes rettet, glaubt er in Sicherheit zu sein, wird aber im nächsten Augenblick niedergeschlagen.

James Bond kommt an Bord des Osatoschiffes, das er eigentlich inspizieren wollte, wieder zu sich. Helga, gespielt von Karin Dor, versucht, Auftrag und Auftraggeber aus dem Agenten herauszubekommen. Stattdessen erliegt sie Bonds unwiderstehlichem Charme und verbündet sich mit ihm. Karin Dor, dem deutschen Publikum meist von *Edgar Wallace-* und *Winnetou-*Filmen bekannt, war die erste »Bondine«, die 007 aus deutschen Landen aufgetischt wurde: »Ich hätte mir meine Haare in jede gewünschte Farbe – einschließlich grün – färben lassen, um die Rolle der SPECTRE-Agentin in dem neuen Bond-Thriller *Man lebt nur zweimal* spielen zu können«, meinte die Schauspielerin 1967. Als Osatos Sekretärin Helga Brandt war Karin Dor zwar nicht gerade überwältigend, doch besaß sie den als »Bondine« nötigen Sex-Appeal. Anscheinend hat auch Bonds Ausstrahlung in *You Only Live Twice* Schaden gelitten, denn auf dem Flug nach Tokio versucht Helga, den Geheimagenten zu beseitigen. Sie tut dies auf ungewöhnlich komplizierte Weise: zunächst läßt sie eine vollkommen überflüssige Rauchbombe los, will dann den Agenten durch ein lächerliches Brettchen auf seinem Sitz halten und springt mit dem Fallschirm ab, um Bond seinem Schicksal zu überlassen. Eine schwierigere Methode jemanden umzubringen, kann man sich nicht vorstellen. Natürlich schafft es Bond, das Brett zu zerbrechen und die Maschine in einer Bruchlandung aufzusetzen.

In Tanakas Trainingscamp hat nun der Mann seinen Auftritt, den die Zuschauer schon mit Ungeduld erwarten: Desmond Llewelyn als Q, Waffenmeister des Service, der von 007 immer mit gleicher Geringschätzung behandelt wird. Diesmal hat Q ein kleines, aber gefährliches Flugmaschinchen namens »Little Nellie« in vier Koffern heimlich nach Japan geschafft. Mit diesem Gerät soll 007 die Insel Ama nach der verschwundenen Kapsel absuchen.

Auf dem Erkundungsflug hat der Betrachter eine der wenigen Gelegenheiten, einzigartige Landschaftsaufnahmen zu genießen. Als Bond von vier schwarzen Hubschraubern angegriffen wird, sieht es einen Moment böse aus, doch weiß sich der »Spatz« gegen die »Adler« zu wehren. Bond setzt sein Waffenarsenal ein und schießt alle *SPECTRE-*Hubschrauber (zu) mühelos ab. Diese Szene ist ein Highlight des Films, hervorragend photographiert von John Jordan, der auch für die Luftaufnahmen zu *On Her Majesty's Secret Service* verantwortlich war. Der Luftkampf sieht nicht nur gefährlich aus, er war es tatsächlich: Jordan verlor bei den Dreharbeiten ein Bein.

Blofelds Rakete hat inzwischen eine russische Raumkapsel entführt und somit die Spannung zwischen Ost und West verschärft. Diesmal aber verfolgt der Zuschauer die Landung der SPECTRE-Rakete. Sie geht in einem erloschenen Vulkan nieder, der von Blofeld als Operationsbasis und Versteck benutzt wird. Welch ein Anblick! Dieser gigantische Set, von Produktions-Designer Ken Adam entworfen, verschlang über eine Million Dollar.

Kissy Suzuki (*Mie Hama*) und 007 (*Sean Connery*) entdecken das Geheimnis des Vulkans

Ernst Stavro Blofeld (*Donald Pleasence*) greift nach der Weltherrschaft

Doch dieses Geld wurde sehr wirkungsvoll eingesetzt. Das Publikum ist vom ersten Blick ins Innere des Kraterkegels überwältigt. Ken Adam hat hier sensationelle Bauten geschaffen, die nur von Strombergs Tanker und Drax' Raumstation übertroffen werden. Neben einem Hubschrauberlandeplatz und einer Raketenabschußrampe gibt es auch eine Einschienenbahn und ein separates Kontroll-Center. Die Chinesen müssen Blofeld schon große Geldsummen zuschießen, damit sich dieser ein solch feudales und technisiertes Versteck überhaupt leisten kann. Momentan hält sich der Super-Gangster in seinem Konferenzzimmer auf und beschuldigt Osato und Helga, versagt zu haben. Schließlich gibt er Osato noch eine Chance, läßt Helga aber in ein Piranha-Becken stürzen, um Osato bei seinen Bemühungen, 007 zu töten, ein wenig anzuspornen. Blofeld ist eben ein sehr launischer Arbeitgeber. Diese Szene stammt ebenfalls aus *From Russia With Love* und wurde schon in *Thunderball* wiederverwendet. Das gleiche Motiv taucht auch 1977 in *The Spy Who Loved Me* auf.

James Bond (*Sean Connery*) rettet seine Kameraden

Um auf Ama weniger aufzufallen, ist Bond unter den Händen von Tanakas Geishas zum Japaner geworden. Connery sieht in dieser Verkleidung schlicht unmöglich aus! Obendrein handelt es sich hier um eine Verunglimpfung des literarischen James Bond, der *niemals* Verkleidungen benutzte.

Es folgt nun eine langwierige Suche nach dem Versteck der Raumkapsel, die nur von Bonds »Heirat« mit Kissy Suzuki und Akis Tod unterbrochen wird. Aki kommt bei einem Attentat auf 007 ums Leben. Hier findet man das »Opfertod«-Motiv wieder, das in jedem James Bond-Abenteuer einen festen Stammplatz hat. Die »Heirat«, die zu Bonds Tarnung beitragen soll, nimmt der Agent sichtlich widerwillig hin. Als Tanaka ihm in der »Hochzeitsnacht« die Nachricht von der Startvorverlegung des Gemini-Fluges bringt, untersucht er zusammen mit Kissy (Mie Hama) die Insel. Durch einen Hinweis Kissys entdeckt Bond die Verbindung zwischen einer Höhle und dem Vulkan. Sein Verdacht erhärtet sich, als er beim Besteigen des Kraters einen Helikopter im Vulkan verschwinden sieht. Tatsächlich hat er Blofelds Basis ausfindig gemacht und während Kissy Hilfe holt, dringt 007 in das SPECTRE-Versteck ein.

Durch die Infiltrierung der Organisation kündigt sich langsam das Ende eines jeden James Bond-Filmes an. 007 versucht sofort Blofelds Pläne zu durchkreuzen, was dem Publikum Gelegenheit bietet, die Innenausstattung des Kraters zu bewundern. Nachdem Bond in letzter Minute von der Abschußrampe geholt wurde, steht er zum erstenmal dem Kopf von SPECTRE, Blofeld, gegenüber, den er schon zwei Filme lang jagt und noch zwei weitere Filme lang jagen wird. Ernst Stavro Blofeld wird von dem englischen Schauspieler Donald Pleasence dargestellt. Pleasence ist neben Charles Gray einer der weniger guten James Bond-Gegenspieler. Das soll nicht heißen, daß Pleasence kein guter Darsteller ist, doch die Anforderungen, die diese Bösewichtsrolle an ihn stellt, erfüllt er einfach nicht. Zwar mimt er den Superverbrecher mit belustigender Dekadenz, doch ist er in seiner Bösartigkeit nicht glaubwürdig genug. Um Pleasence bösartiger, grausamer und unheimlicher wirken zu lassen, verpaßten ihm die Make-up-Leute eine große Narbe, die das ganze Gesicht entstellt. Inzwischen sind Tanaka und seine Ninjas eingetroffen und nach einigem Hin und Her, beginnt die große Material-Schlacht. Sie übertrifft alles bisher Dagewesene und kann am ehesten mit dem einmaligen Unterwasserkampf in *Thunderball* verglichen werden. Menschen fliegen, von Granaten hochgerissen, durch die Luft, der Krater erbebt in andauernden Detonationen.

James Bond, der von Tanaka gerade vor Blofeld gerettet wurde, hat nun den aus *Goldfinger* bekannten Wettlauf gegen die Zeitbombe zu bestehen. Zuerst serviert er noch Blofelds Leibwächter ab und kann dann die Erde einmal mehr vor dem dritten Weltkrieg bewahren (spätestens nach *You Only Live Twice* ist 007 der meistdekorierte Agent der Welt!).

Obwohl SPECTRE-Boss Blofeld den Krater sprengt und somit den Ausbruch des Vulkans verursacht, können sich Bond und die anderen durch die Höhle ins Meer retten.

Als Bond und Kissy zusammen ein Schlauchboot »gekapert« haben, erwartet jedermann das typisch erotische 007-Happy-End, doch wie in *Thunderball* kommt James Bond auch diesmal nicht zum Zug: M1, M's U-Boot taucht direkt unter dem Schlauchboot auf und nimmt den Agenten nach vollendetem Auftrag an Bord.

You Only Live Twice ist in vieler Hinsicht ein atemberaubender Film. Manchmal hat dieser fünfte 007-Thriller aber auch enormen Leerlauf und viele inhaltliche Fehler. Mit *You Only Live Twice* begann die langsame Überblendung in das Science-Fiction-Genre, da das Agentenmilieu durch die vorhergegangenen Bonds und durch unzählige Nachahmungen erschöpft war. *Man lebt nur zweimal* war Sean Connerys vorletzter James Bond-Film, sicherlich ein Film der Superlative, dem aber die eigentliche Ausstrahlung, die Liebe zum Detail ebenso fehlt, wie ein gutes Drehbuch. *You Only Live Twice* leitete den vorübergehenden Niedergang der James Bond-Reihe ein. Oder wie es das Nachrichtenmagazin *Time* ausdrückte: »The Bonds are losing their value«.

Blofelds Raketenbasis wird gestürmt

Casino Royale

1967

Sir James Bond (*David Niven*)

Großbritannien 1967. Eine Famous Artists Produktion. Im Verleih der Columbia Pictures. *Regie* John Huston, Ken Hughes, Val Guest, Robert Parrish, Joe McGrath, Richard Talmadge, Anthony Squire. *Producer* Charles K. Feldman und Jerry Bresler. *Drehbuch* Wolf Mankowitz, John Law und Michael Sayers, nach dem gleichnamigen Roman von Ian Fleming (London 1953, deutsch: Ullstein TB 809). *Kamera (Technicolor, Panavision)* Jack Hildyard, John Wilcox, Nicholas Roeg. *Musik* Burt Bacharach (COSO-5005). *Schnitt* Bill Lenny. *Ton* J. W. Mitchell, Sash Fisher, Bob Jones und Dick Chris Greeham. *Production-Design* Michael Stringer. *Art Directors* John Howell, Ivor Beddoes und Lionel Couch. *Titel* Richard Williams. *Special Effects* Cliff Richardson, Roy Whybrow. *Make-up* Neville Smallwood, John O'Gorman. *Darsteller* Peter Sellers *(Evelyn Tremble),* David Niven *(Sir James Bond),* Ursula Andress *(Vesper Lynd), Orson Welles (Le Chiffre),* Joanna Pettet *(Mata Bond),* Daliah Lavi *(Detainer),* Woody Allen *(Jimmy Bond),* Deborah Kerr *(Mimi),* William Holden *(Ransome),* John Huston *(M),* Charles Boyer *(Le Grand),* Kurt Kasznar *(Smernov),* George Raft *(George Raft),* Jean-Paul Belmondo *(Legionär),* Terence Cooper *(Cooper),* Barbara Bouchet *(Moneypenny),* Angela Scoular *(Buttercup),* Gabriella Licudi *(Eliza),* Tracey Crisp *(Heather),* Anna Quayle *(Frau Hoffner),* Hermione Baddeley *(Headmistress),* Mona Washbourne *(Tee Dame),* Elaine Taylor *(Peg),* Jaqueline Bisset *(Miss Goodtights).* Alexandro Bastedo *(Meg),* Derek Nimmo *(Hadley),* Ronnie Corbett *(Polo),* Colin Gordon *(Hones),* Bernard Cribbins *(Taxifahrer),* John Bluthal *(Casino-Portier/M.I.5-Mann),* Tracy Reed *(Fang Leader),* Geoffrey Bayldon *(Q),* John Wells *(Quartiermeister),* Duncan MacRae *(Inspector Mathis),* Graham Stark *(Kassierer),* Richard Wallis *(britischer Offizier),* Vladek Sheybal *(Le Chiffre's Vertreter).* *Länge* 130 Minuten.

Sir James Bond (*David Niven*)

Casino Royale ist ein Ian-Fleming-Titel, aber nur ein falsch nachgemachter Pseudo-Bond-Film. *Casino Royale* weckte schon 1954 das Interesse des Hollywood-Produzenten Gregory Ratoff; er erhielt von Ian Fleming für nur sechstausend Dollar die

Mata Bond (*Joanna Pettet*) und Polo (*Ronnie Corbett*)

Vesper Lynd (*Ursula Andress*)

Verfilmungsrechte. Der quasi für ein Butterbrot verschleuderte Stoff war der einzige Fleming-Roman, den sich die cleveren Produzenten Harry Saltzman und Albert Broccoli nicht sichern konnten. Obwohl die gesamte Fachliteratur behauptet, den Inhalt von *Casino Royale* könne man nicht beschreiben, werde ich dies doch in groben Zügen *versuchen:*

Die Geheimorganisation SMERSH strebt nach der Weltmacht. Dies veranlaßt den im Ruhestand lebenden Sir James Bond (David Niven), in das aktive Agentenleben zurückzukehren. Nachdem Bonds Vorgesetzter M (John Huston) getötet worden ist, begibt sich Sir James nach Schottland, um die Witwe des Ermordeten, Lady Fiona (Deborah Kerr) zu besuchen. Lady Fiona ist in Wirklichkeit SMERSH-Agentin, verfällt aber Bonds Charme.

In London kommt James Bond auf die glorreiche Idee, verschiedene Bonds einzusetzen, um beim Feind Verwirrung zu stiften. Dazu wählt er folgende Personen aus: Vesper Lynd (Ursula Andress), die reichste Spionin der Welt; Evelyn Tremble (Peter Sellers), den Erfinder eines narrensicheren Systems, mit dem man beim Baccarat niemals verlieren kann, den Muskelmann Cooper (Terence Cooper) und seine eigene Tochter Mata Bond (Joanna Pettet).

Während Mata Bond SMERSH in Berlin austricksen soll, schickt Sir James Vesper Lynd und Evelyn Tremble zum berühmten »Casino Royale«. Dort sollen die beiden den SMERSH-Agenten Le Chiffre am Spieltisch fertigmachen und ihn am Gewinnen hindern. Le Chiffre hat zu tief in die SMERSHsche Betriebskasse gegriffen, um Privatinteressen nachgehen zu können. Nun muß er das Defizit am Spieltisch ausgleichen, um nicht liquidiert zu werden.

Es gelingt Tremble, Le Chiffre beim Baccarat zu besiegen. Vesper wird jedoch gekidnapt. Bei der Verfolgung der Agenten wird auch Tremble gefangengenommen, gefoltert und erschossen. Inzwischen ist auch Mata Bond von einer fliegenden Untertasse entführt worden und dies veranlaßt den *echten* James Bond einzugreifen: er erfährt, daß das Casino lediglich eine einzige Kulisse ist und daß die Organisation SMERSH von seinem eigenen Neffen geleitet wird. Dieser Neffe Jimmy Bond (Woody Allen) leidet an einer Bewußtseinsspaltung: einmal ist er 007-Agent, ein andermal der verrückte Wissenschaftler Dr. Noah (!). The Detainer (Daliah Lavi), ein sehr hübsches Mädchen, verabreicht Dr. Noah eine Selbstzerstörungspille. The Detainer steht ebenfalls im Geheimdienst Ihrer Majestät und wurde von Sir

James mit der Beseitigung Noahs beauftragt. Sir James Bond ruft jetzt Hilfe in Form der französischen Fremdenlegion, der Indianer, der US Kavallerie, der Keystone Cops und der UN-Fallschirmspringertruppen herbei. Sir James Bond zieht sich in der Endschlacht zurück, während Jimmy Bonds Bombe losgeht und das ganze Casino in die Luft fliegt.

Eine Persiflage auf James Bond-Filme zu drehen, ist deshalb so schwer, da die 007-Abenteuer teilweise Persiflagen auf sich selbst sind. In *Casino Royale* verdarben sieben Regisseure und neun Drehbuchautoren das Spiel von David Niven und Peter Sellers. *Casino Royale* sollte »die größte James Bond-Show aller (Kino)-Zeiten werden«. Doch leider geriet der Film außer Kontrolle und entwickelte sich zum Star-überladenen, langweiligen Komödienvehikel.

Dazu Produzent Charles K. Feldman: »Für mich gab es mit *Casino Royale* zwei Möglichkeiten. Ohne weiteres hätte ich die Rechte an meine Kollegen veräußern können, die die ersten vier Bond-Filme mit dem durch sie bekanntgewordenen Darsteller gemacht hatten. Ich habe die zweite Möglichkeit gewählt, die darin bestand, etwas ganz anderes aus dem Stoff zu machen als die Vorläufer. Den Roman so zu verfilmen, wie es im Buche von Ian Fleming steht, das wäre mir wirklich zu langweilig gewesen. Fleming hat die meisten Themen aus *Casino Royale* in seinen weiteren Bond-Büchern nur in anderer Form oder in anderen Milieus wiederholt, so daß man sie

Evelyn Tremble (*Peter Sellers*)

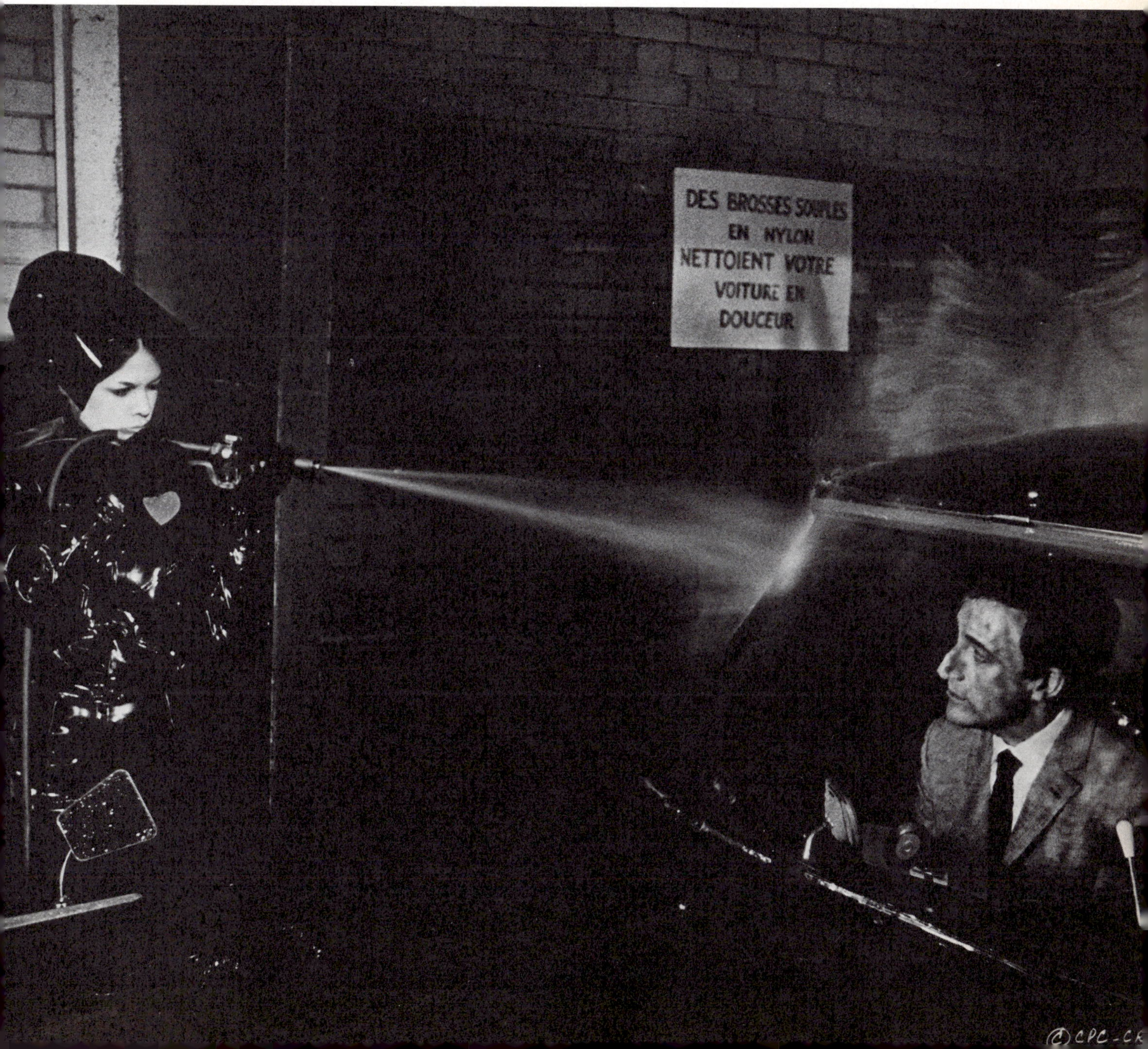

Sir James Bond (*David Niven*) und seine Tochter Mata Bond (*Joanna Pettet*)

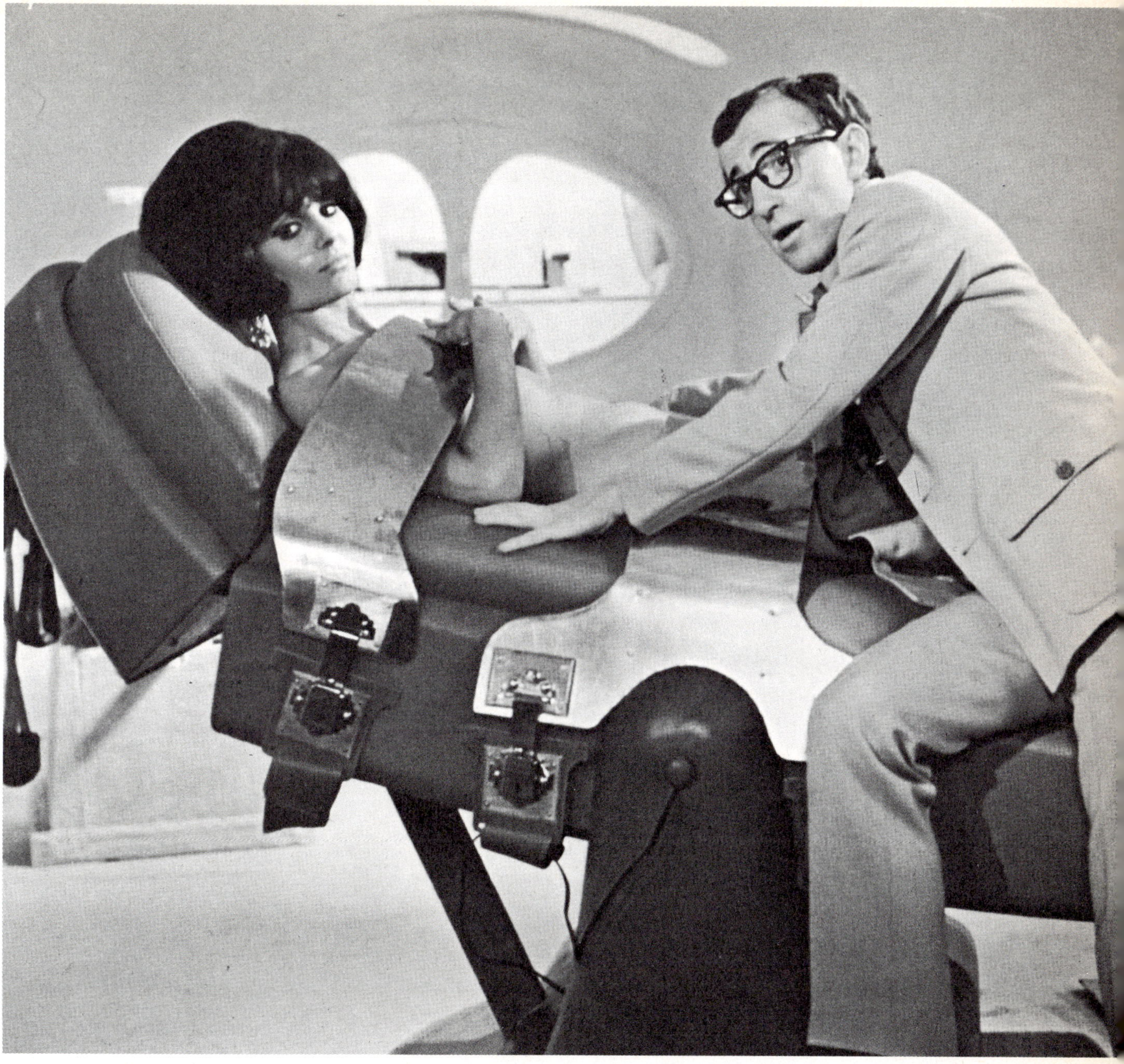

Detainer (*Daliah Lavi*) und Jimmy Bondi (*Woody Allen*)

im Kino bereits alle mindestens einmal gesehen hat. Ich aber hasse nichts mehr im Film als Wiederholungen.«

Donald Zec schrieb im Daily Mirror: »Ich glaube, ich kann – mit der Hand auf der Magengrube – ehrlich sagen, daß *Casino Royale* der schlechteste Film war, den ich je genossen habe«. Rückerinnernd meint Charles K. Feldman: »Ich hatte die Vision eben eines gigantischen Happenings mit Bonds, soweit das Auge reicht, mit ganzen Armeen von Girls in wilder Pop-Musik erfüllt . . . Und wenn ich heute den fertigen Film sehe, dann kommt er meiner Erinnerung an jenen Alptraum sehr nahe«. In diesem Punkt hat Charles Feldman wirklich recht: *Casino Royale ist* ein Alptraum. Ich kann diesen »James Bond-Film« nur zwei Personengruppen anbieten: den Anti-Bonds oder den sehr treuen David Niven-Fans.

On Her Majesty's Secret Service

1969

Im Geheimdienst Ihrer Majestät

Tracy (*Diana Rigg*)

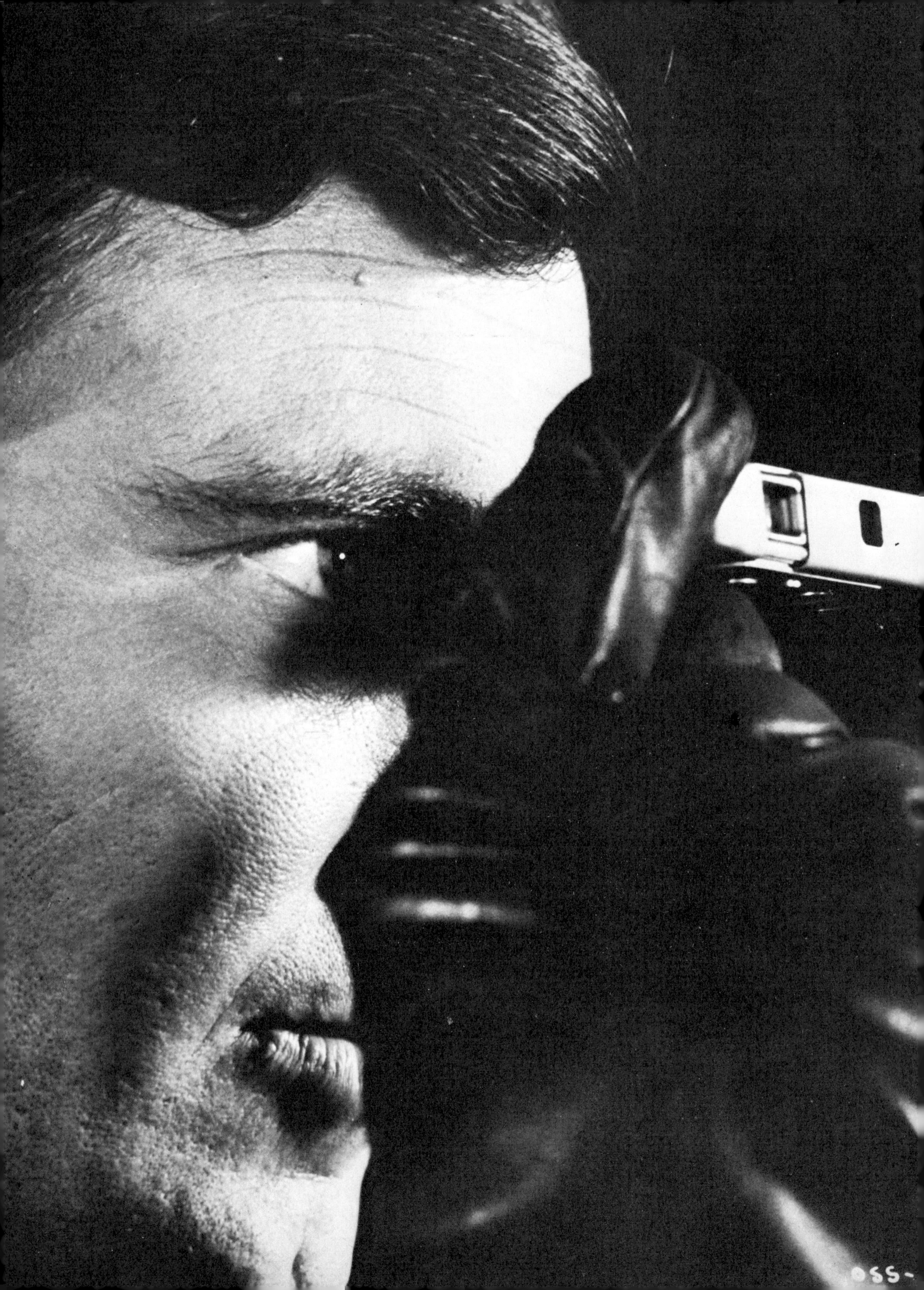

Großbritannien 1969. Eine Eon Produktion. Im Verleih der United Artists. *Regie* Peter Hunt. *Producer* Harry Saltzman und Albert R. Broccoli. *Drehbuch* Richard Maibaum, nach dem gleichnamigen Roman von Ian Fleming (London 1963; deutsch: Scherz-Action-Krimi 555). *Kamera* (Technicolor, Panavision) Michael Reed. *Luftaufnahmen* John Jordan. *Skiszenen* Willy Bogner jr. *Musik* John Barry. Song »We Have All The Time In The World« von John Barry und Hal David, gesungen von Louis Armstrong (UA/LP UA-LA299-G). *Schnitt* John Glen. *Ton* John Mitchell und Gordon McCallum. *Production-Design* Syd Cain. *Art Director* Bob Laing. *Titel* Maurice Binder. *Special Effects* John Stears. *Stunts* George Leech. *Stock Car Autojagd* Anthony Squire. *Make-up* Basil Newall und Paul Rabiger. *Darsteller* George Lazenby *(James Bond 007),* Diana Rigg *(Tracy),* Telly Savalas *(Ernst Stavro Blofeld),* Gabriele Ferzetti *(Marc Ange Draco),* Ilse Steppat *(Irma Bunt),* Bernhard Lee *(M),* Desmond Llewelyn *(Q),* Lois Maxwell *(Miss Moneypenny),* George Baker *(Sir Hilary Bray),* Bernard Horsfall *(Campbell),* Yuri Borienko *(Grunther),* Angela Scoular *(Ruby),* Catherina von Schell *(Nancy),* John Gay *(Hammond),* Norman McGlen *(Portier),* Dudley Jones *(Träger),* Josef Vasa *(Piz Gloria Rezeptionist), Piz Gloria Girls* Dani Sheridan (Amerika), Julie Ege (Skandinavien), Joanna Lumley (England), Mona Chong (China), Anoushka Hempel (Australien), Ingrit Back (Deutschland), Jenny Hanley (Italien), Zara (Indien), Sylvana Henriques (Jamaika), Helena Ronee (Israel), Geoffrey Cheshire *(Toussaint),* Irvin Allan *(Che Che),* Terry Mountain *(Raphael),* Bill Morgan *(Klett),* Richard Graydon *(Fahrer),* John Crewson *(Hubschrauberpilot),* Leslie Crawford *(Felsen),* George A. Cooper *(Braun),* Reg Harding *(Chauffeur),* James Bree *(Gumpold),* Virginia North *(Olympe),* Brian Worth *(Manuel),* Bessie Love *(amerikanischer Gast),* Steve Plytas *(griechischer Magnat),* Robert Rietty *(Chef de jeu). Länge* 140 Minuten.

James Bond – fast immer noch der alte (*George Lazenby*)

Im britischen Secret Service herrscht Ungewißheit über den Verbleib des besten Agenten Ihrer Majestät, James Bond. Dieser hält sich momentan in Portugal auf. Er fährt mit seinem Aston Martin gerade die Küstenstraße entlang, als er von einem hübschen

James Bond (*George Lazenby*)

Mädchen überholt wird. Ein paar Minuten später kommt Bond an ihrem geparkten Wagen vorbei und sieht sie völlig bekleidet ins Meer waten. Die Schönheit will aber keineswegs ein Bad nehmen, sondern sich ertränken! James Bond prescht zum Strand hinunter und rettet das Mädchen aus den Fluten. Plötzlich wird der Agent von zwei Negern angegriffen und während 007 die beiden k.o. schlägt, fährt die Unbekannte mit Bonds Wagen zur Straße, steigt in ihr Auto um und ist auf und davon. Wie der Cinderella-Prinz bleibt James Bond mit den Schuhen des Mädchens am Strand zurück und meint:

»Das wäre *dem anderen* nie passiert . . .«

In London ist M ungehalten über James Bonds Mißerfolge der letzten Zeit. Es gelingt ihm einfach nicht, den SPECTRE-Kopf Blofeld zu fassen. 007 soll den Auftrag abgeben. Daraufhin diktiert Bond Miss Moneypenny sein Rücktrittsgesuch und bereites sich in seinem Büro auf das Ausscheiden aus dem Secret Service vor. Da ruft ihn M zu sich und händigt ihm das Abschiedsgesuch unterzeichnet aus. Eine solche Behandlung hat James Bond nicht erwartet. Doch als er in M's Vorzimmer das Dokument genauer betrachtet, bemerkt er, daß die gute Moneypenny seine Kündigung in einen zweiwöchigen Urlaub verwandelt hat.

Wieder in Portugal, entdeckt er in einem Hotel mit Spielcasino das unbekannte Mädchen. Am Spieltisch verliert sie hohe Beträge beim *Chemin de fer* und kann nicht bezahlen. 007 hilft ihr aus der Patsche, indem er ihre Spielschulden begleicht und vorgibt, sich für heute abend mit ihr verabredet zu haben. Das Mädchen stellt sich als Komtess Tracy vor. Um Bonds Ausgaben zu begleichen, gibt sie ihm den Schlüssel zu ihrem Appartement. Später kommt James Bond in ihr Zimmer, findet aber dort nicht Tracy, sondern einen baumlangen Neger vor, den er in einem heftigen Kampf besiegen kann. Dafür wartet Tracy in seinem Zimmer auf ihn, versichert 007 aber, nichts von dem Mann gewußt zu haben. Nachdem anfängliche Mißverständnisse beigelegt sind, lieben sie sich. Am nächsten Morgen ist Tracy verschwunden, das verlorene Geld wurde auf mysteriöse Weise ersetzt. Bevor James Bond zu einer Golfpartie aufbrechen kann, wird er im Hotelfoyer von drei Männern gekidnappt, in einen Rolls Royce verladen und zu einer Fabrik nahe den Hafendocks gebracht. Dort lernt er Marc Ange Draco, den Chef der Mafia-Organisation Union Corse, kennen, die die Fabrik zur Tarnung betreibt. Draco ist Tracys Vater und bietet ihm eine Million Pfund in Gold, falls er bereit ist, seine psychisch kranke Tochter zu heiraten. Bond lehnt ab: für Informationen über den Aufenthaltsort von Blofeld verspricht er dem Vater jedoch, Tracy noch einmal wiederzusehen. Draco ist einverstanden

James Bond (*George Lazenby*) lernt die Vorzüge von Komtess Tracy (*Diana Rigg*) kennen.

und will sich in Gangsterkreisen für Bond umhören. Außerdem lädt er den Agenten zu seiner Geburtstagsparty ein; seine Tochter wird sicher auch da sein.

Die Party findet auf Dracos Ranch in Portugal statt. Tracy ist überrascht, James Bond hier zu treffen und als sie von Dracos Freundin den Grund für Bonds Anwesenheit erfährt, zwingt sie ihren Vater, 007 alle Informationen, die er haben will, *ohne* Gegenleistung zu geben.

»Nun, da Mr. Bond hat, was er will, gibt es für ihn keinen Grund, länger hierzubleiben«, meint Tracy und läuft davon. Bond holt sie ein und macht ihr klar, daß er auch ihretwegen gekommen ist. Fast augenblicklich verlieben sie sich ineinander und ihre Beziehung festigt sich im Verlauf der nächsten Wochen. Dann macht sich 007 auf die Suche nach Blofeld.

Von Draco hat der Agent erfahren, daß sich Blofeld in der Schweiz mit einem Rechtsanwalt namens Gumbold in Verbindung gesetzt hat. Zunächst begibt sich James Bond nach Bern und kopiert Gumbolds Safe-Inhalt. Dann fährt er nach London und informiert M über die heiße Spur: Blofeld will den Titel »Graf de Bleuchamps« erwerben und hat sich

schon an das hierfür zuständige *College of Arms* in London gewandt. James Bond holt von Sir Hilary Bray, dem Leiter des Instituts, die Erlaubnis ein, seinen Namen benutzen und an seiner Stelle in die Schweiz reisen zu dürfen. In einem persönlichen Gespräch soll dort die Berechtigung zur Führung des Adelstitels geklärt werden.

Als Sir Hilary Bray wird James Bond an der Bahnstation Lauterbrunnen, Schweiz, von Blofelds unheimlicher Gesellschafterin Irma Bunt empfangen. Ein britischer Geheimdienstangehöriger verfolgt die beiden, die nach kurzer Schlittenfahrt in einen Hubschrauber steigen. Auf dem Weg zum Gipfel des Piz Gloria bewundert James Bond die herrliche Aussicht. Da taucht Blofelds Berg-Labor auf, und der Helikopter landet.

Bunt hat 007 erzählt, daß der Graf eine Koryphäe auf dem Gebiet der Allergienheilung ist. Als Bond bewaffnete Wachposten sieht, erklärt ihm Bunt:

»Die brauchen wir, um uns die vielen Industriespione vom Leib zu halten«. Nachdem man ihm sein Zimmer gezeigt hat, wird Bond zum Grafen gebracht. Blofelds Bergstation ist teilweise in den Fels gehauen und beherbergt modernste Einrichtungen. James Bond trifft den Grafen in seinem Labor und schlägt ihm vor, nach Augsburg zu den Grabstätten der Bleuchamps zu reisen (Bond will ihn damit aus dem Versteck locken). Doch Blofeld hält das für unnötig, da er bereits alle zur Identifizierung wichtigen Unterlagen in Händen habe. Bond wird angewiesen, sich sofort an die Arbeit zu machen.

007 ist in seinem Zimmer ein Gefangener. Die Türen lassen sich nur von außen öffnen (»damit sich die Patienten des Instituts nicht gegenseitig stören«) und der steil abfallende Berg verhindert eine Flucht durchs Fenster. James Bond zieht sich nun zum Abendessen um. In schottischer Tracht betritt 007 den Speiseraum und bleibt wie angewurzelt stehen: mindestens ein Dutzend schöner Mädchen aus aller Herren Länder plaudern miteinander. Jedes der Mädchen leidet an einer schweren Allergie, die Graf Bleuchamps kostenlos zu heilen versucht. In seiner Rolle als Sir Hilary Bray langweilt 007 die Anwesenden mit einem endlosen Vortrag über Wappenkunde. Trotzdem finden alle Mädchen diesen Mann sehr interessant und während des Essens greift seine Tischnachbarin Ruby unter den Schottenrock. Mit dem Lippenstift schreibt sie Bond ihre Zimmernummer auf den Oberschenkel, was ihm die Sprache verschlägt.

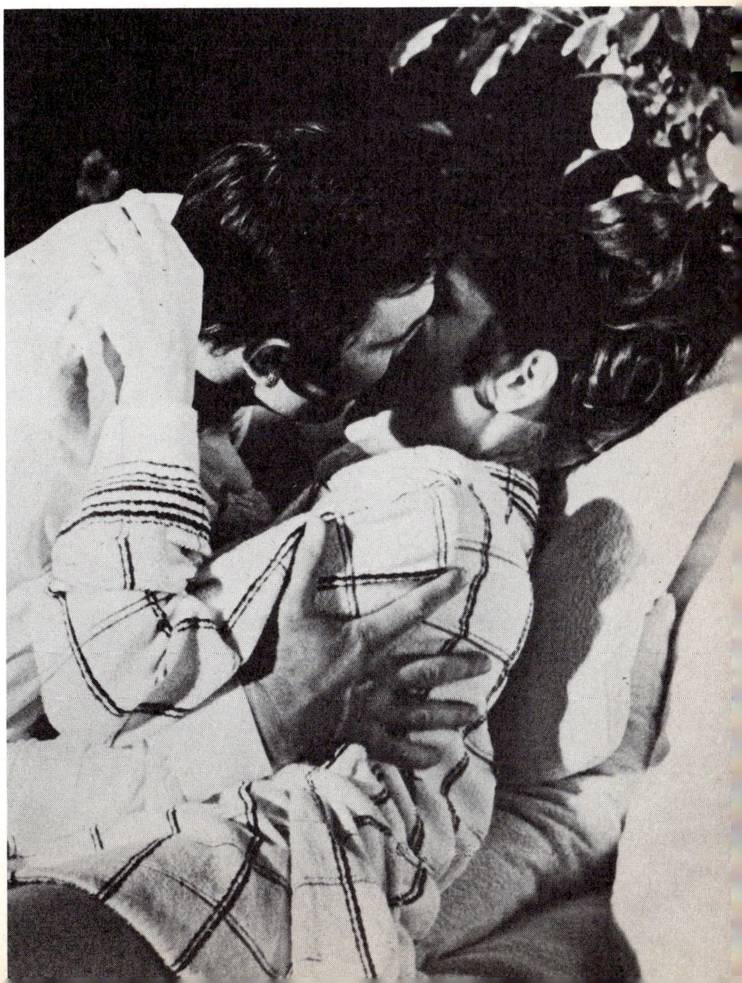

Tracy (*Diana Rigg*) begleicht ihre Schulden bei 007 (*George Lazenby*)

»Ist etwas mit Ihnen, Sir Hilary?«, fragt Irma Bunt.

»Nur eine kleine Versteifung«, meint James Bond.

Nachts setzt 007 die elektronische Sicherung der Tür außer Betrieb, um Rubys Einladung zu folgen. Nachdem sie zusammen geschlafen haben, wird die Zimmerdecke plötzlich in vielen Farben angestrahlt und Blofelds Stimme versetzt das Mädchen in Trance. Das gehört zur Anti-Allergiebehandlung. Ruby ist nicht mehr ansprechbar, und so kehrt Bond in sein Zimmer zurück. Dort wartet schon ein anderes Mädchen auf ihn, so daß der Agent eine ereignisreiche Nacht verzeichnen kann.

Ein paar Tage vergehen, in denen James Bond scheinbar an der Titelbestätigung für Blofeld arbeitet. Seine Tarnung als Heraldik-Experte bricht fast zusammen, als Blofelds Wachen den Service-Agenten schnappen, der Bond bei seiner Ankunft verfolgte. Nachts schleicht sich 007 erneut in Rubys Zimmer und erlebt eine böse Überraschung: Irma Bunt fährt, wie von der Tarantel gestochen, aus dem Bett hoch, und Bond wird hinterrücks niedergeschlagen.

Nachdem 007 das Bewußtsein wiedererlangt hat, weiht ihn Superbösewicht Blofeld in seinen perfiden Plan ein: Mit Hilfe der Mädchen will Blofeld der westlichen Welt den wirtschaftlichen Ruin bringen. In seinem Labor hat der Verbrecher äußerst wirksame Bakterien entwickelt, mit denen er die UNO zu erpressen versucht. Dabei legt er speziellen Wert auf den Virus *Omega,* der totale Unfruchtbarkeit verursacht.

James Bond wird nun in sein neues »Quartier« gebracht. Unterwegs wirft 007 einen Blick aus dem Fenster und sieht die Leiche des Service-Agenten am Felsen hängen. Bond will sich auf Blofeld stürzen, wird jedoch überwältigt und in den Maschinenraum der Seilbahn gesperrt, der wie ein riesiges Uhrwerk erscheint. James Bond versucht, sich am Stahlseil über den Abgrund zu hangeln, doch kaum hat er die Mitte erreicht, als dummerweise eine Gondel ins Tal fährt und Bond um Haaresbreite ins Räderwerk der Maschine gezogen wird. Nach kurzer Rast unternimmt er einen zweiten Anlauf. Er hat bereits das Freie erreicht, als ihm die Seilbahn entgegenkommt. Bevor sie seine Hände überrollen kann, läßt sich Bond auf das Gondeldach fallen und gelangt so wieder zu Blofelds Institut.

James Bond kommt gerade rechtzeitig, um die Verabschiedung der Mädchen mitzuerleben. Da ertönt Blofelds Stimme und sie fallen in Trance. Der Verbrecher befiehlt ihnen, die Pakete zu öffnen. Jedes der Mädchen bekommt denselben Make-up-Set: eine Puderdose und einen Zerstäuber. Der Zerstäuber enthält Bakterien, die die Mädchen auf Blofelds

Piz Gloria, Blofelds Alpenfestung

Sir Hilary Bray alias 007 (*George Lazenby*) heilt die Leiden von Blofelds Patientinnen

Befehl in ihrem Heimatland versprühen sollen. Die Anordnung gibt er ihnen über die Puderdose, in die ein Funkempfänger eingebaut ist. James Bond verläßt sein Versteck, um zu fliehen und den Geheimdienst zu warnen.

Nachdem 007 eine Wache niedergeschlagen hat, entwendet er aus Blofelds Werkstatt eine Skiausrüstung und jagt die Piste hinunter. Bald wird er von den Posten entdeckt, mit einem Suchscheinwerfer angestrahlt und unter Feuer genommen. Eine Abteilung bewaffneter SPECTRE-Männer unter Blofelds Führung, nimmt die Verfolgung auf. In einer halsbrecherischen Abfahrt vom Piz Gloria bleiben einige SPECTRE-Agenten auf der Strecke. Durch ständiges Zick-Zack-Fahren kann James Bond den tödlichen Kugeln mehrmals entgehen. Er setzt sein ganzes Können ein, doch auch Blofelds Leute sind ausgezeichnete Skifahrer und als 007 zu allem Unglück stürzt und ein Ski zu Bruch geht, ist die Situation hoffnungslos. Inzwischen sind Gejagter und Jäger in ein Wäldchen gekommen. Dort überwältigt Bond einen Feind und setzt auf dessen Skiern die Fahrt ins Tal fort.

Als James Bond im Wintersport-Ort Mürren eintrifft, wird er dort schon von Irma Bunt und einigen SPECTRE-Mitgliedern erwartet. Erbarmungslos hetzen sie den Agenten durch die ausgelassen feiernde Menschenmenge. Völlig am Ende, taucht 007 in einem Eisstadion unter und stößt dort unerwartet auf Tracy. Die beiden fliehen in Tracys Wagen, doch als James Bond von einer Telefonzelle aus den Geheimdienst benachrichtigen will, werden sie entdeckt. Im Verlauf der einsetzenden Verfolgung nehmen Bond, Tracy und Bunt unfreiwillig an einem Stock-Car-Rennen teil. Während Tracy mit ihrem Cougar nicht nur die Verfolger abhängt, sondern auch das Rennen gewinnt, durchbricht der SPECTRE-Mercedes die Abgrenzung und explodiert. Bunt und ihre Schergen können entkommen.

Bond und Tracy haben sich inzwischen vor einem Unwetter in eine leerstehende Scheune gerettet. Hier macht James Bond Tracy einen Heiratsantrag, den sie annimmt. Am nächsten Morgen dringen Blofeld und seine Leute in die Hütte ein. Doch die beiden haben ihren Weg auf Skiern schon fortgesetzt. Abermals beginnt die mörderische Hetzjagd, wobei Blofeld wieder ein paar Mann einbüßt (ein Agent wird von einer Schneefräse erfaßt und zerschnipselt!). Da löst der Gangster eine riesige Lawine aus, die 007 und das Mädchen verschüttet. Blofeld läßt Tracy ausgraben und nimmt sie auf den Piz Gloria mit. James Bond hat überlebt und schafft es, sich aus den Schneemassen zu befreien.

In London erfährt 007 von M, daß die Vereinten Nationen mit Blofeld ein Abkommen getroffen haben: Sie erlassen eine Generalamnestie für alle zurückliegenden Verbrechen des Bösewichts und erkennen seinen Adelstitel an. Dafür soll Blofeld die

Bakterien nicht auf die Welt loslassen. M erklärt Bond, daß die »Operation Bedlam« – so die Codebezeichnung des Falles – für den Geheimdienst gestorben sei. Obwohl Bond ihm von Tracys Gefangennahme berichtet, bleibt M hart. Da beschließt 007, auf eigene Faust zu handeln.

Er wendet sich an seinen zukünftigen Schwiegervater, Marc Ange Draco, der natürlich sofort bereit ist, seine Tochter aus den Klauen des Unholds zu befreien. So fliegen drei Hubschrauber mit James Bond, Draco und einer schlagkräftigen Kampftruppe zum Piz Gloria. Da sie sich unangemeldet im Luftraum der Schweiz aufhalten, schaltet sich die Luftwaffe per Funk ein und verlangt das sofortige Verlassen des Schweizer Hoheitsgebietes. Draco gibt vor eilige Arzneimittel an eine Lawinen-Unglücksstätte transportieren zu müssen und hält die Behörde einige Zeit hin. Doch dann tauchen ein paar Düsenjäger auf, um die Hubschrauber zur Landung zu zwingen. Erst als Draco der Luftwaffe mitteilt, daß sich eine Gruppe internationaler Journalisten an Bord befindet, drehen die Jets ab.

Ruby (*Angela Scoular*) macht Bond (*George Lazenby*) mit ihren Allergien vertraut

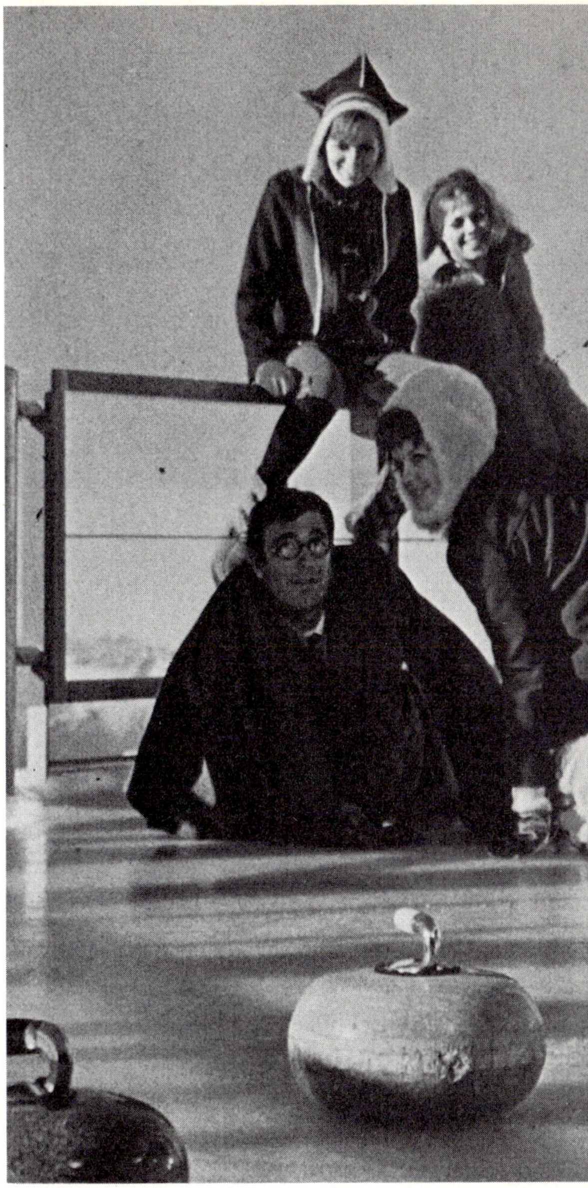

Sir Hilary Bray alias James Bond (*George Lazenby*) bei alpenländischen Vergnügen

Inzwischen versucht Blofeld Tracy für seine Pläne zu gewinnen. Er will sie sogar zu seiner Frau machen. Da wird Blofeld vom Funker gestört, der ihn auf das Gespräch zwischen Draco und der Luftfahrtbehörde aufmerksam macht. Blofeld hört zu, hält den Vorfall aber für bedeutungslos und will sich lieber wieder der schönen Tracy widmen. Tracy hat die Stimme ihres Vaters erkannt und ist Blofeld gegenüber nun nicht mehr so abweisend, um ihn nicht mißtrauisch zu machen und ihn gleichzeitig hinzuhalten. Doch da greifen die Helikopter auch schon an! Es entbrennt nun eine heiße Schlacht um den Piz Gloria. Blofelds Männer werden von den Draco-Leuten bald zur

Strecke gebracht, Tracy erledigt ihre beiden Wachen und umarmt James Bond. Während Dracos Sprengstoffspezialisten bereits die Zündkabel legen, sucht Bond im Labor nach seinem Erzfeind. Dabei entdeckt er eine Weltkarte, auf der die Standorte der Virusträgerinnen verzeichnet sind. Gerade als er die Karte photographiert hat, schießt Blofeld auf ihn, verfehlt aber. Auch Bond feuert daneben und setzt dem Bösewicht nach.

Die Zeit läuft ab! Tracy will James nicht aufgeben und muß von ihrem Vater mit einem Kinnhaken zum Abflug überredet werden. Jeden Moment explodiert die Bombe, die Dracos Männer in die Bergstation gebracht haben. Durch eine Hintertüre können sich Blofeld und Bond mit einem mächtigen Sprung in den Schnee retten. Im Augenblick als eine riesige Detonation Blofelds Schlupfwinkel zerstört, ist 007 dem Verbrecher schon wieder auf den Fersen. Doch Blofeld jagt in einem Bob die nahegelegene Bahn hinunter. Bond schnappt sich ebenfalls einen Rennschlitten und folgt Blofeld. Als dieser Bonds Bob durch eine Handgranate zerstört, glaubt er den Agenten für immer los zu sein. Doch 007 ist rechtzeitig abgesprungen und während Blofeld eine weite Kurve ausfahren muß, schneidet ihm James Bond den Weg ab. Mit einem Satz landet 007 in Blofelds Bob. Nun versucht einer den anderen aus dem dahinschießenden Schlitten zu werfen. Als Bond für einen Moment der Deckung beraubt ist, will Blofeld einen großen Schlag anbringen und richtet sich im Bob auf. Dabei bleibt er in einer Astgabel hängen.

In Portugal findet nach diesem schlimmen Aben-

Ernst Stavro Blofeld (*Telly Savalas*) in weihnachtlicher Stimmung

James Bond (*George Lazenby*) benutzt die Seilbahn

teuer Bonds Hochzeit mit Tracy statt. 007 hat seinen Dienst quittiert und fährt mit seiner Frau in die Flitterwochen. Alle sind zur Hochzeit erschienen: M, Q und natürlich auch Miss Moneypenny, der Bond in gewohnter Weise seinen Hut zuwirft. Draco will Bond die versprochene Million aushändigen, doch dieser lehnt ein zweitesmal ab. Dann brechen die beiden auf. Nach ein paar Kilometern hält Bond an, um die Blumengirlanden abzunehmen, die den Aston Martin bedecken. Plötzlich rast eine schwarze Limousine heran, die von Blofeld gesteuert wird. Irma Bunt schießt ein ganzes MP-Magazin in den Aston. James Bond, der hinter dem Coupé in Dekkung gegangen war, ist nichts passiert. Tracy ist tot. Sie hat einen Schuß in die Stirn erhalten. Bond kann es nicht fassen. Er nimmt Tracy in die Arme und weint. Da fährt eine Motorradstreife der Polizei heran.

»Ist etwas nicht in Ordnung?«, fragt der Beamte, der nicht erkennt, was vorgefallen ist.

»Es ist nichts passiert«, sagt James Bond, »wir sind auf unserer Hochzeitsreise und haben alle Zeit der Welt . . . . .«

Ernst Stavro Blofeld (*Telly Savalas*) macht Schluß mit der Gemütlichkeit

Kampf im Schnee: Blofeld (*Telly Savalas*)

On Her Majesty's Secret Service ist ein nostalgischer James Bond-Film. In mancher Beziehung ragt das sechste 007-Abenteuer über *alle* anderen Thriller der Reihe heraus. Regisseur Peter Hunt hat mit *On Her Majesty's* einen einzigartigen Film geschaffen, der viele In-Jokes, Anspielungen und »Rückblenden« enthält.

»Das wäre *dem anderen* nie passiert«, erklärt Bond-Darsteller George Lazenby dem Publikum am Ende der Pre-Title Sequence. Damit sind wir schon beim Zentralproblem des Films: Sean Connery ist nicht mehr James Bond. Diese Tatsache stellte für *On Her Majesty's* ein enormes Handicap dar: Der Film war ein kommerzieller Reinfall. Abgesehen davon, daß *On Her Majesty's* ein hervorragender Beitrag der James Bond-Serie ist, hätte der Film auch doppelt so gut als *Goldfinger* sein können und wäre dennoch ein Flop geworden. Mit Connery kam 1971 der große Erfolg zurück, den australischen Newcomer Lazenby wollte niemand als 007. Ich glaube, daß dieser Schauspieler viel zu ungerecht behandelt wurde, denn er bemühte sich ernsthaft, einen guten Part zu bringen und aus dem Schatten seines großen Vorgängers herauszutreten. Sein Pech war, daß er in der Filmbranche noch nicht etabliert war (im Gegensatz zu Roger Moore). Er wurde einfach nicht akzeptiert, man warf ihm schauspielerische Unzulänglichkeit und eine schlechte Aussprache vor. Hinzu kam die Zeit: James Bond war Ende der sechziger Jahre etwas aus der Mode gekommen. Der Markt war mit fünf Bond-Filmen, zahllosen Nachahmungen und Spionage-Fernsehsendungen überschwemmt, das Interesse in Sachen *Agent* ließ spürbar nach. Genau in diese Überdrußperiode geriet *On Her Majesty's.*

Regisseur Peter Hunt, der bei den meisten anderen 007-Abenteuern für den Schnitt verantwortlich war, führte hier etwas in das knallharte Agentenmilieu ein, was vorher nur Sidney J. Furie mit seinem ausgezeichneten Film *The Ipcress File* (1964) auf einer ganz anderen Ebene erreicht hatte: die Emotion. Dazu Peter Hunt: »In *On Her Majesty's* trägt James Bond ausgeprägt menschliche Züge, überlebt nur auf Grund seines Scharfsinnes und seiner Cleverness, und tut, was bei ihm niemand für möglich hielt; er verliebt sich zum ersten Mal und – heiratet.« Die Nostalgie beginnt bereits in Maurice Binders wunderbarem Titel-Design: zu John Barrys rasanter Thema-Musik (diesmal ein Instrumental) werden Ausschnitte aus früheren 007-Streifen gezeigt.

Den zweiten nostalgischen Kick erhält der Zuschauer, wenn James Bond seinem Chef M »kündigt«. In seinem Büro entnimmt 007 einem Koffer Gegenstände, die in seinem (Film-)Leben eine wichtige Rolle spielten: Honeys Tauchermesser aus *Dr. No,* Red Grants Armbanduhr-Drahtschlinge aus *From Russia With Love* und Qs Atemstäbchen aus *Thunderball.* Gleichzeitig klingen die Titelmusiken der Filme an. Damit ist *On Her Majesty's* eine Persiflage auf den ganzen Komplex James Bond gelungen.

On Her Majesty's besticht auch durch die ungewöhnlichen Schauplätze der Handlung: Portugal und die Schweiz. Während sich James Bond in anderen Filmen meist in den USA, in London oder auf Jamaika aufhält, erschließt sich der Agent in *On Her Majesty's* sozusagen Neuland. Herrliche Landschaftsaufnahmen werden mit pausenloser Action verknüpft, und obwohl *On Her Majesty's* das längste James Bond-Abenteuer überhaupt ist (140 Minuten), kommt keine Langeweile auf. Ein optimistischer Peter Hunt sagte 1969: »Diesem Film liegt eine ungemein spannende und szenisch dichte Story zugrunde – mit rasanten Actions-Szenen, wie sie bisher noch kaum zu sehen waren«.

In Diana Rigg fand Hunt auch die ideale Tracy Bond. Rigg, bekannt als Emma Peel in der TV-Serie *The Avengers,* ist in *On Her Majesty's* die beste Besetzung und hatte natürlich die wichtigste Rolle (einer »Bondine«) überhaupt. Als sich Bond und Tracy verlieben, geht diese Liebe auch in den Film ein und zeigt, daß es dem Geheimagenten wirklich ernst damit ist: zu Louis Armstrongs *We Have All the Time in the World* reiten die beiden zusammen aus, laufen ausgelassen am Strand umher usw. . . »Szenen, von denen ich niemals glaubte, daß ich sie in einem James Bond-Film sehen würde«, kommentiert John Brosnan.

Hinzu kommt, daß sich der Drehbuchautor Richard Maibaum streng an Ian Flemings Romanvorlage hielt. So fehlt z. B. Production-Designer Ken Adam auf der Stab-Liste, da es einfach sehr wenig zu designen gab. Er wurde würdig vom Art Director Syd Cain vertreten, der für *From Russia With Love* die Raumausstattung entwarf. Cain benutzte für *On Her Majesty's* das 2970 Meter hoch gelegene Drehrestaurant »Piz Gloria« auf dem Schilthorn im Berner Oberland. Der Art Director veränderte die Inneneinrichtung und ließ zusätzlich eine Hubschrauber-Landeplattform anbauen.

Nachdem 007 von Draco die Adresse des Schweizer Rechtsanwaltes Gumbold erhalten hat, knackt er dessen Tresor. Aus unerfindlichen Gründen wurde diese Szene den deutschen Kinogängern vorenthalten (sie wurde herausgeschnitten).

Eine Lawine geht nieder: James Bond (*George Lazenby*)

James Bond (*George Lazenby*) heiratet Tracy (*Diana Rigg*)

James Bonds Ankunft in Lauterbrunnen ist ein Anblick für die Götter: bebrillt, die Pfeife im Mund und altmodisch gekleidet, gibt Bond seiner Tarnung als leicht vertrottelter Heraldik-Experte den letzten Schliff. Er wird von Irma Bunt erwartet. Ilse Steppat stellt Blofelds Gesellschafterin hervorragend dar und die Kritik war sich darüber einig, daß die Steppat an Lotte Lenyas Rosa Klebb-Interpretation heranreichte. Es folgt nun ein atemberaubender Hubschrauberflug über die Alpen. Ich halte die von Altmeister John Jordan geschossenen Aufnahmen für die besten des Films (mit Ausnahme der berühmten Skijagd). John Barrys herrliche Musik macht die Sequenz nicht nur zu einem visuellen Hochgenuß.

Gleich nach seiner Ankunft wird 007 zum »Grafen« Blofeld gebracht. Er begegnet ihm in seinem eindrucksvollen Forschungslabor. Überall sind Desinfektionsschleusen angebracht, die vor Verbreitung der Viren schützen. Hier begeht *On Her Majesty's* einen schweren inhaltlichen Fehler: die Produzenten vertauschten die Reihenfolge der Fleming-Bücher und drehten *You Only Live Twice* (1964) vor *On Her Majesty's* (1963). Im Buch treffen Bond und Blofeld in der Alpenfestung zum ersten Mal zusammen, während sich die filmischen Figuren ja schon aus *You Only Live Twice* kennen müßten. John Brosnan ist der Meinung, daß Blofeld den Agenten wegen der ungewohnten Brille nicht erkennt, doch ich bin anderer Ansicht: woher sollte Blofeld wissen, daß nun George Lazenby den Geheimagenten verkörpert?

On Her Majesty's Highlight ist eine noch nie dagewesene, einmalige Skijagd, an der sich sogar Blofeld beteiligt. Blofeld wird vom späteren *Kojak*-Star Telly Savalas verkörpert und gibt einen außerordentlichen Verbrecher ab (vielleicht den besten Blofeld überhaupt). Er spielt den Superbösewicht heimtückisch und schadenfroh und bringt mehr Leben in die Rolle als Donald Pleasence und Charles Gray, die beiden anderen Blofeld-Darsteller.

Die Skiverfolgung beginnt, als Bond vom Piz Gloria flieht. Willy Bogner jr. leistete hier gute Arbeit: die Stuntmen waren allsamt Spitzenskifahrer, Bogner selbst drehte die Aufnahmen teilweise *rückwärts* fahrend mit einer Handkamera. Allein wegen dieser großangelegten Hatz ist *On Her Majesty's* empfehlenswert.

Unten im Tal geht die Verfolgung zwar per Auto, aber nicht weniger eindrucksvoll weiter: Bond und Tracy bringen ein Stockcar-Rennen durcheinander, fahren Absperrungen über den Haufen usw. Das Autorennen bringt viele Lacher und ist enorme Stuntman-Kunst (der verantwortliche Mann war Erich Glavitza, ein berühmter Rallye-Fahrer).

Nachdem die beiden in einer Hütte übernachtet haben, geht die Verfolgung tags darauf mit Skiern weiter. In ihrem Verlauf löst Blofeld eine Lawine aus, die das Paar verschüttet. Die Lawine wurde für *On Her Majesty's* mit Dynamitstangen ausgelöst und begrub um ein Haar den Kameramann unter sich. Eine phantastische Aufnahme dreier Hubschrauber, die sich gegen den blutroten Himmel abheben, leitet die übliche Endschlacht ein. Der Anflug auf Blofelds »Institut« und der anschließende Kampf um die Alpenfestung, gehören zu den besten Action-Szenen, die je in einem James Bond-Film zu sehen waren.

Tracy stirbt in *On Her Majesty's* den bisher größten »Opfertod« für ihren James. Viele Kritiker hielten diesen unglücklichen Ausgang für unpassend. Ich meine aber, daß gerade dieses Anti-Happy-End den Film aufwertet und auszeichnet. »Noch nie haben wir ein so glänzendes und typengerechtes 007-Ensemble zusammenbringen können«, meinte Peter Hunt 1969. Doch leider hatte er sich – was 007-Darsteller George Lazenby betraf – geirrt. *On Her Majesty's Secret Service* ist ein fabelhafter James Bond-Film, der nur durch Sean Connery's Abwesenheit beim Publikum scheiterte. So spielte George Lazenby die James Bond-Rolle in diesem Abenteuer gleich zweimal: zum ersten und zum letzten Mal. Auch der erstklassige Regisseur Peter Hunt wurde aus dem Regiestuhl »geworfen« und vom Schneidetisch »verbannt«. Doch für mich bleibt *On Her Majesty's Secret Service* einer der drei besten James Bond-Filme.

Mr. und Mrs. Bond (*George Lazenby, Diana Rigg*) und der Vater der Braut, Marc Ange Draco (*Gabriele Ferzetti*).

Diamonds Are Forever

1971

Diamantenfieber

James Bond (*Sean Connery*)

Großbritannien 1971. Eine Eon Produktion. Im Verleih der United Artists. *Regie* Guy Hamilton. *Producer* Harry Saltzman und Albert R. Broccoli. *Drehbuch* Richard Maibaum und Tom Mankiewicz nach dem gleichnamigen Roman von Ian Fleming (London 1956, deutsch Ullstein TB 792). *Kamera* (Technicolor, Panavision) Ted Moore. *Musik* John Barry. Text des Titelsongs »Diamonds Are Forever« von Don Black, gesungen von Shirley Bassey (UA/LP UA-LA 301-G). *Schnitt* Bert Bates und John W. Holmes. *Ton* John Mitchell und Al Overton. *Production-Design* Ken Adam. *Art Directors* Jack Maxsted und Bill Kenney. *Titel* Maurice Binder. *Special Effects* Leslie Hillman und Whitey McMahon. *Special Visual Effects* Albert Whitlock und Wally Veevers. *Stunts* Bob Simmons und Paul Baxley. *Darsteller* Sean Connery *(James Bond)*, Jill St. John *(Tiffany Case)*, Charles Gray *(Ernst Stavro Blofeld)*, Putter Smith *(Mr. Kidd)*, Bruce Glover *(Mr. Wint)*, Jimmy Dean *(Willard Whyte)*, Lana Wood *(Plenty O'Toole)*, Bruce Cabot (Saxby), Norman Burton *(Felix Leiter)*, Josef Furst *(Dr. Metz)*, David Bauer *(Mr. Slumber)*, Bernhard Lee *(M)*, Desmond Llewelyn *(Q)*, Leonard Barr *(Shady Tree)*, Lois Maxwell *(Miss Moneypenny)*, Margaret Lacey *(Mrs. Whistler)*, Joe Robinson *(Peter Franks)*, Donna Garratt *(Bambi)*, Trina Parks *(Klopfer)*, David de Keyser *(Doktor)*, Laurence Naismith *(Sir Donald Munger)*. *Länge* 120 Minuten.

007 – wieder ganz der alte (*Sean Connery*)

Ernst Stavro Blofeld, der Vorsitzende der SPECTRE-Vereinigung, läßt ungeheure Mengen Diamanten aus den britischen Minen in Südafrika schmuggeln. Diese Edelsteine schickt er mit einem Satelliten auf die Erdumlaufbahn, um von dort einen riesigen, extrem gebündelten Laserstrahl auf die Welt zu richten und den ganzen Planeten zu erpressen.

Die englische Regierung ist über den lebhaften Schmuggel beunruhigt, und so soll James Bond 007, um den Weg der Steine zu verfolgen, in die Organisation eingeschleust werden. Der Secret Service-

Mister Wint (*Bruce Glover*)

James Bond (*Sean Connery*) ist einer Dame behilflich

Agent besucht mit seinem Chef M den Edelstein-Experten Sir Donald Munger, der ihn in einem Gespräch mit der Sachlage vertraut macht.

Eingeborene Arbeiter bringen die Steine im Mund aus der Mine, um später bei einem von SPECTRE bestochenen Zahnarzt in Behandlung zu gehen. Dieser übernimmt die Ware und zahlt die Eingeborenen aus. Nachts fährt er mit seinem Motorrad in die Wüste, um die Diamanten einem Hubschrauberpiloten zu übergeben. Doch an diesem Abend erwarten ihn zwei eigenartige Herren, Mr. Wint und Mr. Kidd. Nach der Übergabe wird er von Mr. Wint getötet. Als der Hubschrauber gelandet ist, übergeben die beiden Killer dem mißtrauischen Piloten eine Kiste, die angeblich die Diamanten, in Wirklichkeit aber eine Zeitbombe enthält. Kurz nach dem Start explodiert der Helikopter, Mr. Wint und Mr. Kidd marschieren händchenhaltend in die Wüste . . .

Inzwischen erhält James Bond seinen Auftrag: Der britische Geheimdienst hat ein Mitglied des Schmugglerrings namens Peter Franks entlarvt. James Bond soll seine Stelle einnehmen und die Diamanten von Holland nach den USA transportieren. Peter Franks wird am Zoll von Dover verhaftet, und 007 übernimmt seine Rolle mit einem gefälschten Paß.

In Amsterdam angekommen, sucht Bond seine Kontaktperson Tiffany Case auf, von der er die Diamanten erhalten soll. Die attraktive Tiffany, die den Agenten leichtbekleidet empfängt, bietet 007 etwas zu trinken an und gibt ihm ein Glas. Unter dem Vorwand, Eiswürfel zu holen, bringt sie es in ihr Schlafzimmer, wo sie Bonds Fingerabdrücke mit denen Franks' vergleicht. Die Abdrücke stimmen überein! Tiffany liefert James Bond einige Daten über die zu schmuggelnde Ware, läßt ihn aber im unklaren, was den Aufenthaltsort der Diamanten betrifft.

In seinem Hotel bedankt sich Bond telefonisch bei Major Boothroyd, dem Leiter der Abteilung Q. Dieser hatte ihm hauchdünne Plastikfolien auf den Fingerkuppen angebracht, die dem Abdrucktest des Mädchens standhielten. Doch Q hat auch schlechte Nachrichten für James Bond: Der echte Peter Franks ist dem Geheimdienst entkommen und befindet sich auf dem Weg nach Amsterdam! 007 fährt sofort zu Tiffanys Appartement und trifft im Aufzug mit Franks zusammen. Bond muß ihn unschädlich machen und so beginnt ein heißer Kampf im fahrenden Lift. Nachdem er Franks durch Besprühen mit einem Feuerlöscher die Sicht genommen hat, wirft ihn Bond über das Treppengeländer. Inzwischen ist

Tiffany dazugekommen, die ängstlich fragt: »Ist er tot?« »Das will ich doch hoffen!« gibt Bond zurück und schleift Franks' Leiche hinter sich her. Es ist ihm gelungen, ihre Brieftaschen unbemerkt zu vertauschen und als Tiffany den Toten durchsucht, entdeckt sie eine Mitgliedskarte des Playboy Club, die auf Bonds Namen ausgestellt ist.

»Mein Gott, Sie haben James Bond umgebracht!« ist ihre erstaunte Reaktion.

»Man lebt also doch zweimal«, antwortet Bond sarkastisch. Tiffany zeigt 007 nun die Diamanten, die als Lüster-Besatz getarnt sind.

Bond und Tiffany fliegen zusammen nach Los Angeles. Die Edelsteine befinden sich im Darm des toten Franks, dessen Leiche Bond nach Los Angeles überführt, da er vorgibt, Franks' Bruder zu sein.

An Bord des Flugzeuges sind auch Mr. Wint und Mr. Kidd. Die beiden Mörder stehen unter Blofelds persönlichem Befehl und haben Order, sämtliche Mitwisser des Unternehmens zu beseitigen. Blofeld läßt also seine eigenen Leute umbringen, da er für sein Vorhaben genug Diamanten zusammengerafft hat.

Am Zoll von Los Angeles trifft Bond seinen alten CIA-Freund Felix Leiter, der von nun an ständig seine Spur verfolgt. Der Sarg mit Franks' Leiche (und den Diamanten) wird an drei Männer weitergereicht, mit denen 007 zum Beerdigungsinstitut des Mr. Slumber fährt. Dieses Institut ist die nächste Station der »Diamanten-Pipeline«. Der Sarg wird vor Bonds Augen und in Anwesenheit von Mr. Slumber ins Krematorium gefahren. Minuten später erhält James Bond eine Urne voller Diamanten und Slumber teilt ihm mit, daß er sie in einer Nische zu deponieren hätte und dort sein Geld für die geleisteten Dienste vorfinden würde. Als Bond die Urne in der Nische abgestellt und das Geld in einem Briefcouvert an sich genommen hat, wird er von Mr. Wint und Mr. Kidd niedergeschlagen. Sie verladen Bond unter höhnischen Bemerkungen in einen Sarg und lassen ihn auf dem Fließband ins Krematorium fahren. Inzwischen wird die Urne von einem Mann mit Rattengesicht abgeholt.

James Bond erwacht im brennenden Sarg und versucht verzweifelt aus dieser Todesfalle zu entkommen. Im letzten Moment wird er von Mr. Slumber und dem Rattengesicht, Shady Tree, befreit. Dies hat folgenden Grund: Die Schmuggler haben festgestellt, daß die gelieferten Diamanten Fälschungen sind. Nun wollen sie von 007 den Aufenthaltsort der echten erfahren. Bond steigt aus dem Sarg und erklärt, daß sein erhaltenes Geld ebenfalls gefälscht sei. Nur für richtige Scheine die echten Edelsteine! Bond nennt sein Hotel und verläßt die verdutzten Gangster.

James Bond steigt im Whyte House ab, einem Hotel mit Spielcasino und Shows. Dieser Gebäudekomplex gehört dem geheimnisumwitterten Multimillionär Willard Whyte, der seit Jahren die Öffentlichkeit meidet. Shady Tree tritt im Showteil als Entertainer auf und das hat James Bond ins Whyte House geführt.

Shady Tree ist der nächste auf der Abschußliste von Mr. Wint und Mr. Kidd. Zwar erhält der Leiter des Casinos, Burt Saxby, von höchster Stelle Anweisung, die Exekution Shady Trees zu verhindern, kommt jedoch zu spät. Das Killerpaar hat ganze Arbeit geleistet.

James Bond spielt unterdessen am Würfeltisch mit seinem Falschgeld, und Burt Saxby läßt ihn 50.000 Dollar gewinnen. Diese Summe war 007 für das Schmuggeln der Diamanten zuerkannt worden. Während des Spiels lacht sich Bond das Mädchen Plenty O'Toole an, die immer nur für Männer mit entsprechender Brieftasche zu haben ist. Der Agent nimmt sie mit ins Hotel, doch bevor Plenty alle Hüllen fallen lassen kann, werden sie von Mr. Slumbers Männern überrascht. Bond kann nichts unternehmen, als die halbnackte Plenty von einem der Gangster aus dem zehnten Stock des Hotels geworfen wird. Nach kurzem Flug landet die Glückliche im

007 bei einem Anschlag auf Blofeld

hauseigenen Swimmingpool. Als James Bond nach dem Grund ihres Kommens fragt, ziehen sich die Männer plötzlich zurück. Bond ist zu Recht verwirrt und geht ins Schlafzimmer, um dort Tiffany Case auf seinem Bett vorzufinden. So braucht er die Nacht doch nicht alleine zu verbringen. Tiffany will Bond überreden, die Organisation hereinzulegen und die Diamanten zu teilen. Bond, der den Aufenthaltsort der Edelsteine immer noch nicht verraten hat, erklärt sich einverstanden. Ihm ist klar, daß sie bei der nächsten Gelegenheit versuchen wird, *ihn* übers Ohr zu hauen. Am nächsten Tag liefern Bond und der CIA ein fast perfektes Zusammenspiel: Tiffany gewinnt in einem der vielen Casinos einen großen Plüschhund, in dem die Steine versteckt sind. Sie wird von CIA-Beamten ständig überwacht. Dennoch gelingt ihr die Flucht. Am vereinbarten Treff wartet Bond auf seine »Partnerin« natürlich vergebens. Als Felix Leiter bei ihm auftaucht und seine Niederlage zugibt, wird 007 sauer. Hat er doch diesem Mädchen die Diamanten direkt in die Hände gespielt!

Es gelingt ihm aber, Tiffany in ihrem Bungalow zu überraschen, gerade als sie von ihrer Mission zurückkehrt. Bond bekehrt das Mädchen mit hartem Wort und noch härterem Schlag zur Zusammenarbeit. Außerdem zeigt er ihr die tote Plenty, die in ihrem Schwimmbecken treibt. Anscheinend wußte sie zuviel. Tiffany will James Bond nun wirklich helfen, die Schmugglerbande unschädlich zu machen. 007 nimmt den roten Faden erneut auf und verfolgt die weiteren Stationen der Ware.

Tiffany hatte den Auftrag bekommen, den »Diamantenhund« in einem Schließfach am Flughafen zu deponieren. Jetzt beobachten die beiden Burt Saxby, der den Hund abholt und ihn an einer Tankstelle einem anderen Mann übergibt, der einen Kleintransporter besteigt. Während Tiffany den ganzen Betrieb mit ihrem Sportwagen blockiert, nimmt 007 als blinder Passagier auf der Ladefläche des Transporters Platz. Dr. Metz, der Fahrer, bringt den Agenten zu Whytes Forschungszentrum in die Wüste. Bond dringt, als Strahlungsprüfer verkleidet, ins Laboratorium ein. Dort sieht er einen diamantverkleideten Satelliten und bemerkt eine Kassette mit Militärmusik. Als er plötzlich entdeckt wird, bringt er eine simulierte Mondlandung durcheinander und flieht mit dem *MOONBUGGY.* Schonungslos durchbricht er eine Wand und lenkt sein Fahrzeug in die Wüste, hart verfolgt von Polizeiwagen. Der *MOONBUGGY* erweist sich als sehr geländegängig und hängt die Verfolger rasch ab. Doch nun werden dreirädrige Motorräder auf ihn losgelassen! Er überlistet seine Jäger, indem er das Mondauto allein weiterfahren läßt. Schnell kickt er einen Häscher von seinem

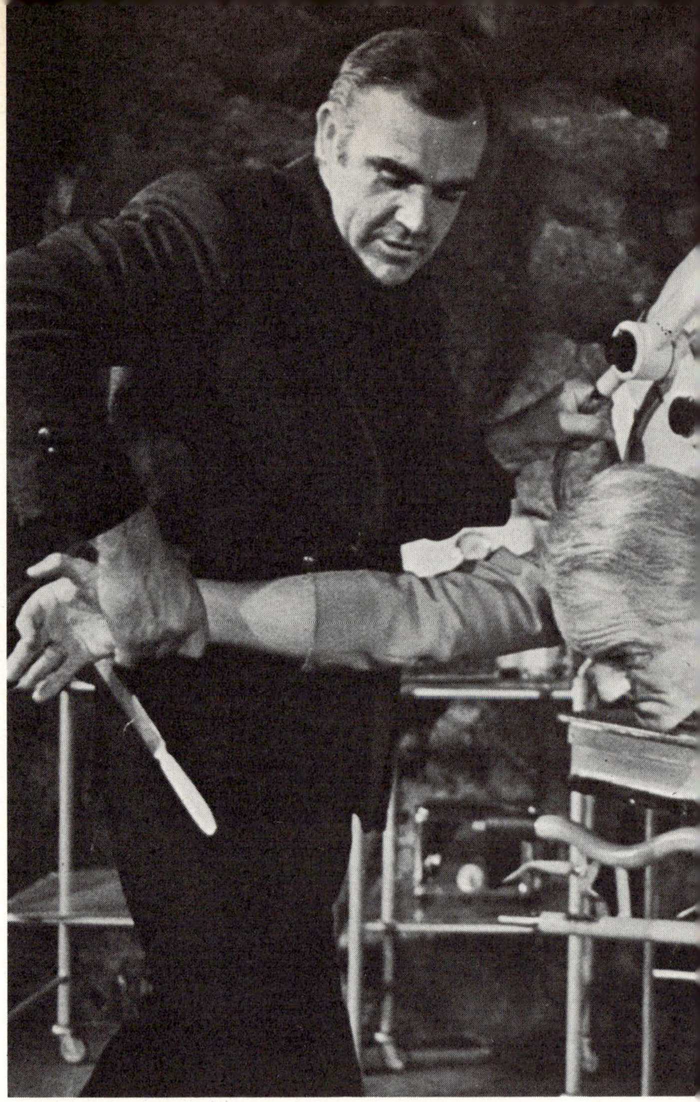

James Bond (*Sean Connery*) nimmt Blofeld (*Charles Grey*) in die Kur

Motorrad und fährt zur Hauptstraße, wo Tiffany auf ihn wartet. Abends erreichen sie Las Vegas, doch wurde die Polizei schon von Bonds ungesittetem Benehmen benachrichtigt. Und so beginnt in Las Vegas die wüsteste Autojagd, welche die Stadt jemals sah. James Bond verwandelt etliche Autos zu Schrott, rast auf Gehsteige, durchbricht Sperren und macht eine schmale Einbahnstraße unsicher, die er auf nur zwei quietschenden Reifen entlangfährt.

Felix Leiter, der für James Bonds Wahnsinnstouren wieder einmal den Kopf hinhalten muß, stellt zur Vermeidung neuer Eskapaden Wachen vor Bonds Zimmertüre im Whyte House auf. Doch 007 steigt cool von seinem Balkon auf das Dach des aufwärtsfahrenden Lifts. Er will sich den geheimnisvollen Millionär einmal genauer betrachten. Nachdem der Aufzug angehalten hat und langsam wieder nach unten fährt, hängt Bond über einem gähnenden Abgrund, findet aber auf einer schmalen Plattform Halt. Er zieht eine Pistole, die Stahlhaken mit Draht-

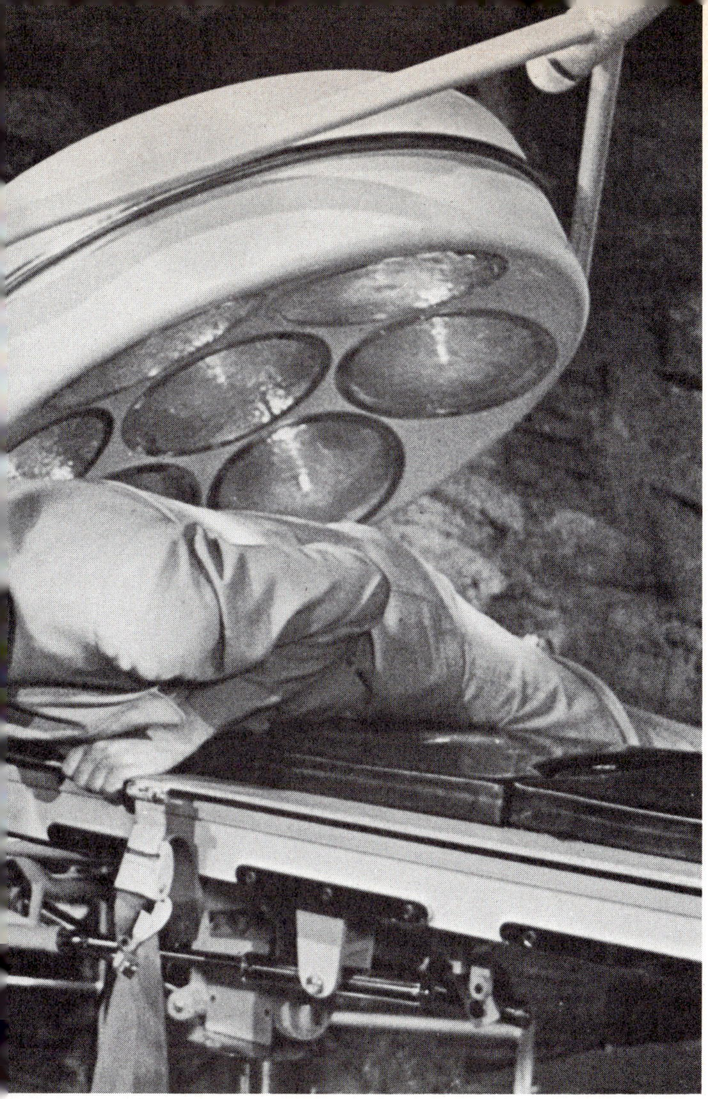

nen. Unentdeckt konnte Blofeld seine Befehle geben, da er Whytes Stimme mit einem elektronischen Modulator perfekt nachahmte.

James Bond muß jetzt handeln. Zwar hat man ihm seine Waffe abgenommen, doch ist er immer noch im Besitz der Stahlhakenpistole. Er hat nur einen Schuß, aber *zwei* Ziele. Bond reißt die Pistole heraus und jagt dem vermeintlichen Blofeld den Bolzen in den Schädel. Pech – es war der falsche! Der richtige Blofeld legt nun seinerseits einen Revolver auf 007 an und zwingt ihn, den Aufzug zu betreten. Nachdem Bond durch Gas betäubt wurde, nehmen sich Mr. Wint und Mr. Kidd seiner an. Im Keller des Whyte House packen sie ihn in den Kofferraum ihres Wagens, wobei Wints Parfümfläschchen versehentlich mit hineinfällt und zerbricht. Sie fahren durch einen langen Tunnel in die Wüste. Ihr Ziel ist eine im Bau befindliche Pipeline. Wint und Kidd stecken den bewußtlosen Agenten in eine Röhre und verschwinden. Am nächsten Tag werden die Bauarbeiten wieder aufgenommen und James Bond findet sich ein paar Meter unter der Erde lebendig begraben. Er riecht das widerlich süße Parfüm, doch bleibt ihm keine Zeit darüber nachzudenken, denn jetzt ist ein automatisches Schweißgerät hinter ihm her, das in der Röhre entlangläuft. Bond schafft es, sich auf den Teufelsapparat zu schwingen und einen Kurzschluß zu verursachen. Wenig später wird er von einer Reparatur-Mannschaft befreit. Im Hotel gelingt es Bond, den Aufenthaltsort des Millionärs von Blofeld zu erfahren, da er mit einem von Q gebauten Stim-

James Bond (*Sean Connery*) ist in eine Falle gelaufen

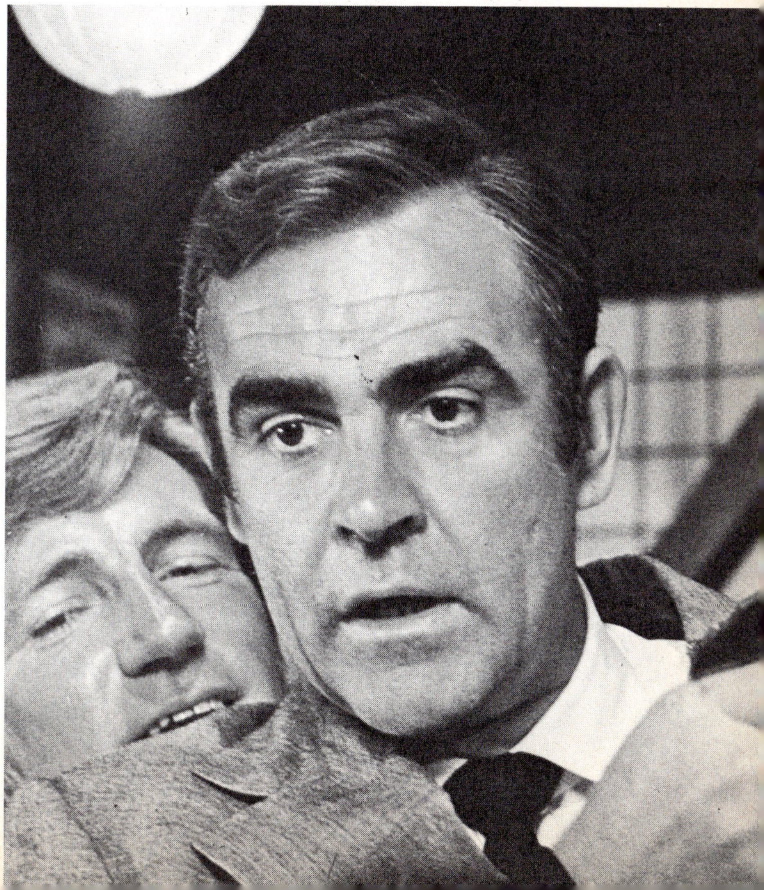

seilen verschießen kann, richtet sie auf die Eisenkonstruktion des Whyte House und feuert zweimal. Die Seile verankert er an einem Spezialgürtel und schwingt wie eine Spinne am Faden hin und her. Dann zieht sich Bond aus eigener Kraft aufs Dach des Gebäudes. Er klettert durch die Luke in einen Nebenraum, der mit Monitoren und Toilette ausgestattet ist. Eine Stimme teilt dem Eindringling mit, daß er entdeckt sei, und befiehlt ihm, die Waffe abzulegen. Dann öffnet sich die Türe und James Bond tritt in einen stahl- und chromglänzenden Raum, in dem ein Mann am Schreibtisch sitzt: Ernst Stavro Blofeld! Plötzlich kommt ein zweiter Blofeld die Treppe herab, offensichtlich ein Double. Bonds Verwirrung ist vollkommen. Die beiden Blofelds erklären 007 jetzt abwechselnd ihren genialen Plan. Der Superverbrecher ließ den Millionär Willard kidnappen, um an seiner Stelle das Wirtschaftsimperium des Whyte-Konzerns zu leiten, und das Raumfahrtprogramm auf seine Weise ausnutzen zu kön-

menmodulator Burt Saxby, Blofelds Helfershelfer, imitiert.

In CIA-Begleitung macht er sich zu Willard Whytes Wüsten-Bungalow auf. Während Felix und seine Leute am Fuß des Hügels warten, begibt sich Bond ins Haus, um den Millionär zu befreien. Er stößt auf zwei reizende Wachposten, namens Bambi und Klopfer, die sich bald als karatekundige Amazonen entpuppen und 007 von einer Ecke zur anderen prügeln. Sie werfen Bond in den Swimmingpool, um ihm den Rest zu geben. Doch dieser hält Bambi und Klopfer unter Wasser und Kontrolle, bis Felix Leiter eintrifft. Die Männer finden Willard Whyte und kehren mit ihm zum Hotel zurück.

Gerade von dort ist Ernst Stavro Blofeld eben geflohen. Er hat Tiffany gefangengenommen, um sie in ein neues Versteck mitzunehmen. Vor seinem Rückzug hat Blofeld den Start des Satelliten veranlaßt.

Als James Bond und Whyte an Ort und Stelle eintreffen, ist der Flugkörper bereits unkontrollierbar. Der Super-Gangster hat die Macht übernommen. Zunächst entfaltet sich ein Diamantennetz um den Satelliten, durch das ein Laserstrahl von immenser Vernichtungskraft zur Erde gesandt werden kann. Um seine Macht zu demonstrieren, löscht Blofeld nacheinander ein U-Boot, eine russische Militärstation und eine amerikanische Rakete aus. Dann gibt der Wahnsinnige seine Forderung bekannt: totale Abrüstung und eigene Weltherrschaft – oder eine Großstadt in den USA wird zerstört.

Durch einen Zufall entdeckt 007 Blofelds Versteck, eine Öl-Bohrinsel vor der kalifornischen Küste. Er gibt sich als Unterhändler in Blofelds Hände und trifft Tiffany, die sich anscheinend mit ihrem neuen »Chef« arrangiert hat. Bei einer Durchsuchung wird Bond eine Militärmusik-Kassette abgenommen, die er mit Blofelds Band vertauschen wollte. Diese Kassette enthält nämlich die für die Steuerung des Satelliten notwendigen Daten. Als Blofeld dem Agenten voll Stolz die neuen Errungenschaften seiner Zentrale präsentiert, gelingt es Bond dennoch, die Kassetten unbemerkt auszutauschen. Dann wird er abgeführt. Bevor ihn die Wächter in einem Geräteraum einsperren, signalisiert James Bond anfliegenden Kampfhubschraubern, daß die Gefahr gebannt sei. Doch hier irrt 007! Um ihm zu helfen, hat Tiffany die Kassetten abermals vertauscht und so das richtige Band eingelegt. Blofeld will nun seine Drohung wahrmachen und Washington, D.C. dem Laserstrahl aussetzen. Der Kampf um die Bohrinsel ist in vollem Gange. Bond hat sich inzwischen aus dem Gefängnis befreit. Als Blofeld erkennt, daß er die Stellung nicht länger halten kann, will er mit einem Mini-U-Boot fliehen. Gerade als es mit einem Kran aufs Wasser gesetzt werden soll, überwältigt Bond den Kranführer und tötet Blofeld,

James Bond (*Sean Connery*) und Tiffany Case (*Jill St. John*) probieren ein neues Wasserbett aus

James Bond (*Sean Connery*) bringt eine simulierte Mondlandung durcheinander

indem er das U-Boot mehrmals an die Stahlkonstruktion der Insel schleudert. Bond und Tiffany können sich gerade noch in Sicherheit bringen, als Blofelds letztes Versteck in einer gigantischen Explosion zerstört wird.

An Bord eines Luxuskreuzers soll Bond zusammen mit Tiffany einen Kurzurlaub genießen, als Mr. Wint und Mr. Kidd ihn nochmals empfindlich stören. Als Kellner verkleidet überbringen sie dem Paar, neben anderen Köstlichkeiten, die »Bombe de la surprise«, eine Torte, in der eine Zeitbombe versteckt ist. Doch Bond »riecht« die Gefahr, da er Wints ekelhaftes Parfüm wiedererkennt. Nun lassen die Killer die Masken fallen: während 007 von Wint mit einer Kette halb erwürgt wird, geht Kidd mit brennenden Schaschlikspießen auf ihn los. James Bond ergreift eine Whiskeyflasche, zerbricht sie und schleudert den Inhalt auf Kidd, der lichterloh zu brennen beginnt und über Bord springt. Wint hat Bond noch immer im Würgegriff, muß aber loslassen, als Tiffany die »Tortenbombe« nach ihm wirft. Bond läßt Wint über die Reling fliegen, nachdem er dessen Hände mit der Kette gefesselt und die Bombe an den Frackschößen befestigt hat. Bevor Wint die Wasseroberfläche erreicht, wird er von der explodierenden Bombe zerrissen. Endlich kann sich Bond der schönen Tiffany widmen, die vom »Diamantenfieber« jetzt endgültig geheilt ist.

Nach dem (kommerziell) enttäuschenden Bond-Film *On Her Majesty's Secret Service* mit George Lazenby köderten die Produzenten Harry Saltzman und Albert R. Broccoli den *echten* 007-Darsteller Sean Connery mit einer Riesengage. Niemand weiß genau, welchen Betrag der damals einundvierzigjährige Connery wirklich erhielt, aber die Angaben belaufen sich auf über eine Million Dollar. Connery bestand darauf, für jede Woche, die der Film *Diamonds Are Forever* über den Endtermin der Dreharbeiten hinausgehen würde, nochmals 10000 Dollar zu erhalten. Außerdem erklärte sich der Schotte nur dann zu dem Geschäft bereit, wenn ihm United Artists (der Filmverleih) das Produktionsbudget für zwei Filme seiner Wahl freistellen würde. Connerys Wünsche wurden erfüllt und siehe da: Der Erfolg der Serie kam zurück. Viele Bond-Gegner hatten den Geheimagenten nach *On Her Majesty's* totgesagt. *Diamonds Are Forever* bewies das Gegenteil: ein Jahr nachdem der Film herausgekommen war, hatte er allein in England und den Vereinigten Staaten rund 22 Millionen Dollar eingespielt. James Bond back in action again!

Der Film beginnt mit der üblichen, spannungsgeladenen Pre-Title Sequence: 007 prügelt verschiedene Leute, um von ihnen Blofelds Aufenthaltsort zu erfahren (wahrscheinlich will er sich für den Tod an Tracy rächen). Inzwischen sieht das Publikum den Bösewicht, der eine Gesichtsoperation an sich durchführen lassen will. Doch als Chirurg verkleidet ist James Bond schon mitten unter seinen Feinden. Nachdem die anderen Ärzte den Operationsraum verlassen haben, ist 007 mit seinem Erzgegner, der in einem Schlammbad liegt, allein. Kaum hat Bond die Maskerade abgenommen, als sich aus der zähen Schlammasse ein Revolverlauf auf den Helden richtet. Bond zögert keine Sekunde, hechtet vorwärts und entleert den großen Schlammbehälter über dem Becken. Der Feind wird unter dem Berg begraben. Als 007 den Kopf des Mannes aus dem Dreck zieht, erkennt er, daß er hier gar nicht Blofeld vor sich hat. Doch nun ist es zu spät. Der echte Super-Gangster steht hinter ihm und befiehlt seinen Wachen, den Agenten festzunehmen. Bond kann die Posten mit naheliegenden Skalpellen spicken, Blofeld auf eine fahrbahre Krankenbahre binden und in einen kochenden Geysir stoßen. »Fahr zur Hölle, Blofeld!« kommentiert James Bond grinsend ... Zu Maurice Binders Titeln singt Shirley Bassey John Barrys Titelsong *Diamonds Are Forever* (der Text stammt von Don Black). *Diamonds* ist genau im Stil von *Goldfinger* gedreht worden, denn mit dieser Formel glaubte man (zu Recht) *jeden* James Bond-Fan zu begeistern. Eindeutige Parallelen sind: *Goldfinger*-Regisseur Guy Hamilton übernahm in *Diamonds* die Aufgabe der Regie; Production-Designer Ken Adam ist mit von der Partie; Richard Maibaum verfaßte zusammen mit Tom Mankiewicz wieder das Drehbuch, und Ted Moore zeichnete erneut für die Kamera verantwortlich.

Eigentlich ist *Diamonds Are Forever* ein *Goldfinger*-Remake, genau das wollten die Produzenten erreichen. Leider hat *Diamonds* nicht im entferntesten das Zeug zu einem *Goldfinger.* Die große Trumpfkarte, die *Diamonds Are Forever* vor einem kommerziellen Mißerfolg bewahrte und der Serie zugleich das Überleben sicherte, war Sean Connery.

»Ich benötigte eine ganze Woche, um die Entscheidung zu treffen, ob ich noch einmal James Bond spielen sollte«, erinnert sich Connery. »Warum ich zurückkam? Nun, es wurde mir eine riesige Summe Geld geboten und wenn ich den Film annahm, konnte ich dem *Scottish International Education Trust,* meiner ›Lieblings‹-Wohlfahrtseinrichtung, sehr viel Geld überweisen. Aber es gab auch einen

Bambi (*Donna Garratt*) gibt 007 (*Sean Connery*) Karate-Unterricht

zweiten Grund. Dick Maibaum und Tom Mankiewicz hatten das bisher beste James Bond-Drehbuch und Regisseur Guy Hamilton verkürzte den Plan für die Dreharbeiten, so daß ich nicht ein Jahr meines Lebens darauf verwenden mußte. Das war mit ein Grund, warum ich nach *You Only Live Twice* aus den James Bond-Thrillern ausstieg. Sie ließen mir keine Zeit, andere Filmangebote anzunehmen«. Wäre Sean Connery nicht zu seiner Agenten-Rolle zurückgekehrt, hätte das den Untergang der ganzen 007-Reihe bedeutet.

Diamonds Are Forever zeigt einen heiteren, fast lustigen Connery-Bond und man merkt, daß er die Rolle nach einiger »Geheimdienst-Abstinenz« wieder dankbar aufnahm. Hatte doch kein einziger seiner anderen Filme annähernd den Erfolg, der ihm als 007 beschieden war. Connery 1971: »Glücklicherweise ist der Bond-Charakter so überlebensgroß, daß es immer noch Spaß macht, ihn zu spielen«.

James Bonds Gegenspieler in *Diamonds Are Forever* ist (natürlich) Ernst Stavro Blofeld, diesmal dargestellt von Charles Gray. Gray spielte schon 1967 in *You Only Live Twice* den Service-Mann Henderson. Sicherlich ist Gray ein ausgezeichneter Schauspieler, doch kein befriedigender Bond-Gegner. Wie Donald Pleasence sieht Charles Gray einfach zu zahm aus und kann sich keinesfalls mit Gert Fröbe, Christopher Lee oder Michael Lonsdale messen. Trotz seiner mangelnden Überzeugungskraft liefert Gray in *Diamonds Are Forever* eine der wenigen, wirklichen schauspielerischen Leistungen.

Davon ausgenommen sind natürlich Bruce Glover und Putter Smith als Mr. Wint und Mr. Kidd! Sie stellen die beste Besetzung des ganzen Films dar. Immer wenn das Gespann auftritt, geht John Barry in seinem Wint-Kidd-Thema musikalisch darauf ein. Diese (homosexuellen) Killer töten auf besonders gemeine (aber exklusive) Weise, verstecken ihre scheußlichen Absichten meist hinter Höflichkeitsfloskeln und freuen sich am Tod ihrer Opfer mit fast

Bambi (*Donna Garratt*) und Thumper (*Trina Parks*) werfen Bond (*Sean Connery*) in den Swimmingpool

kindlichem Gemüt. Glover und Smith verkörpern ihre Rollen ebenso überdimensional wie Connery die seine, und darum ergänzen sich Held und Bösewichte in *Diamonds* ideal!

Bonds Mädchen dagegen waren enttäuschend. Jill St. John als Tiffany Case spielte reiz- und witzlos und Lana Wood tat es ihr nach. (Glücklicherweise wird Lana Wood bald nach ihrem Auftritt aus Bonds Hotelzimmer geworfen.)

Nach achtwöchigen Dreharbeiten in den USA wurden die Filmaufnahmen für weitere zehn Wochen in den Pinewood Studios fortgesetzt. Einige Aufnahmen entstanden auch in Frankfurt, wo Bond die Diamanten in eine Linienmaschine der Lufthansa schmuggelt. In Amsterdam filmte das Team die Szene in Tiffanys Appartement, in Dover die Festnahme des Gangsters Peter Franks. In den USA spielen die beiden besten Szenen des Films: James Bonds Flucht aus dem unterirdischen Forschungszentrum des Dr. Metz. Bond jagt mit einem Moonbuggy über die Wüste dahin, während hinter ihm Polizeiautos *en masse* zu Bruch gehen. In *Diamonds Are Forever* herrschte ein enormer Autoverschleiß: für den Höhepunkt des Films, die nächtliche Wahnsinnsverfolgung durch Las Vegas, wurden 53 Autos (in Worten: dreiundfünfzig) zu Schrott gefahren. Associate Producer Stanley Sopel mußte die Autowracks nach Beendigung der Dreharbeiten an einen

Blofeld (*Charles Grey*) glaubt das Spiel gewonnen zu haben

Schrotthändler verkaufen – und zwar nach Gewicht!

Eine weitere Sehenswürdigkeit ist die Ruhestätte, in der Bond und Tiffany ihre Beziehungen vertiefen: ein transparentes Wasserbett, in dem sich zirka 3000 Fische tummeln. »Wir brauchten fünf Tage, um diese Szene zu filmen«, erklärt Jill St. John. »Nach jeder Einstellung setzten wir uns auf, streckten uns und maulten: ›Oh unsere armen Rippen‹. Das Plexiglas war so hart«.

Das hervorragende Production Design von Ken Adam beherrscht auch diesen Film. Blofelds »Behausung« im obersten Stock des Whyte House ist ein einziger chromblitzender, futuristischer Traum, auf den die Bezeichnung »Wohnung« beim besten Willen nicht mehr zutrifft.

Vor der Küste Kaliforniens findet die große Finalschlacht statt. Doch diesmal ist sie ziemlich langweilig ausgefallen. Ich glaube, die Routine hat diese Endschlacht zerstört. Wie frisch wirkte da der Fight um Blofelds Alpenfestung! Der Kampf wird auf einer Ölbohrinsel ausgetragen und Hubschrauber der US-Army schwirren wie zornige Hornissen um das Versteck des Superverbrechers. Die ganze Szene verzeichnet einen seltsamen Spannungsabfall. Als ich *Diamonds* vor einem halben Jahr mit einem Freund nochmals sah, schlief mein Begleiter bei dieser Szene tatsächlich ein! Mit Ian Flemings gleichnamigem Roman hat *Diamonds Are Forever* nichts mehr zu tun. Die Story hat sehr viele inhaltliche Fehler und ist einfach *zu* übertrieben (was Bond in diesem Film durchstehen muß, ist verrückt: einmal wird er ins Krematorium gefahren, ein ander Mal in einem Pipeline-Rohr lebendig begraben und vieles mehr). Die Trickaufnahmen des »Diamanten-Satelliten« sind amateurhaft und hinken dem damaligen Entwicklungsstand hinterher. *Diamonds Are Forever* ist also *On Her Majesty's Secret Service* qualitativ weit unterlegen, brachte aber wegen Sean Connery den Box-Office Success. Trotz einiger wirklich einmaliger Szenen und Einfälle vermag *Diamonds Are Forever* nicht zu überzeugen. Dazu ist die Qualitätseinbuße zu groß. Dennoch ist *Diamonds* ein sehr unterhaltsamer und vor allen Dingen wichtiger James Bond-Film, denn mit Connerys 007-Darstellung gelang es den Produzenten, die Zuschauer zurückzugewinnen und den momentanen Interessenverlust durch einen weiteren Schritt in das Science-Fiction-Genre wirksam zu überbrücken.

Mister Wint (*Bruce Glover*) hat 007 fest im Griff

Live And Let Die

1973

Leben und Sterben lassen

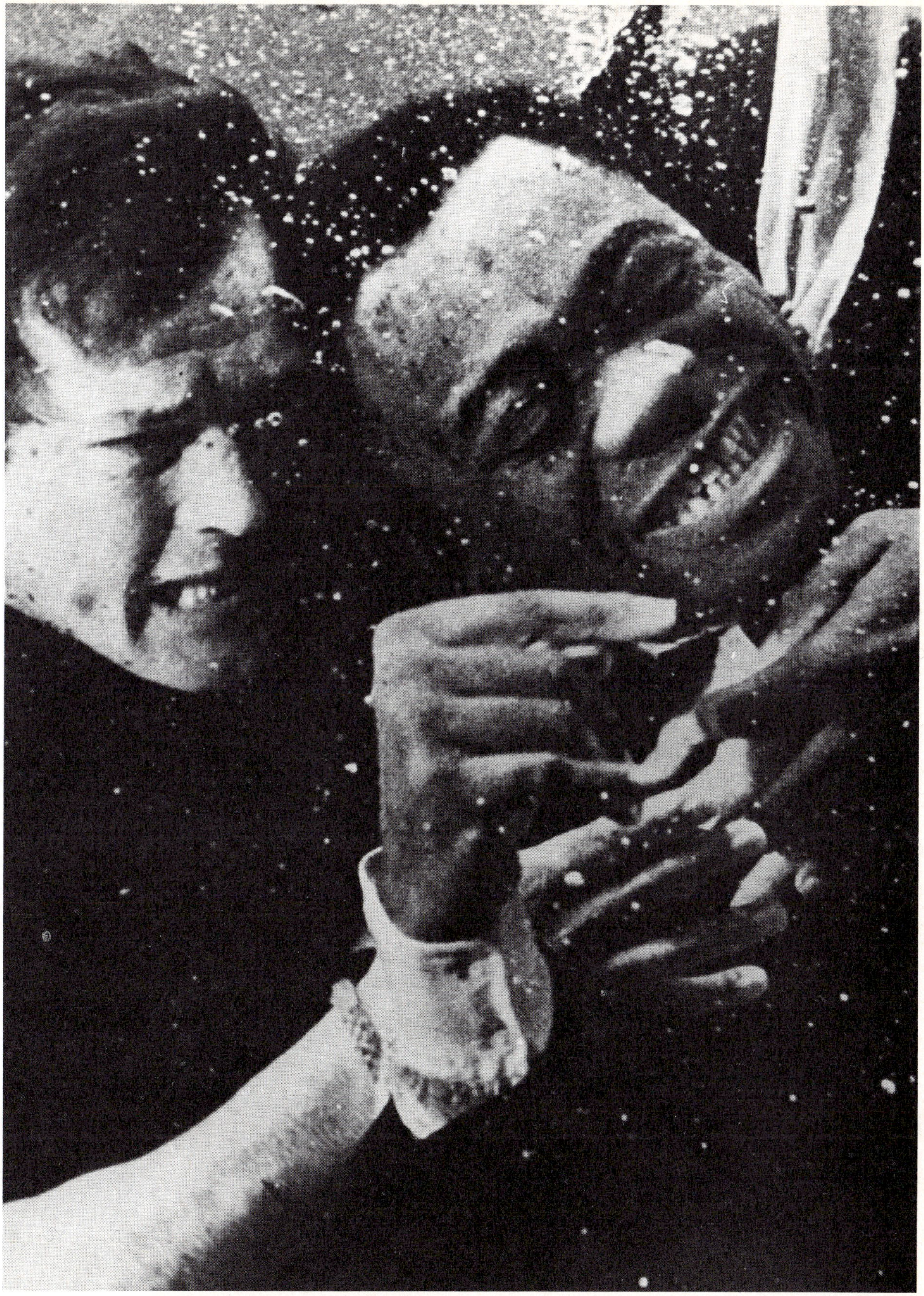

James Bond (*Roger Moore*) und Dr. Kananga (*Yaphet Kotto*)

Großbritannien 1973. Eine Eon Produktion. Im Verleih der United Artists. *Regie* Guy Hamilton. *Producer* Harry Saltzman und Albert R. Broccoli. *Drehbuch* Tom Mankiewicz, nach dem gleichnamigen Roman von Ian Fleming (London 1954, deutsch: Ullstein TB 822). *Kamera* (Eastmancolor) Ted Moore. *Musik* George Martin. *Titelsong* komponiert von Paul McCartney und Linda McCartney, gesungen von Paul McCartney und den Wings (UA/LP UAS 29475). *Schnitt* Bert Bates und Raymond Poulton, John Shirley. *Ton* John Mitchell und Ken Barker. *Art Directors* Syd Cain, Stephen Hendrickson, Bob Laing, Peter Lamout. *Titel* Maurice Binder. *Special Effects* Derek Meddings. *Special Photographic Effects* Charles Staffell. *Haifischszenen* William Grefé. *Stunts* Bob Simmons, Jerry Comeaux, Ross Kananga, Bill Bennot, Eddie Smith, Joie Chitwood. *Darsteller* Roger Moore *(James Bond)*, Jane Seymour *(Solitaire)*, Yaphet Kotto *(Doktor Kananga/Mr. Big)*, Clifton James *(Sheriff Pepper)*, Julius W. Harris *(Tee Hee)*, Geoffrey Holder *(Baron Samedi)*, David Hedison *(Felix Leiter)*, Gloria Hendry *(Rosie)*, Bernhard Lee *(M)*, Lois Maxwell *(Miss Moneypenny)*, Tommy Lane *(Adam)*, Roy Steward *(Quarrel)*, Lon Satton *(Strutter)*, Arnold Williams *(Taxifahrer)*, Ruth Kempf *(Mrs. Bell)*, Joie Chitwood *(Charlie)*, Michael Ebbin *(Dambala)*, B. J. Arnau *(Sängerin)*, Madeline Smith *(Mädchen)*, Kubi Chaza *(Verkäuferin)*, Gabor Vernon *(ungarischer Delegierter)*, Robert Dix *(Hamilton)*, Dennis Edwards *(Baines)*, Thomas Valentine *(Mörder beim Begräbnis)*. *Länge* 121 Minuten.

Im Sarg ist keine Leiche

Binnen 24 Stunden werden drei Agenten des britischen Secret Service in New York, New Orleans und auf San Monique umgebracht. Dafür ist der ungekrönte König Harlems, der Negergangster Mr. Big, verantwortlich, der als Botschafter Dr. Kananga ein Doppelleben führt. Auf der Insel San Monique, die er durch den Voodoo-Kult beherrscht, baut Big riesige Mengen Marihuana an, um damit ganz Amerika zu ruinieren.

Vom Tod seiner Männer beunruhigt, begibt sich

James Bond (*Roger Moore*)

Geheimdienstleiter M in den frühen Morgenstunden zu James Bonds Wohnung, um seinen besten Agenten auf den Fall anzusetzen. Nachdem Bond seinem Chef eine Armbanduhr made by Q vorgeführt hat, macht er sich auf die Reise nach New York.

Mr. Bigs Geliebte, Solitaire, die mit übernatürlichen Psi-Kräften ausgestattet ist, liest die Zukunft aus den Tarockkarten und »sieht«, daß ein Mann unterwegs ist, der Gewalt und Zerstörung mit sich bringt. Tatsächlich kommt James Bond gerade am Kennedy Airport an und soll von einer CIA-Limousine zu seinem alten Freund Felix Leiter gebracht werden. Auf der Fahrt zur Beobachtungszentrale des amerikanischen Geheimdienstes, überholt ein Mann aus Mr. Bigs Organisation Bonds Wagen und schießt dem Chauffeur einen Stahlbolzen in den Schädel. Der Fahrer sinkt unmerklich zur Seite, sein Fuß fällt auf das Gaspedal, und das Auto beschleunigt.

»Fahr langsamer, Charly«, meint 007, »ich will heil ankommen«. Da bemerkt er, in welcher Situation er sich befindet, hechtet nach vorne und kann nach ein paar Karambolagen endlich stoppen. Sofort benachrichtigt er Felix Leiter und gibt ihm am Telefon die Autonummer des Killerwagens durch. Dieser stellt fest, wem der Schlitten gehört und teilt 007 die Adresse mit. Bond macht sich auf den Weg. Der New Yorker Wohnsitz von Dr. Kananga steht unter ständiger CIA-Bewachung. Parallel zu Bonds Anruf trifft Kanangas Limousine ein und kaum haben der Botschafter, Solitaire und seine Männer das Haus betreten, als jedes Wort über Mikrophon an die Beobachtungszentrale vis-à-vis übertragen wird. Doch Kananga hat vorgesorgt und im Haus einen versteckten Ausgang mit Lift einbauen lassen, der in eine Tiefgarage führt. Während der CIA mit einer Tonbandaufnahme genarrt wird, verlassen Kananga und seine Leute das Gebäude ungesehen. So kommt der CIA nie auf die Idee, daß Dr. Kananga und Mr. Big ein und dieselbe Person sind.

In einem Laden für Voodoo-Kunst hat James Bond inzwischen die gesuchte Adresse gefunden. Das Geschäft befindet sich in demselben Häuserblock wie Kanangas Wohnung und ist durch den Geheimgang mit ihr verbunden. Als James Bond in die Tiefgarage eingedrungen ist, kann er sich gerade noch unter ein Auto rollen, denn Kananga, Solitaire und die Leibwächter treten aus dem Lift, steigen in einen Wagen und fahren davon. James Bond ruft ein Taxi und verfolgt sie nach Harlem.

Die Gruppe verschwindet im Restaurant »Fillet of Soul«. 007 betritt ebenfalls das Lokal, setzt sich in eine Nische und wartet ab. Plötzlich schwenkt die ganze Nische wie eine Drehbühne in einen anderen Raum. James Bond hat Mr. Big gefunden! Von Tee

Hee, Mr. Bigs persönlichem Leibwächter, wird Bond entwaffnet. Dieser Riese besitzt einen Stahlarm mit Kneifzange, mit der er Bonds Pistole wie ein morsches Stück Holz entzweibricht. Bond ist davon nicht beeindruckt und meint:

»Wo böse Menschen lachen, da laß' dich ruhig nieder; böse Menschen lachen immer wieder«. Da sieht der Agent die wunderschöne Solitaire und läßt sich von ihr die Zukunft vorhersagen. Bond muß eine Karte ziehen und sie aufdecken:

»Der Narr«, sagt Solitaire, »das sind Sie selbst!« 007 versucht es ein zweites Mal und zieht »The Lovers«, die Liebenden. In diesem Moment schleppen ihn die Gangster in einen trostlosen Hinterhof, um ihn auf Mr. Bigs Befehl fertigzumachen. Doch Bond schlägt seine Feinde nieder und will gerade nach der Pistole greifen, als ein anderer Neger mit gezogener Waffe auftaucht. Doch hier handelt es sich um einen CIA-Agenten, der Bond aus dieser unfreundlichen Gegend in Sicherheit bringt.

Bonds nächste Station ist die Insel San Monique in der Karibik. Hier wurde einer der Service-Männer ermordet. Nachdem 007 sein Hotelzimmer bezogen und einen Anschlag auf sein Leben vereitelt hat, lernt er die hübsche Negerin Rosie Carver kennen, die ihn hier unterstützen soll. Leider ist diese CIA-Agentin dumm wie Bohnenstroh und nur nachts erfüllt sie an Bonds Seite ihre Aufgaben auf befriedigende Weise.

Am nächsten Morgen soll Rosie den Agenten zu der Stelle führen, an der man die Leiche des Secret Service-Mannes fand. Dazu fahren sie mit einem Boot, das von Bonds altem Freund Quarrel gesteuert wird, zur Voodoo-Insel. Mit einem Mietwagen erkunden sie das Landesinnere und machen bald zu einem Picknick halt. Als Rosie immer zögernder und fadenscheiniger auf Bonds Fragen antwortet, erkennt 007 sie als Doppelagentin und stellt sie vor die Wahl, entweder auszupacken, oder eine Kugel in den Kopf zu bekommen. Verzweifelt flieht Rosie in den Dschungel und wird von einer Vogelscheuche erschossen. (Mr. Big ließ auf der ganzen Insel furchterregende Vogelscheuchen aufstellen, um die Eingeborenen in Angst und Schrecken zu versetzen. In ihren Kokusnußköpfen sind Kameras und Schußanlagen eingebaut, die von Bigs unterirdischer Höhle aus bedient werden.)

Nachts gleitet James Bond mit einem Drachenflieger unbemerkt zu Kanangas Inselresidenz. Doch nur Solitaire ist anwesend. James Bond liebt Solitaire. Dabei verliert das Mädchen ihre übernatürlichen Fähigkeiten und hat nun Angst, von Mr. Big umgebracht zu werden. Als Bond mit Solitaire das Voodoo-Land durchstreift, entdeckt er die riesigen Mohnfelder, die unter grünem Netz getarnt sind.

James Bond (*Roger Moore*) begrüßt nächtliche Besucher

Plötzlich taucht ein Hubschrauber auf und eröffnet das Feuer auf die beiden. Mit knapper Not retten sie sich in ein Dort und fahren mit einem Doppeldekkerbus (den Bond steuert) zum Meer. Unterwegs werden sie von mehreren Polizisten auf Motorrädern und Streifenwagen verfolgt. In einer haarsträubenden Jagd gelingt es 007, die Gegner abzuschütteln und mit Quarrels Boot die Kananga-Insel zu verlassen.

Wieder in den Vereinigten Staaten, werden sie gleich am Flughafen von Mr. Bigs Leuten geschnappt und zu einem privaten Flugplatz gebracht. Bond übertölpelt mit Solitaires Hilfe die Wachposten, steigt in eine Sportmaschine und verwandelt das ganze Gelände in einen einzigen Schrotthaufen. Ihm gelingt die Flucht, während das Mädchen zu Mr. Big zurückkehrt.

In Felix Leiters Begleitung wagt sich James Bond noch einmal in die Höhle des Löwen. Sie besuchen die New Orleans-Filiale von Mr. Bigs »Fillet of . . .«-Restaurantkette. Als Bond eine Nische angeboten wird, meint er zu Leiter:

»Nehmen wir lieber einen Tisch an der Bühne. In einer solchen Nische habe ich 'mal einen tollen Dreh erlebt«. Da wird Felix ans Telefon gerufen und Bond versinkt samt Tisch im Boden des Lokals. Wieder ist er in Mr. Bigs Gewalt!

Dieser will von Bond wissen, ob er mit Solitaire geschlafen hat. Im Verlauf des Gesprächs kann 007 den Gangster so reizen, daß er im wahrsten Sinne des Wortes »die Maske fallen läßt« und Bond in seinen Plan einweiht: Er will große Mengen Rauschgift nach Amerika importieren und es an die Süchtigen *verschenken,* um die Konkurrenz aus dem Feld zu

007 als Drachenflieger (*Roger Moore*)

schlagen. Dabei darf der Schnüffler James Bond seine Pläne nicht noch einmal stören und so läßt ihn Mr. Big auf seine Alligatorenfarm bringen. Dort führt ihn Tee Hee über einen Steg zu einer kleinen Insel und läßt ihn zurück. Bond nimmt allen Mut zusammen und läuft auf den Rücken der Bestien zum Ufer. Dann öffnet er das Gatter und lockt die Tiere mit Fleischbrocken in das nahegelegene Lagerhaus, das ein modernes Laboratorium zur Drogengewinnung enthält. Zusätzlich legt 007 Feuer und rast dann in einem Rennboot davon. Nun läuft eine irrwitzige Verfolgungsjagd ab; während Bond von einigen Motorbooten zu Wasser und einigen Autos zu Land gehetzt wird, schaltet sich auch noch die Polizei ein und macht die Verwirrung vollkommen: Boote rasen über Straßen und Grünflächen, durchbrechen Sperren und überspringen Landzungen. James Bond kann seine Verfolger abhängen und entkommen.

Dann ist es höchste Zeit für ihn, sich um Solitaire zu kümmern. Zusammen mit Quarrel begibt sich 007 wieder nach San Monique. Quarrel bringt in den Mohnfeldern Brandbomben an und Bond befreit Solitaire aus den Klauen der Eingeborenen. Plötzlich stellt sich ihm Baron Samedi, der Gott der Toten, in den Weg. Nach einem kurzen Macheten-Kampf wirft ihn Bond in einen mit Schlangen gefüllten Sarg und dringt mit dem Mädchen in Mr. Bigs Höhlenreich ein.

Obwohl sie den ersten Wachen entkommen sind, werden Bond und Solitaire wenig später gefangengenommen. In einer gigantischen Höhle, die ein großes Wasserbecken beherbergt, begrüßt Mr. Big seine »Gäste«. Bond wird auf Waffen untersucht, doch die Gangster übersehen seine Armbanduhr. Am Strand von San Monique haben Bigs Männer Bonds Taucherausrüstung gefunden (die dieser für den Rückweg zu Quarrels Schiff benötigt hätte). Besonders lustig findet Mr. Big Bonds Haifisch-Pistole, die Patronen mit ungeheuer starker Preßluft verschießt. Bond und Solitaire werden an einen Lastenaufzug gefesselt und sollen in ein Haifischbecken versenkt werden. Big hat 007 den Arm aufgeschnitten, das Blut tropft ins Wasser und die Raubfische werden halb verrückt. Als der Aufzug sich zu senken beginnt, verwandelt 007 seine Armbanduhr in eine Mini-Kreissäge und zerschneidet die Fesseln. Vorher hat er einen weiteren Uhr-Trick aktiviert: mit Hilfe eines starken, weitstreuenden Magnetfeldes zieht Bond eine Preßluftpatrone an. Dann schwingt er sich aufs Trockene, überwältigt die Posten und steht jetzt Mr. Big gegenüber. Bei dem folgenden Messerduell fallen James Bond und Mr. Big in einer tödlichen Umklammerung ins Haifischbecken. Als der Neger an die Wasseroberfläche muß, um Atem zu schöpfen, löst 007 den Stift der Preßluftkapsel

Solitaire (*Jane Seymour*) verliert ihre übersinnlichen Fähigkeiten

und schiebt sie Big in den geöffneten Mund. Wie ein gasgefüllter Luftballon steigt der Bösewicht aus dem Becken, schwebt an die Decke der Höhle und zerplatzt wie eine Seifenblase. Bond rettet sich inzwischen vor den Haien.

»Wo ist Mr. Big?«, fragt Solitaire, nachdem Bond sie vom Lastenkran befreit hat.

»Er war schon immer ein ziemlich aufgeblasener Kerl«, meint Bond. Nach diesem gefahrvollen Auftrag verreisen James Bond und Solitaire mit dem Zug. Felix Leiter begleitet die beiden zum Bahnsteig. Zunächst verläuft die Reise ereignislos, doch dann wird 007 noch einmal in aufdringlichster Weise vom Stahlarm Tee Hee belästigt. Als dieser Bond zu erwürgen droht, schneidet 007 die Steuerdrähte der Prothese durch, klemmt sie ans Fenster und wirft Tee Hee aus dem Zug. Das künstliche Gelenk baumelt am Fensterrahmen.

»Das«, kommentiert James Bond, »ist der Arm des Armleuchters . . .«

Sheriff Pepper (*Clifton James*) hält sein Revier sauber

James Bond (*Riger Moore*) hängt seine Verfolger ab

Baron Samedi, der Gott der Toten (*Geoffrey Holder*)

Eine Verfolgungsjagd mit Booten durch die Luft

Nach dem Riesenerfolg *Diamonds Are Forever* lehnt es Sean Connery endgültig ab, Ian Flemings Geheimagenten in der neuen Eon-Produktion von Harry Saltzman und Albert R. Broccoli *Live And Let Die* zu verkörpern. Also waren die Produzenten wieder einmal gezwungen, sich nach einem neuen Bond-Darsteller umzusehen. Die Wahl fiel auf Roger Moore.

Schon 1962 sollte Roger Moore die Rolle des britischen Agenten übernehmen, doch der Schauspieler mußte wegen der TV-Verpflichtung *The Saint (Simon Templar)* absagen. 1969 wandten sich die Produzenten nochmals an Moore und boten ihm den 007-Part für *On Her Majesty's Secret Service* an. Wieder verhinderte eine Fernsehserie – diesmal *The Persuaders! (»Die 2«)* –eine Zusage. 1972 versuchten es Saltzman und Broccoli erneut – und diesmal mit Erfolg! »Im August 1972 unterzeichnete Moore den Vertrag für die nächsten drei 007-Filme und schon bald spielte er im ersten: *Live And Let Die.* Was für eine Gelegenheit und was für eine Verantwortung! Die James Bond-Filme waren weltberühmt und hatten den Produzenten und United Artists einen Haufen Geld gebracht. Nachdem die Dreharbeiten zu *Live And Let Die* beendet waren, war sich Moore seines Risikos nur *zu* bewußt: Drei Wochen bevor der Film herauskam, merkte ich: Wenn das nicht klappt, dann bin ich erledigt. Bei diesem Gedanken lief es mir kalt über den Rücken. Es war weltweit ein enormer Erfolg, der durch eine weltweite Tournee unterstützt wurde, die der Star gerne unternahm« (John Williams).

James Bond (*Roger Moore*) gerät in ein Voodoo-Fest

Mit einem vorläufigen Einspielergebnis von 20 Millionen Dollar (England und USA) konnten alle Beteiligten wirklich sehr zufrieden sein. Moore hatte es geschafft, einen neuen, heiteren James Bond zu kreieren, der dem Kino der siebziger Jahre näher war, als die düstere Sean Connery-Version. Moore verband den Humor der Figur mit dem Flair des britischen Gentlemans und schuf einen witzigen, schlagfertigen und aristokratischen James Bond. Diese neue 007-Linie wurde vom Publikum begeistert aufgenommen und spätestens nach *The Spy Who Loved Me* ist Roger Moore »der beste James Bond, den es je gab«.

Moore selbst unterschätzt sich als Schauspieler gewaltig. Einer seiner Lieblingswitze lautet: »Ich habe drei Gesichtsausdrücke auf Lager: Nummer 1 – Augenbrauen hochziehen. Nummer 2 – Augenbrauen gesenkt und Nummer 3 – schielend, wenn mich Jaws bei meinem Nierenstein erwischt!«

Live And Let Die ist nach *Goldfinger* Guy Hamiltons beste Regiearbeit. In diesem achten 007-Abenteuer gibt es keine Sekunde Langeweile, immer herrschen Spannung, Tempo und Action. Man kann *Live And Let Die* mehrmals gesehen haben und ist doch nicht in der Lage, all die herrlichen Gags, Verfolgungsjagden, unmöglichen Situationen und Geschehnisse des Films genau wiederzugeben. Wie gut läßt sich hier eine fadenscheinige Handlung, die mit Ian Flemings Romanvorlage fast nichts mehr zu tun hat, einbauen und verstecken. In *Live And Let Die* wird das in *Dr. No* entwickelte »Erfolgsrezept« haargenau befolgt, und was dann nachher aus dem Backofen (der Pinewood Studios) kommt, ist ein gelungener, unterhaltsamer und unverwechselbarer James Bond-Film, der wie kein anderer Beitrag der 007-Reihe den alten Serials der dreißiger Jahre nachempfunden ist (sogar das unvermeidliche Haifischbecken taucht auf). Der Trick dabei: Die Bonds werden mit Technik und den entsprechenden Gimmicks angereichert (007s Armbanduhr enthält Supermagnet und Kreissäge) und durch eine Prise Sex abgerundet. Für den Sex sorgt in diesem Film die wunderhübsche Jane Seymour als Solitaire. Jane Seymour hatte mit *Live And Let Die* den ersten Schritt zu einer Weltkarriere getan. Sie ist neben Diana Rigg und Barbara Bach die hübscheste »Bondine«, die man sich vorstellen kann.

Yaphet Kotto ist seine Gegenspieler-Rolle auf den Leib geschrieben. Kotto spielt den Part gar nicht in der üblichen »larger-than-life«-Version, sondern läßt seinen Emotionen freien Lauf. Kananga/Big ist Solitaire in platonischer Liebe zugetan, doch sie empfindet immer nur Angst vor ihm. Als Big erfährt, daß James Bond mit ihr geschlafen und sie ihrer übersinnlichen Kräfte beraubt hat, schlägt er das

007 (*Roger Moore*) und Solitaire (*Jane Seymour*) in der Hand Kanangas

Mädchen und schreit: »Ich habe dich geliebt. Das wußtest du doch!« Alles in *Live And Let Die* ist surreal. Der Zauber des Voodoo-Kultes spielt dabei eine wichtige Rolle. Der ganze Film wird nur von einem Thema beherrscht: James Bond gegen den Mythos. 007 ist der alleszerstörende Racheengel, der in Bigs Organisation keinen Stein mehr auf dem anderen läßt. Von George Martins erstklassiger Musik begleitet, platzt Moore im schwarzen Regenmantel und schwarzen Handschuhen ohne Rücksicht auf Verluste in Bigs Hauptquartier – in Harlem! 007 dringt in San Moniques verbotenes Hinterland ein, er fliegt per Drachensegler zum (ebenfalls verbotenen) Haus der Kananga-Farm . . . kurzum, er vernichtet den Kult, wo er ihn findet.

Live And Let Die wurde in der Montego Bay, in Ocho Rios, New York und New Orleans gedreht und enthält zwei der besten Verfolgungsjagden, die jemals auf der Kinoleinwand zu sehen waren: vor Bigs Schergen flieht Bond im alten Doppeldeckerbus zu Land, im schnellen Superrennboot zu Wasser. Diese Bootsverfolgung dürfte wohl in die Action-Geschichte des Films eingegangen sein: Zirka 26 schöne Wasserflitzer waren nach den Aufnahmen nur noch Kleinholz. Mit mehr als 100 Stundenkilometern donnerten die Boote über Straßen, durch Gärten und durch eine Hochzeitsgesellschaft!

Man kann *Live And Let Die* zu *From Russia With Love* und *On Her Majesty's Secret Service* einreihen, denn in allen drei Filmen wurde die Ausstattung zugunsten pausenloser Action in die zweite Reihe verwiesen.

Die letzte Rechnung wird beglichen: James Bond (*Roger Moore*) und Kananga (*Yaphet Kotto*)

The Man
With The Golden Gun

1974

Der Mann mit dem
goldenen Colt

Scaramanga (*Christopher Lee*) und James Bond (Roger Moore)

Großbritannien 1974. Eine Eon Produktion. Im Verleih der United Artists. *Regie* Guy Hamilton. *Producer* Harry Saltzman und Albert R. Broccoli. *Drehbuch* Richard Maibaum und Tom Mankiewicz, nach dem gleichnamigen Roman von Ian Fleming (London 1965, deutsch: Scherz-Action-Krimi 39). *Kamera* (Eastmancolor), Ted Moore und Oswald Morris. *Musik* John Barry. Text des Titelsongs »The Man With the Golden Gun« von Don Black, gesungen von Lulu (UA/LP UAS 29671 X 0). *Schnitt* John Shirley, Raymond Poulton, Gordon Everett, Ken Baker. *Production-Design* Peter Murton. *Art Directors* Peter Lamout, John Graysmark. *Titel* Maurice Binder. *Special Effects* John Stears. *Optical Effects* Charles Staffell. *Stunts* W. J. Milligan jr. *Autosprung* AMC Astro Spiral Jump-Mathematical and Computer Technology, ausgeführt von Calspan Corporation, Buffalo, New York. Der goldene Colt wurde von Colibri Lighters angefertigt. *Make-up* Paul Engelen. *Darsteller* Roger Moore *(James Bond)*, Christopher Lee *(Scaramanga)*, Britt Eklund *(Mary Goodnight)*, Maud Adams *(Andrea)*, Herve Villechaize *(Schnick-Schnack)*, Clifton James *(J. W. Pepper)*, Richard Loo *(Hai Fat)*, Soon-Taik Oh *(Hip)*, Marc Lawrence *(Rodney)*, Bernhard Lee *(M)*, Desmond Llewelyn *(Q)*, Lois Maxwell *(Miss Moneypenny)*, Marne Maitland *(Lazar)*, James Cossins *(Colthrope)*, Chan Yiu Lam *(Chula)*, Carmen Sautoy *(Saida)*, Gerald James *(Frazier)*, Michael Osborne *(Naval Lieutenant)*, Michael Fleming *(Communications Officer)*. *Länge* 125 Minuten.

Panik in einem Beiruter Nachtlokal: James Bond (*Roger Moore*)

Am Strand seiner Insel im chinesischen Meer liegt Franzisco Scaramanga, der Mann mit dem goldenen Colt. Er ist nicht nur der gefürchtetste Killer der Welt, sondern auch der teuerste. Für jeden Schuß, den er aus seinem goldenen Colt abgibt, fordert er eine Million Dollar von seinem jeweiligen Auftraggeber. Seine Freundin Andrea trocknet ihn nach einem Bad im Meer ab und betrachtet an seinem Körper eine Laune der Natur: Scaramanga besitzt *drei*

James Bond (*Roger Moore*)

Brustwarzen. Da erscheint ein Liliputaner namens Schnick-Schnack, Scaramangas Diener und Vertrauter, und meldet die Ankunft eines Mannes. Schnell schlüpft der Killer in einen Trainingsanzug und begibt sich in sein feudal eingerichtetes Haus, das zum Teil in den Fels gebaut ist. In einem mit Hanteln, Sprossenwand und Pferd ausgestatteten Trainingsraum erwartet der Mann namens Rodney den Killer Scaramanga mit gezogener Pistole. Doch noch bevor Rodney abdrücken kann, hechtet der Scharfschütze nach dem Lichtschalter und der Raum ist nur noch schwach rötlich beleuchtet. Nun beginnt ein Nervenkrieg und zugleich ein »Spiel« um Leben und Tod. Scaramanga besitzt ein gimmickreiches Labyrinth, in dem Spiegel, Puppen und optische Effekte eingesetzt werden, um den Gegner zu verunsichern und ihn zum Schießen zu animieren.

Das ganze »Spiel« wird von Schnick-Schnack, Scaramangas Zwerg, in einer Schaltzentrale überwacht. Der Liliputaner hat Scaramangas goldenen Colt irgendwo im Irrgarten versteckt, um seinem Herrn einen Nachteil zu verschaffen. Dies geschieht natürlich mit dessen Einverständnis. Scaramanga will sich hier selbst testen und zugleich fithalten. Der Gegner verschießt die Munition auf Schemen und Puppen, während der Schütze seine Waffe sucht. Hat er sie gefunden, muß der erste Schuß treffen, denn: Der goldene Colt besitzt nur eine einzige Patrone! Über einen Lautsprecher gibt ihm Schnick-Schnack Anweisungen, wo seine Waffe sein *könnte*. Doch auch in diesem seltsamen Duell bleibt der Killer Sieger: Er entdeckt den Colt hinter einer Glasplatte und trifft Rodney mit einem gezielten Schuß mitten zwischen die Augen. Das Licht geht wieder an, und der Zwerg beglückwünscht seinen Herrn zum Tod des Gegners. Scaramanga nimmt Rodneys Pistole und schießt einer James Bond-Wachspuppe, die ebenfalls das Labyrinth bereichert, drei Finger der linken Hand ab. Dann wendet er sich lachend an den Liliputaner: »Du bist noch einmal mein Tod, Schnick-Schnack!«

In London stehen M und sein bester Mann, James Bond, vor einem Rätsel: Anscheinend hat Scaramanga 007 eine Herausforderung zugesandt. Der britische Secret Service bekam eine von Scaramangas goldenen Kugeln, in die James Bonds Codenummer eingraviert war. M ist zwar unklar, warum es der Killer auf 007 abgesehen haben könnte, doch rät er dem Agenten, erst einmal für eine Weile unterzutauchen. »Und wenn *ich* ihn zuerst finde, Sir?«, fragt James Bond. M gibt seine Einwilligung und so macht sich James Bond auf die Suche nach Scaramanga.

Die erste Spur führt nach Beirut: Ein Nachtlokal ist 007's Anhaltspunkt, denn hier fand Scaramangas letztes Killing statt. Ein Kollege Bonds wurde beim

Schnick Schnack (*Hervé Villechaize*) will 007 exekutieren

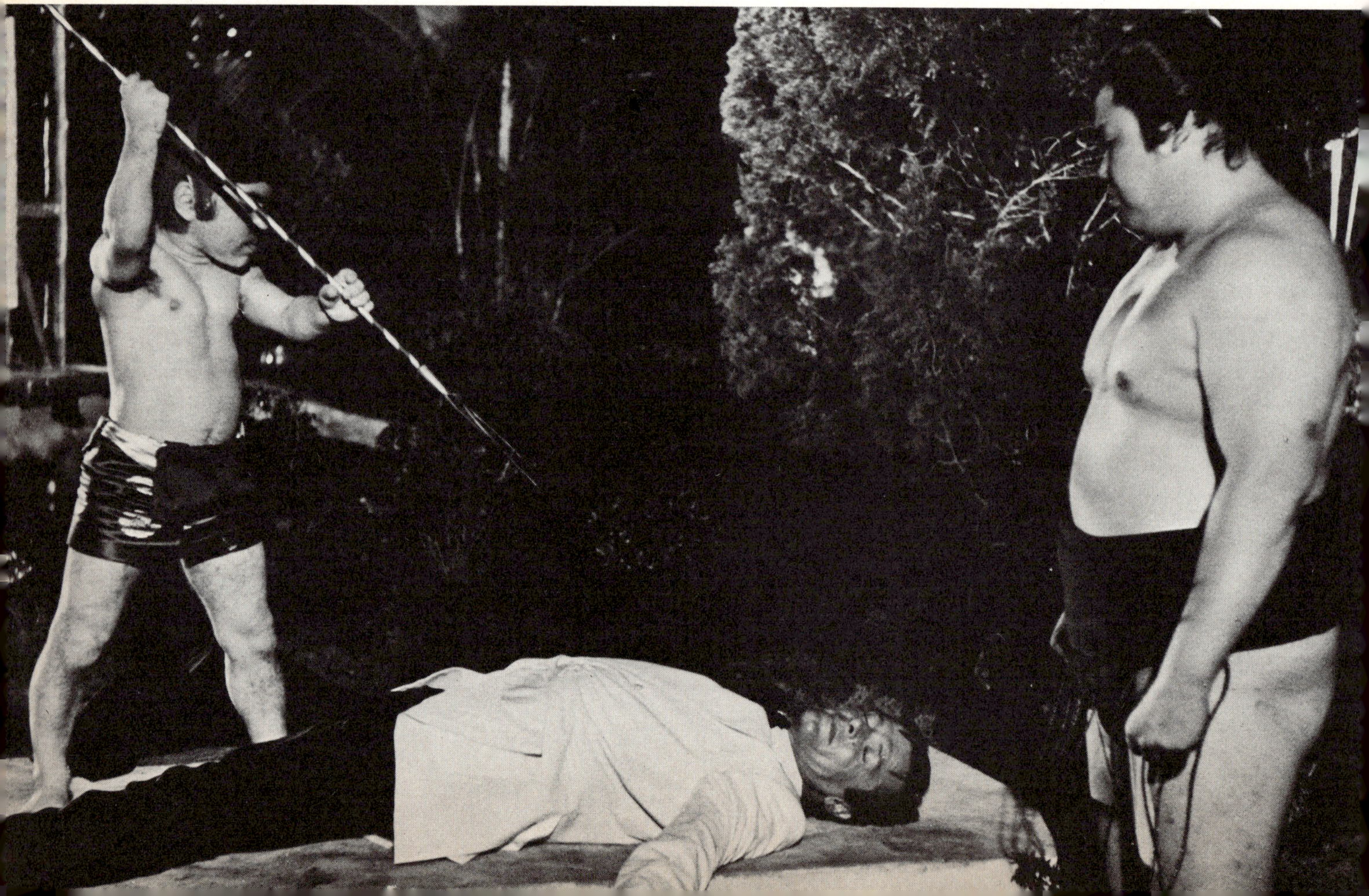

Beischlaf mit einer Bauchtänzerin vom Killer erschossen. Die goldene Kugel trägt die Tänzerin nun als Souvenir im Nabel. Es gelingt 007, die Kugel an sich zu bringen (er verschluckt sie) und nach London zurückzukehren. Dort kann man leider nichts damit anfangen, da die Kugel keinem üblichen Kaliber entspricht. Q gibt Bond die Adresse eines hervorragenden Büchsenmachers, den er im Verdacht hat, die Kugeln für Scaramanga herzustellen.

In Maçao sucht der Agent den Waffenbauer auf und zwingt ihn, die nächste Station der Kugeln preiszugeben. Wenn Scaramanga seinen Patronenvorrat ergänzen muß, liefert ihm der Experte ein Päckchen, das in einem Spielcasino mehrmals den Besitzer wechselt.

An diesem Abend verfolgt James Bond den Weg der Kugeln. Ein hübsches Mädchen nimmt sie im Casino an sich und fährt dann nach Hongkong in ein luxuriöses Hotel. Bond reist mit ihr, dringt bei ihr ein und überrascht sie unter der Dusche. Nachdem er Scaramangas Aufenthaltsort aus Andrea (des Killers Freundin) herausgeprügelt hat, ist er auch bereit, ihr gegen den Scharfschützen beizustehen: »Sonst verwendet er noch eine Kugel für Sie«, meint Bond beiläufig, »und das wäre doch schade, wo sie doch so extrem teuer sind.«

Abends postiert sich 007 vor dem »Bottom's Up«-Club, denn nach Andreas Aussage soll der Mann mit dem goldenen Colt hier auftauchen. Die Zeit vergeht und nichts geschieht. Gerade als James Bond den Club betreten will, begegnen ihm zwei Männer. Plötzlich – ein Schuß! Einer der Männer fällt getroffen zu Boden. Bond hat die Walther PPK gezogen, als er von einem Polizisten aufgefordert wird, die Waffe zu übergeben und mit aufs Revier zu kommen. Bond will eine Erklärung abgeben, wird aber ins Polizeiauto gebracht und zum Hafen gefahren. Dort besteigen sie ein Boot und Bond kommen allmählich Zweifel, ob der Mann wirklich ein Polizist ist. Als das Boot nahe der abgewrackten, halbversunkenen *Queen Elizabeth* vorbeituckert, springt James Bond auf das Wrack über. Kaum hat er einen Fuß auf das verrostete Eisen gesetzt, als ihn eine Lautsprecherstimme begrüßt: »Willkommen an Bord, Commander!«

Eine Klappe öffnet sich, und Bond betritt die geheime Niederlassung des Service in Hongkong. In M's Konferenzraum befinden sich bei Bonds Ankunft Q, der Polizist (ein Service-Agent) und ein Energieexperte Großbritanniens. M erklärt Bond seine Mission. Um die Folgen der Energiekrise schneller zu überwinden und für eine weitere vorzubauen, hat ein Mann namens Gibson das »Solex« erfunden. Das »Solex« ist ein Gerät zur direkten Umwandlung von Sonnenenergie in Strom und besitzt

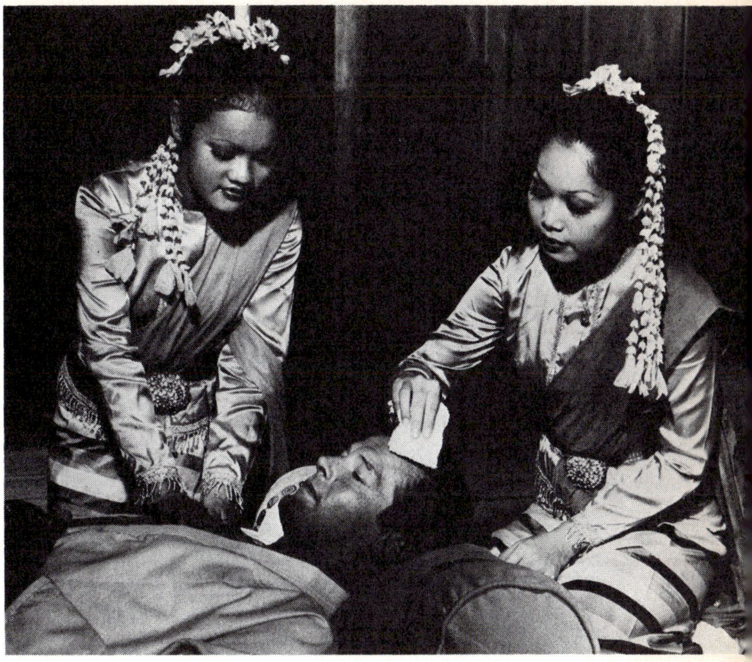

Erste Hilfe für James Bond (*Roger Moore*)

Taschenbuchgröße. Gibson war ein Überläufer, entschloß sich aber dann, doch wieder für die Briten tätig zu sein. Als er vor dem »Bottom's Up« von Scaramanga erschossen wurde, fehlte vom »Solex« jede Spur. Es ist möglich, daß Scaramanga im Auftrag des Magnaten Hai Fat getötet hat. Hai Fat ist an einem »Solex«-Monopol sehr interessiert und könnte es sich leisten, einen Mann wie Scaramanga anzuheuern. James Bond soll in Bangkok der Sache nachgehen und den Energie-Umwandler herbeischaffen. Als 007 erfährt, daß sich Fat und Scaramanga nie im Leben gesehen haben, bittet er Q um die Sonderanfertigung einer Brustwarze.

Zur Unterstützung nimmt James Bond Hip, den vermeintlichen Polizisten, und Mary Goodnight vom Hongkonger Geheimdienst-Büro nach Thailand mit. Hier nimmt 007 mit dem Industriellen Hai Fat Kontakt auf, der ihn für Scaramanga hält. Fat lädt 007 zum Abendessen ein. Inzwischen taucht der wahre Scaramanga auf, und als Bond der Einladung Folge leisten will, muß er mit zwei Sumo-Ringern kämpfen und wird von Schnick-Schnack betäubt.

James Bond erwacht in Hai Fats Karateschule und hat hier erneut einige Kämpfe zu bestehen, bevor sich ihm eine Fluchtmöglichkeit bietet. Doch die Verfolger sind ihm hart auf den Fersen. Auf den Wasserstraßen Bangkoks, den Klongs, findet eine haarsträubende Jagd mit Rennbooten statt. Bond rast über das Verfolgerboot hinweg und bricht es entzwei.

Im Hotel besucht ihn Scaramangas Gespielin Andrea, die Bond das »Solex« für den Tod des Killers verspricht. Bond versichert, Scaramanga zu töten, und verabredet sich mit ihr beim Thai-Boxen. Dort soll die Übergabe erfolgen.

Im Boxstadion lernt 007 Scaramanga kennen, der gerade die treulose Andrea beseitigt hat; dennoch gelingt es James Bond, das »Solex« an sich zu bringen und es Hip anzuvertrauen, der es seinerseits an Mary Goodnight weitergibt. Mary wird jedoch von Scaramanga in den Kofferraum seines Wagens gesperrt, als sie gerade ein Abhörgerät darin verstekken will. Nun ist der Killer wieder im Besitz des Energieumwandlers!

James Bond macht sich sofort an die Verfolgung des Wagens und verursacht dabei ein Verkehrschaos. 007 vollführt mit seinem AMC eine 360-Grad-Drehung, um den Hitman einzuholen, doch als Scaramanga sein Automobil in ein Flugzeug verwandelt und einfach abhebt, muß sogar James Bond passen. James Bond kann die Verfolgung dank eines äußerst starken Mini-Senders fortsetzen, den Mary Goodnight an ihrem Kleid trägt. Mit einem Wasserflugzeug peilt 007 Scaramangas Insel im chinesischen Meer an und landet.

Scaramanga wartet bereits auf ihn und führt 007 durch die gigantischen Anlagen der Insel. Besonders beeindruckt ist Bond von der Energiezentrale, deren Kernstück das »Solex« bildet. Scaramanga besitzt auch einen mächtigen Laserstrahler, mit dem er

James Bond (*Roger Moore*) lernt zwei Karate-Meisterinnen kennen

007 macht einen Ausflug durch die Klonks

Bonds Sportflugzeug in Flammen aufgehen läßt. Der Killer schätzt 007 als fähigen Mann, und wünscht mit ihm ein Duell auszutragen, das »Duell der Titanen«.

Bond bleibt als seinem Gefangenen nichts anderes übrig, als mitzuspielen. Rücken an Rücken stehen sich der beste Geheimagent der Welt und der Mann mit dem goldenen Colt gegenüber. Als Bond nach der vorgeschriebenen Schrittzahl herumwirbelt, ist Scaramanga verschwunden.

Der Zwerg Schnick-Schnack lockt den Agenten in Scaramangas Todeslabyrinth. Anfänglich hat Bond gegen den routinierten Mörder keine Chance, doch dann überlistet und tötet er ihn mit einem genialen Einfall: Er mimt seine eigene Wachsfigur!

Inzwischen hat Mary Goodnight Scaramangas ganze Maschinerie durcheinander gebracht und eine Reihe von Explosionen ausgelöst. Im Wettlauf mit der Zeit baut James Bond das Solex-Element aus der Zentraleinheit aus und kommt dabei fast ums Leben. Als ihnen die ersten Felsbrocken um die Ohren fliegen, erreichen sie Scaramangas Dschunke und stechen in See.

Während hinter ihnen Scaramangas Insel in riesigen Detonationen erbebt, hat Bond Mary Goodnight schon »zurechtgebettet«. Da macht Schnick-Schnack, der Liliputaner, dem Agenten nochmals Ärger. Erst als James Bond den Giftzwerg in einem Koffer gefangen und an die Mastspitze der Dschunke gehängt hat, kann er sich der hübschen Mary widmen . . .

007 und Scaramangas Freundin Andrea (*Maud Adams*) tauschen Geheimnisse aus

Der neue Film der James Bond-Reihe wäre der schlechteste 007-Film überhaupt, wenn nicht Christopher Lee die beste Bösewichts-Darstellung seit Gert Fröbe lieferte: Lee, der König des Horror-Films, spielt den Millionen-Dollar-Hitman Scaramanga. Es war ein genialer Schachzug der Produzenten, einen so erstklassigen Schauspieler wie Christopher Lee als 007-Gegenspieler unter Vertrag zu nehmen. Lee ist mehr als jeder andere zu dieser Rolle prädestiniert, da der Killer Scaramanga kein üblicher Bösewicht ist. Der Typus der Figur ist ungefähr so definiert: Scaramanga ist ein Mann wie James Bond. Er ist genauso alt wie Bond, genauso erbarmungslos, genauso geschickt im Töten. *Nur:* Er steht auf der falschen Seite des Gesetzes. Hier stehen sich zwei ebenbürtige Gegner gegenüber, die genau wissen, wie gefährlich der andere ist. Scaramanga besitzt keine Organisation wie Mr. Big oder Blofeld, er besitzt nur seinen goldenen Colt, den er blitzschnell aus einem Feuerzeug, einem Füllfederhalter und einem Manschettenknopf zusammensetzen kann. Er ist ein Profi wie Bond, er liebt Frauen wie Bond und er hat einen Chef: den jeweiligen Auftraggeber, der bereit ist, eine Million Dollar für den Tod eines Menschen auszugeben.

Scaramanga verwandelt sein Auto in ein Flugzeug

Scaramanga (*Christopher Lee*) erteilt Andrea (*Maud Adams*) eine Lektion

Lee zu seiner Rolle: »Es macht mir Spaß, daß ich endlich in einem 007-Film spielen werde, da doch Ian Fleming mein Cousin und immer der Ansicht war, ich solle in einem mitwirken«. *The Man With The Golden Gun* ist ein 007-Abenteuer voll Farbe und Exotik. Hongkong, Maçao, Bangkok sind Schauplätze in einem Film, der auf der anderen Seite einen enormen Aufwand an Gimmicks und Gadgets bietet. *The Man* ist also ein sehr unterhaltsamer Film, aber an seinen Vorgänger *Live And Let Die* reicht er nicht heran. Während im Action-Feuerwerk *Live And Let Die* keine Sekunde Langeweile aufkam, dauert es hier einige Zeit, bis ein gewisser Schwung die (mühsam) erdachten Handlungsstränge aneinanderreiht.

The Man ist zu durchschnittlich: durchschnittlich Maurice Binders Titel, durchschnittlich John Barrys Musik. Der Zuschauer, der gerne etwas vom Killer Scaramanga sehen will (die Pre-Titel-Sequence hat das Publikum angeregt) muß mit James Bond verschiedene Städte bereisen. Roger Moores 007-Interpretation ist bis *Moonraker* seine enttäuschendste. Er wirkt abgezehrt, alt und krank und fühlt sich in seiner Haut anscheinend nicht so ganz wohl. Diesen Eindruck gewinnt jedenfalls der Zuschauer,

…nes Bond (*Roger Moore*) setzt sich mit Sheriff Pep- (*Clifton James*) auseinander

wenn er Moores schwache Leistung mit der jugendlichen Frische vergleicht, die ihm in *The Spy Who Loved Me* und in *Moonraker* zur Verfügung steht.

Außerdem fällt Moore seiner eigenen Darstellung des Geheimagenten in den Rücken, die er in *Live And Let Die* kreierte: aus der kalten, emotionslosen Tötungsmaschine Bond machte Moore einen lustigen (nicht lächerlichen) Comic-Strip Helden mit würzigem britischen Humor. In *The Man* prügelt er Scaramangas Geliebte Andrea (Maud Adams) und so etwas nimmt man eben nur einem Sean Connery ab. »Roger Moore bummelt durch die Rolle, und das Publikum fühlt nicht, daß sein Bond in Gefahr ist«, schrieb die amerikanische Zeitschrift *Cinefantastique*.

Christopher Lee beschreibt seinen Eindruck über die Herstellung dieses James Bond-Abenteuer: »Ich habe niemals gesehen, daß Geld *so* ausgegeben wird wie in diesem Film. Das ist insofern gerechtfertigt, da er einer der wenigen Filme ist, der einen hundertprozentigen Gewinn verspricht. Sie wissen: dieser Streifen wird Millionen machen und einen hohen Profit einbringen, und so kümmert sie das wenig. Es ist einfach wunderbar, in einem Film mitzuwirken, wo das der Fall ist, denn da gibt es niemals Fragen wie: ›Können wir uns das leisten?‹ ›Sollen wir ein wenig mehr Zeit hierauf verwenden?‹ ›Sollen wir dafür und dafür bezahlen?‹ – Tue es einfach! Du hast freie Hand. Es ist Carte Blanche«.

Scaramangas kleiner Henker, der Zwerg Schnick-Schnack, wird von Hervé Villechaize ausgezeichnet dargestellt. Der Zwerg, der »gern den Tod serviert« (Werbeslogan) erfüllt seine Aufgaben mit großer Würde und Sorgfalt. Obwohl er klein ist, spürt der Betrachter, daß man Schnick-Schnack nicht unterschätzen darf. Sein Auftauchen in *The Man* ist mindestens genauso bizarr, wie das seines »großen« Nachfolgers Jaws, des Beißers in *The Spy Who Loved Me*. Auch die James Bond-Girls sind durchschnittlich: so kann man Britt Eklund als Mary Goodnight und Maud Adams als Andrea getrost im Bereich der *Diamand*-Schönheiten absetzen (und vergessen).

Sehenswert und hervorragend sind dagegen die herrlichen Stunts, die mit den Autos durchgeführt werden. In einer wilden Verfolgung durch die Straßen Bangkoks werden Autos abgedrängt und überschlagen sich, als James Bond in einem amerikanischen AMC den Wagen Scaramangas jagt. 007 hat Clifton James als Sheriff J. W. Pepper an Bord, der diese Rolle bereits in *Live And Let Die* mit großem Erfolg gespielt hatte. Der absolute Übergang aber kommt noch: James Bond rast die fast schon verfallene Rampe einer eingestürzten Brücke hinauf. Bonds Wagen hebt ab, dreht sich um 360 Grad und landet sicher auf der anderen Brückenhälfte! Eine einmalige Szene, die in die James Bond-Filmgeschichte einging. Doch dieser sensationelle Stunt ist kein Filmtrick: Autospezialisten der Calspan Corportation, Buffalo, New York berechneten den 360-Grad-Sprung mit Hilfe eines Computers, der das Automobil auch »fuhr«, das heißt, beim Sprung selbst befand sich niemand im AMC.

»Bond lebt davon, daß er immer neue, unwahrscheinliche Dinge vollbringt«, meint Guy Hamilton. »Und leider denkt er sich diese Dinge nicht selbst aus, sondern das tun wir für ihn«. Verglichen mit *Live And Let Die* wirkt das Bootsrennen auf den Klongs von Bangkok farblos und müde. Genauso unattraktiv ist Scaramangas Flucht, indem er seinen Wagen kurzerhand in ein Flugzeug verwandelt und davonfliegt. Hier verfehlt der Gag seine Wirkung total.

Im Januar 1975 kritisierte das *Monthly British Film Bulletin:* »Indem der Film nur *einen* visuell eindrucksvollen Set zustandebringt [Scaramangas Halle der Illusionen] und durch ein abgedroschenes Drehbuch die Leichtgläubigkeit überfordert, zeigt das neueste James Bond-Epos augenfällige Zeichen der Verzweiflung«.

Auch als alter Bond-Fan muß man hier zustimmen. Fast alle Gags in *The Man* wirken aufgesetzt und gezwungen. Production-Designer Peter Murton kann die Insel des Bösewichts noch so liebe- und eindrucksvoll gestalten; würde Scaramanga von Christopher Lee nicht so lebendig verkörpert, wäre es um *The Man With The Golden Gun* schlecht bestellt. 1974 schrieb *Cinefantastique:* »Lees Scaramanga hat einen Beruf; dieser Beruf ist Töten und er tut es besser, als irgendjemand anders. Ihn erfüllt seine Arbeit mit Genugtuung, nicht die Genugtuung eines Wahnsinnigen, sondern die eines Profis, der nichts anderes sein will. Während er Bond einen Rundgang durch seine Anlagen gestattet und ihm verschiedene Maschinen und ihre Funktionen erklärt, gibt er freimütig zu, daß er nicht weiß, wie alles genau funktioniert. Denn das hat nichts mit seinem Beruf zu tun«.

The Man With The Golden Gun ist ein durchschnittlicher James Bond-Film mit einem überdurchschnittlichen Bösewicht. Das meint auch Christopher Lee damit, wenn er sagt: »Guy Hamilton got something out of me in this picture which I've never been able to show on the screen: he got the Dracula out of me«.

Scaramanga (*Christopher Lee*) führt 007 (*Roger Moore*) seinen Laser vor

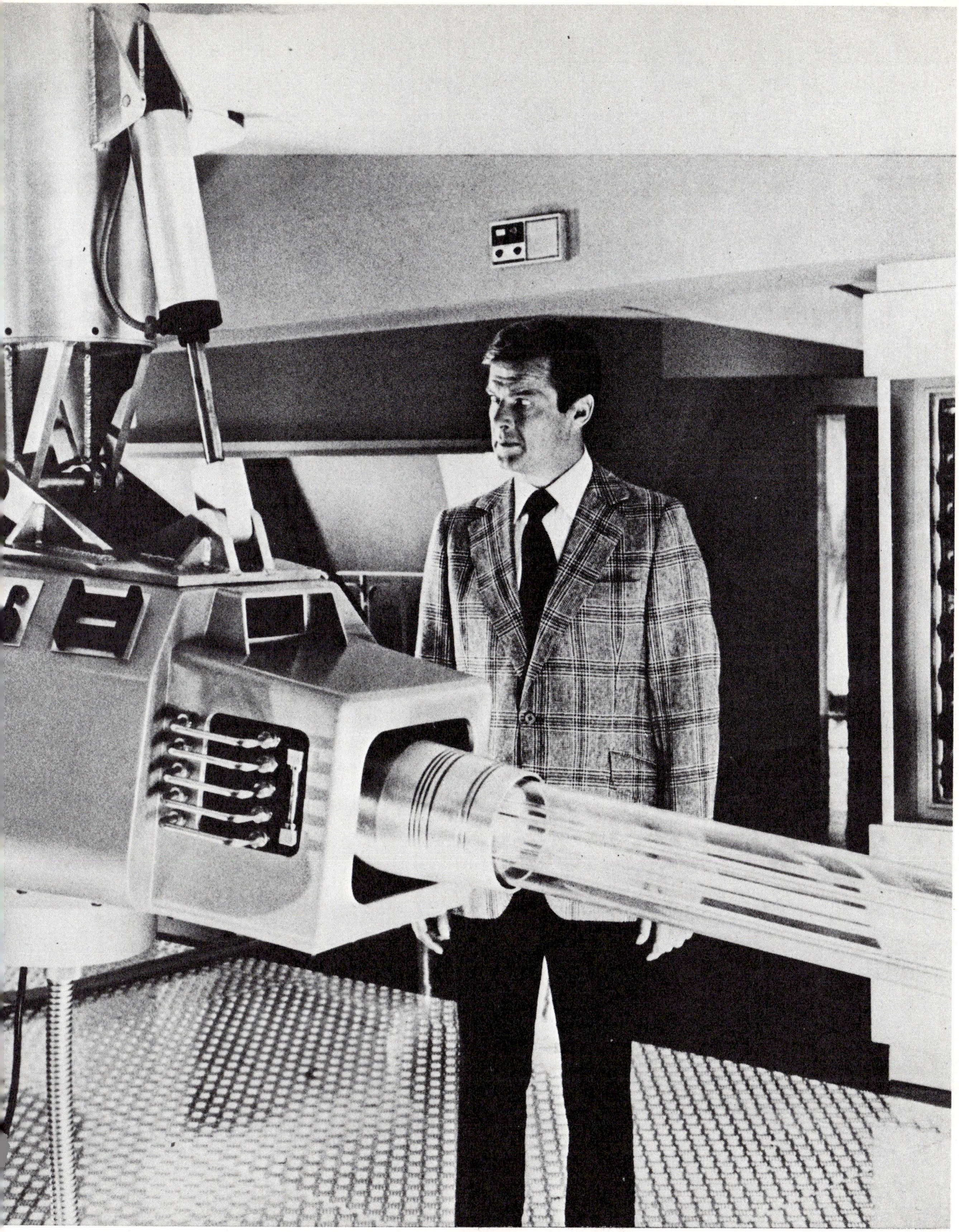

The Spy Who Loved Me

1977

Der Spion, der mich liebte

James Bond (*Roger Moore*)

Großbritannien 1977. Eine Eon Produktion. Im Verleih der United Artists. *Regie* Lewis Gilbert. *Producer* Albert R. Broccoli. *Drehbuch* Christopher Wood und Richard Maibaum unter Benutzung der von Ian Fleming kreierten Figuren und nach dem gleichnamigen Roman von Christopher Wood (London 1977, deutsch: James Bond und sein größter Fall, Goldmann TB 4746). *Kamera* (Eastmancolor, Panavision) Claude Renoir. *Special Photographic Effects* Alan Maley. *Unterwasserkamera* Lamar Boren. *Skiszenen* Willy Bogner. *Musik* Marvin Hamlisch. Text des Titelsongs »Nobody Does It Better« von Carole Bayer Sager, gesungen von Carly Simon (UA/LP UAG 30 098 XOT). *Schnitt* John Glen. *Ton* Gordon Everett. *Production Design* Ken Adam. *Art Director* Peter Lamont. *Titel* Maurice Binder. *Special Effects* Derek Meddings und John Evans. *Stunts* Bob Simmons. *Skisprung* Rick Sylvester. *Make-up* Paul Engelen. *Darsteller* Roger Moore *(James Bond),* Barbara Bach *(Major Anya Amasova),* Curd Jürgens *(Sigmund Stromberg),* Richard Kiel *(Beißer),* Walter Gotell *(General Gogol),* Bernhard Lee *(M),* Geoffrey Keen *(Verteidigungsminister),* Caroline Munro *(Naomi),* George Baker *(Captain Benson),* Michael Billington *(Sergei),* Olga Bisera *(Felicca),* Desmond Llewelyn *(Q),* Edward De Souza *(Scheich Hosein),* Vernon Dobtcheff *(Max Kalba),* Lois Maxwell *(Miss Moneypenny),* Valerie Leon *(Empfangsdame),* Sydney Tafler *(Liparus-Kapitän),* Nadim Sawalah *(Fekkesh),* Milton Raid *(Sandor),* Cyril Shaps *(Bechmann),* Milo Sperber *(Markovitz),* Shane Rimmer *(USS Wayne-Kapitän),* Bryan Marshall *(HMS Ranger-Kapitän),* Robert Brown *(Admiral Hargreaves),* Marilyn Galswerthy *(Strombergs Assistentin),* Eva Rueber-Staier *(Rubelvitch). Länge* 125 Minuten.

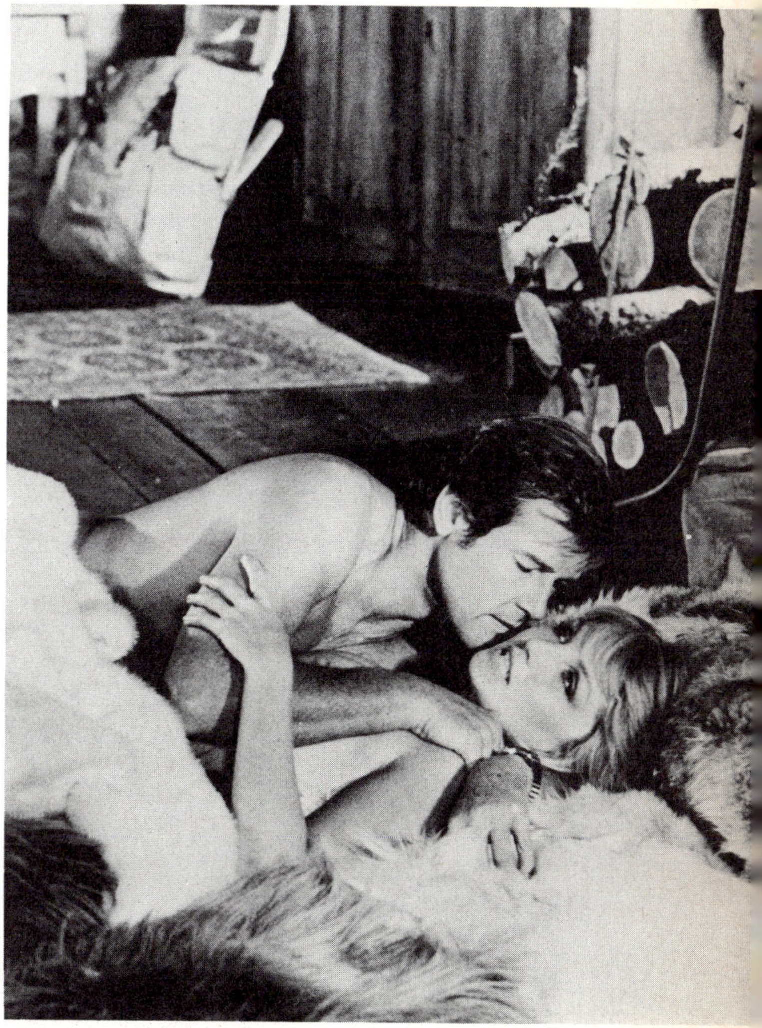

James Bond (*Roger Moore*) macht Urlaub

Das britische Atom U-Boot *H. M. S. Ranger* verschwindet auf einer Fahrt im südlichen Atlantik auf mysteriöse Weise spurlos. Zur selben Zeit vermißt die Sowjetunion eines ihrer Atom-U-Boote, die *Potemkin.* Sofort werden die Geheimdienste Secret Service und KGB aktiviert, da beide Boote mit Nu-

James Bond (*Roger Moore*) und Anya Amasova (*Barbara Bach*)

klearraketen unvorstellbarer Vernichtungskraft bestückt sind.

Moskau beauftragt die Staragentin Major Anya Amasova mit der Klärung des Falles, während auf britischer Seite der Spezialagent James Bond 007 auf die Angelegenheit angesetzt werden soll.

Doch Bond hat gerade Urlaub und ist mit anderen Dingen beschäftigt: hoch oben in den österreichischen Alpen liebt er ein Mädchen in einer verlassenen, einsamen Hütte, als ihn die Nachricht des Hauptquartiers über seinen in die Armbanduhr integrierten Fernschreiber erreicht.

Als er auf Skiern die Piste hinunterjagt, heften sich bewaffnete KGB-Killer (in schwarzer Kombination) an seine Fersen und eine wilde, halsbrecherische Verfolgung beginnt, bei der Bond die Russen durch seine Fahrkunst austrickst. Dabei tötet er – ohne es zu wissen – Sergei Borzov, den Liebhaber von Anya Amasova, mit einem Skistockgewehr made by Q, dem listigen Waffenmeister. Bond wird von den verbliebenen Mördern zum Aiguille du Mort gehetzt, einem mehrere hundert Meter steil abfallenden Berg. Dort glauben sie ihn endlich stellen zu können. Doch Bond schnellt sich in einem gigantischen Sprung über den Abgrund hinaus, fällt und fällt, scheint verloren! Da entfaltet sich ein Fallschirm mit dem Emblem des Union Jack. Unter dem schützenden Wahrzeichen Englands schwebt James Bond zur Erde und neuen Abenteuern entgegen . . .

KGB-Killer machen Jagd auf 007

James Bond (*Roger Moore*) meldet sich zum Dienst

In einer U-Boot-Basis an Schottlands Küste empfängt James Bond die ersten Informationen. Über den Verbleib der *Ranger* ist zwar immer noch nichts bekannt, doch hat ein anonymer Informant dem Secret Service in Kairo eine Mikrofilmvergrößerung zukommen lassen, auf der die genaue Kurslinie der *Ranger* verzeichnet ist, obwohl die Route strengster Geheimhaltung unterlag und Verrat ausgeschlossen wird. Major Boothroyd von Q Branch vermutet, daß der Informant versucht, ein »U-Boot-Ortungssystem« zu verkaufen, mit dem man die Schiffe aufgrund ihres leicht radioaktiven Kielwassers aufspüren kann. 007 wird mit dem Auftrag nach Kairo entsandt, das Ortungssystem zu beschaffen.

Der milliardenschwere Reeder Sigmund Stromberg, ungekrönter König einer Tankerflotte, sitzt zur selben Zeit in seiner gigantischen Unterwasserresidenz »Atlantis« in der Nähe Sardiniens. Dort beglückwünscht er die Wissenschaftler Bechmann und Markovitz zu ihrer genialen Erfindung, dem »U-Boot Ortungssystem«. »Leider muß ich Ihnen zu meinem Bedauern mitteilen, daß eine neue, äußerst gefährliche Situation eingetreten ist. Jemand hat versucht die Pläne unseres Ortungssystems zu verkaufen, und wissen Sie auch an wen? – An zwei rivalisierende Weltmächte!« erklärt ihnen Stromberg. Er schickt die Sekretärin aus dem Saal, und als sie den Lift betreten hat, öffnet Stromberg per Knopf-

007 (*Roger Moore*) erforscht die Mysterien der Wüste

druck eine Falltüre und befördert das Mädchen in ein Haifischbecken. Stromberg und die Wissenschaftler verfolgen die grausigen Szenen auf einem großen Bildschirm.

»Sie waren es, die mich verraten haben und nun werden Sie dafür bezahlen!« erhebt sich seine Stimme; fast freundlich verabschiedet der Reeder die beiden völlig verschüchterten Professoren: »Noch einmal, Gentlemen, meinen aufrichtigen Dank.« Er betätigt eine weitere Taste auf seinem Schaltpult und majestätisch steigt »Atlantis« aus der See. An Deck der riesigen Dreieckskonstruktion, die wie eine monströse Spinne aus dem Meer ragt, stehen unter Glaskuppeln mehrere Helikopter bereit. Als Bechmann und Markovitz zum Festland unterwegs sind, läßt Stromberg den Hubschrauber per Fernsteuerung explodieren. Nun erteilt auch er *seinen* Leuten, dem untersetzten Sandor und dem furchterregenden, hünenhaften Edelstahlgebißträger Beißer den Befehl, den Mikrofilm über das Ortungssystem unter allen Umständen wiederzubeschaffen.

James Bond ist inzwischen in Ägypten eingetroffen. In einem Nomadenlager in der Wüste besucht er zunächst einen alten Freund, der ihm die ersten wichtigen Information gibt: Ein gewisser Max Kalba ist jetzt im Besitz des Systems, aber um an Kalba heranzukommen, muß 007 erst Kontakt mit einem Mann namens Fekkesh aufnehmen.

Bond sucht Fekkesh in Kairo auf, findet aber nur seine Frau Felicca vor, die ihn verführen will. Gerade als es beginnt interessant zu werden, verübt Sandor ein Attentat auf Bond, bei dem Felicca versehentlich getötet wird. Sandor liefert 007 auf dem Dach des Gebäudes einen erbitterten Kampf und stürzt beinahe ab, ergreift aber im letzten Moment Bonds Krawatte. Dieser preßt noch Fekkeshs Aufenthaltsort aus Sandor heraus und läßt ihn dann buchstäblich fallen.

»Sie sind heute abend an einer der berühmtesten Stätten der Welt. Hier in der Ebene von Gizeh stehen jahrtausende alte Zeugen menschlicher Schöpferkraft ...«, verkündet der Lautsprecher dem großen Auditorium. James Bond ist zum Son-et-lumière gekommen, zu einer Darbietung, bei der Pyramiden und Sphinx durch die Kunst der Beleuchtung scheinbar zu neuem Leben erwachen. Der britische Agent hat Fekkesh entdeckt, der leise mit einem Mädchen (Anya Amasova) verhandelt. Doch die Gegenseite ist wachsam! Fekkesh erkennt plötzlich den Beißer, der aus der Dunkelheit hervortritt und bereut jetzt seinen Verrat. Er entschuldigt sich bei Anya, verläßt die Vorstellung und eilt zu Tode erschrocken davon. Als er merkt, daß er von dem Riesen verfolgt und bald eingeholt wird, flieht er in eine Grabesstätte, die mit einem Stahlgitter und einer Eisenkette gesichert ist. Doch Beißer zermalmt die Kette unter dem gewaltigen Druck seiner Kiefer und tötet Fekkesh mit einem Biß in den Nacken.

Bond hat Strombergs Henker verfolgt und stellt ihn, als er aus der Gruft tritt. Doch plötzlich gehen die Lichter aus und der Beißer ist verschwunden. Dafür ist Anya auf der Bildfläche erschienen, die annimmt, Bond habe Fekkesh umgebracht. 007 hat aber keine Zeit, sich mit Formalitäten aufzuhalten, da er in Fekkeshs Notizkalender die Adresse von Max Kalba, dem Verkäufer des Ortungssysxtems, gefunden hat. So schlägt er schnell Anyas Leibwächter k. o. und verabschiedet sich. James Bond stattet dem Mojave Club, dessen Eigentümer Kalba ist, einen Besuch ab und trifft Anya an der Bar wieder. Nachdem sie sich ein wenig unterhalten haben, ahnt Bond, daß auch der KGB hinter dem Mikrofilm her ist und sucht Kalba auf. Doch dieser hat Anyas Angebot schon gehört und da zwei Parteien am Kauf interessiert sind, versucht er den Preis hinaufzuschrauben. Das Meeting – Anya ist inzwischen auch dazugekommen – muß unterbrochen werden, da Kalba dringend am Telefon verlangt wird. In der Telefonzelle wartet bereits der Beißer auf einen frischen Happen – und den Mikrofilm . . .

Bond ist Kalba gefolgt und nachdem er dessen Leiche gefunden hat, bleibt er dem Beißer auf den Fersen. Dieser besteigt einen Kleintransporter und Bond springt auf die Ladefläche. Im letzten Moment gesellt sich Anya zu ihm. Der Beißer, der die Anwesenheit seiner blinden Passagiere durch ein Abhörgerät längst wahrgenommen hat, fährt aus der Stadt in die Wüste, zu einem verlassenen Tempel. Hier kommt es für Bond und Anya zur nervenaufreibenden Suche nach dem Killer, der irgendwo in den

James Bond (*Roger Moore*) und Sandor (*Milton Raid*) kämpfen über den Dächern von Kairo

Der Beißer (*Richard Kiel*) überfällt Anya (*Barbara Bach*)

Ruinen der alten Kultstätte auf eine Gelegenheit wartet, den beiden den Garaus zu machen. Als der Beißer endlich angreift, hat Bond keine Chance: Ein David ohne Schleuder, gegen einen Goliath mit Stahlgebiß. Da greift Anya zur Waffe und fordert den Beißer auf, den Film herauszugeben. Der Gorilla wirft ihn dem Mädchen vor die Füße und Anya fällt auf den alten Trick herein: Als sie sich bückt, schleudert ihr der Beißer Sand ins Gesicht. Während Anya mit dem Film zum Transporter flieht, wird der Unhold unter einem Gerüst begraben, das er selbst mit einem Schlag (der eigentlich für Bonds Kopf bestimmt war) zum Einsturz brachte. Im Auto nimmt 007 den Mikrofilm an sich und gerade wollen sie den Tempel verlassen, als der unverwüstliche Beißer den Transporter in seine Bestandteile zerlegt. Knapp entkommen sie seinen Fängen, doch das Fahrzeug ist schrottreif.

Nachdem der Motor seinen Geist endgültig aufgegeben hat, wandern Bond und Anya zum Ufer des Nil, wo sie auf einem Schiff eine neue Transportmöglichkeit finden. An Bord prüft und kopiert James Bond heimlich den Film und kümmert sich dann um das Mädchen, das von den Strapazen überfordert scheint. Bond wird jedoch von Anya betäubt und um den Film erleichtert.

Am darauffolgenden Tag begibt sich 007 in die Katakomben des Ramses-Tempels, die dem Secret Service als momentanes Hauptquartier dienen. Hier muß er von seinem Chef M erfahren, daß die Regierungen der UdSSR und Großbritanniens beschlossen haben, diese Angelegenheit gemeinsam auszufechten. General Gogol, der Kopf des KGB, und Anya Amasova sind ebenfalls anwesend und nach einem Rundgang durch die Anlagen sehen sie sich

007 (*Roger Moore*) versucht, mit dem Beißer (*Richard Kiel*) fertigzuwerden

Mit Naomi (*Caroline Munro*) und Anya (*Barbara Bach*) auf Sardinien

unter der Leitung von Q die Mikrofilmvergrößerungen an. Dabei fällt Bond ein Zeichen auf, das versehentlich fotografiert wurde: das Wappen der Stromberg-Schiffahrtslinie! Bond und Anya sollen dieser heißen Spur sofort nachgehen . . .

Mit dem Zug reisen die beiden zu Strombergs Labor nach Sardinien. Unterwegs kommt es zu einem heißen Kampf zwischen Bond und dem Beißer, der sich ins Abteil eingeschlichen hatte. Bond wird wie ein Punchingball behandelt und nur mit Hilfe einer stromführenden Lampe, die er mit dem Gebiß des Riesen in Berührung bringt, kann er den Beißer momentan überwältigen und aus dem Zug werfen. Da Bond nun Anya das Leben gerettet hat, ist das Eis gebrochen.

In Sardinien angekommen, erhält 007 vom guten, alten Q einen englischen Sportwagen, den Lotos Esprit und damit fahren die beiden zu ihrem Hotel an die Küste. Dort lassen sie sich als Ehepaar Sterling eintragen und Bond erfährt, daß seiner Bitte, Strombergs »Atlantis« besichtigen zu dürfen, stattgegeben wurde. Bald holt sie ein Motorboot ab und Bond stellt sich als Meeresbiologe vor, der den Reeder interviewen möchte.

In »Atlantis« wird Anya von Naomi, der Empfangsdame Strombergs, herumgeführt, während Bond die Ehre zuteil wird, den reichsten Mann der Welt persönlich kennenzulernen. Der Agent ist von der kolossalen Ausstattung des Arbeitszimmers fasziniert: statt Fenstern gibt es riesige, beleuchtete Aquarien, die Einrichtung ist hypermodern . . .

»Warum versuchen wir, den Weltraum zu erobern, wenn sieben Zehntel unserer Erde noch unerforscht sind?« – Bond fährt herum und steht einem Mann in einem schwarzen kuttenähnlichen Gewand gegenüber – Stromberg! Er zeigt Bond das Modell einer gigantischen Unterwasserstadt.

»Die einzige Hoffnung der Menschheit!« meint er pathetisch. »Wir haben alle unsere Träume«, gibt Bond unbeeindruckt zurück.

»Kein Traum, Mr. Sterling, schon bald eine Realität!« murmelt Stromberg. Als 007 und Anya »Atlantis« verlassen haben, schickt der Reeder seine rechte Hand, den Beißer herein, der die beiden als die lästigen Schnüffler identifiziert. Stromberg erteilt Befehl, sie zu beseitigen.

Auf einer inoffiziellen zweiten Erkundungsfahrt zu Strombergs Labor, werden James Bond und Anya von einem Motorrad mit Beiwagen verfolgt. Als Bond auf der schmalen Straße vor einem Lastwagen stark bremsen muß, löst sich der Beiwagen hinter ihnen von der Maschine ab und rast, einer Rakete gleich, auf sie zu. Im letzten Augenblick kann Bond den LKW überholen, so daß der Anhänger getroffen wird und in die Luft fliegt. Danach nimmt ein mit Männern beladener Ford die Verfolgung des Lotos auf. Doch jetzt zeigt der Esprit, was wirklich in ihm steckt: die Schüsse der Gegner dringen nicht durch das Panzerglas der Fenster. Auf Knopfdruck schießt 007 eine geballte Ladung Öl auf die Windschutzscheibe des Ford, die den Verfolgern die Sicht nimmt. Der Wagen wird aus der Kurve getragen, der einzige Überlebende ist wie immer der Beißer. Doch nun beteiligt sich auch noch ein Hubschrauber an der Jagd. Unter seinem Dauerfeuer muß Bond alle Fahrkunst aufbieten, um nicht getroffen zu werden. Als die Straße am Meer endet, bleibt ihm nur noch der Landungssteg. Der Lotos schießt mit Vollgas durch die Luft ins Wasser. Im Hinabsinken macht das Automobil eine erstaunliche Metamorphose durch: es verwandelt sich in ein Mini-U-Boot, in dem vom Tiefenmesser bis zum Periskop alles vorhanden ist! Als der Hubschrauber im Fadenkreuz eines Bildschirmes erscheint, schießt ihn Bond mit einer kleinen Rakete ab. Dann machen sie sich auf den Unterwasserweg zu Strombergs Labor.

Stromberg (*Curd Jürgens*) träumt von einem Weltreich unter Wasser

Strombergs gigantisches Marine-Laboratorium

007 flüchtet sich mit seinem Lotus Esprit unter Wasser

Im Maul der Liparus

Doch James Bond ist auch unter dem Meeresspiegel nicht sicher: Er wird von Tauchern mit Scootern und Harpunen angegriffen und kontert mit Nebelwolken und Wasserminen. Als der Lotos leckt, müssen sie unverrichteter Dinge an Land zurückkehren. Die Reaktion der Badegäste auf das ungewöhnliche Auftauchen des Amphibienfahrzeuges kann man sich vorstellen. Wieder im Hotel, erhält Bond die Nachricht, daß die *Liparus,* Strombergs Supertanker (über eine Million BRT) noch niemals einen Hafen angelaufen hat. Bond und Anya sollen sich den Tanker genauer ansehen. Durch Zufall erfährt Anya, daß James Bond für den Tod ihres Liebhabers Sergei verantwortlich ist. Sie schwört ihm Rache, nach Beendigung des Unternehmens zu vollziehen. So geht Bond mit einer doppelten Belastung dem neuen Auftrag entgegen.

007 und Anya werden auf die *U.S.S. Wayne* gebracht, die alsbald Kurs auf die *Liparus* nimmt. Nach ein paar Stunden Fahrt hat das U-Boot seine Position erreicht, der Tanker ist zu sehen. Plötzlich melden alle Decks totalen Stromausfall. Kapitän Carter läßt das Boot auftauchen und nachdem der Notstrom eingeschaltet wurde und die Mannschaft sich beruhigt hat, stellt Carter fest, daß die *Liparus* direkt auf die manövrierunfähige *Wayne* zuhält. Nun erfahren die Männer die schreckliche Wahrheit: der Bug der

Liparus klafft wie das Maul eines riesigen Fisches weit auseinander und das U-Boot wird von einem gigantischen Magneten im Inneren des Schiffes unaufhaltsam angezogen. Wie gelähmt wartet die *Wayne* darauf, verschluckt zu werden. Donnernd schließt sich der Rachen des Tankers und Bond und Anya sitzen gemeinsam mit der Crew in der Falle.

Tausende von Neonröhren vertreiben die Dunkelheit im Bauch der *Liparus,* als Stromberg den Eingeschlossenen über Lautsprecher mitteilt, daß sie das Schiff sofort zu übergeben hätten, andernfalls drohe ihnen der Tod durch Zyanidgas. Der Mannschaft bleibt keine Wahl: Sie verläßt das U-Boot und ist von der Größe dieses »Laderaums« überwältigt: die beiden vermißten Schiffe liegen an großen Docks, hunderte von rotuniformierten Wachtposten mit Maschinenpistolen laufen oder fahren in Jeeps umher, werden von Aufzügen befördert, stehen auf der stählernen Kommandobrücke und begeben sich auf Strombergs Befehl in die gekaperte *Ranger* und *Potemkin.*

Bond und Anya werden erkannt und zu Stromberg gebracht, der den Gefangenen seinen Standpunkt klarmacht:

»Um zwölf Uhr werden die U-Boote ihre Abschußposition erreicht haben, und Minuten später haben Moskau und New York aufgehört zu existieren. Globale Vernichtung ist die Folge, und ein neues Zeitalter bricht an!«

Der wahnsinnige Stromberg will Moskau und New York mit den nuklearen Polarisraketen zerstören und nach dem endgültigen III. Weltkrieg eine neue Zivilisation auf dem Meeresgrund schaffen.

Anya muß Stromberg nach »Atlantis« begleiten, James Bond soll zu den anderen Gefangenen gebracht werden. Unterwegs gelingt es ihm, zu fliehen und in einem kühnen Handstreich die gefangenen Besatzungen der drei U-Boote zu befreien. Die Männer besetzen das Waffenarsenal und nun beginnt ein Mini-Krieg um den Tanker: vereinte Engländer, Russen und Amerikaner liefern sich eine heiße Schlacht mit Strombergs rotbetuchten Schergen. Bond und die Männer erobern zwar die unteren Decks, aber es wird ein Pyrrhussieg. Die alles entscheidende Kommandozentrale ist durch eine ungeheure Panzerung uneinnehmbar: heranstürmende Soldaten sterben im MG-Feuer oder werden mit Flammerwerfern verbrannt, Granaten bleiben fruchtlos. Da hat Bond eine Idee: um die stählerne Nuß der Zentrale zu knacken, ist der Sprengkopf einer Nuklearrakete erforderlich!

Nachdem eine Polarisrakete fachmännisch zerlegt und der Zündkopf herausgenommen wurde, plaziert Bond die Bombe unter Feuerschutz vor der hermetisch abgeriegelten Kommandozentrale. Die Explosion reißt ein großes Loch in die Panzerung, durch das die Männer in das Steuerwerk des Tankers eindringen. Ihnen wird wenig Widerstand geleistet. Sind nun Strombergs Leute besiegt, so beginnt jetzt der Wettlauf mit der Zeit. Die Uhr zeigt im wahrsten Sinne des Wortes 5 vor 12! Bond und Carter begeben sich zum Computerspeicher, rufen die Standorte der *Ranger* und *Potemkin* ab und geben die Position des ersten U-Boots dem zweiten als neues Ziel an und umgekehrt! Strombergs Leute an Bord der Boote empfangen die Zieländerung, programmieren die Raketen um und zünden sie Punkt 12 Uhr. In der Zentrale verfolgen Bond und Carter auf einem riesigen Globus den Flug der alles vernichtenden Waffen, um ein Haar treffen sie sich in der Luft, setzen dann aber ihre Bahn fort und zerstören die U-Boote. Auf dem Globus verlischt die Koordinatenanzeige, die Gefahr ist gebannt.

Stromberg (*Curd Jürgens*) setzt Anya (*Barbara Bach*) und 007 (*Roger Moore*) seine Strategie auseinander

Nun beeilen sich die Männer, den in Detonationen erbebenden Tanker mit dem verbliebenen U-Boot so schnell wie möglich zu verlassen. Das mit drei Mannschaften überladene Boot muß sich den Weg aus dem Tanker freitorpedieren, während hinter ihm das absolute Chaos über die untergehende *Liparus* hereinbricht. Auf hoher See erhält Carter den Befehl Strombergs, »Atlantis« sofort zu vernichten. Bond bittet um eine Stunde Aufschub, um Anya aus den

Klauen des Reeders zu befreien. Auf dem Sattel des »Wassermotorrades Wetbike« (eine Entwicklung von Q Branch) reitet 007 zur Bastion des Bösewichts. Als er »Atlantis« erreicht, empfängt ihn Strombergs Lautsprecherstimme:

»Guten Tag, Mr. Bond, ich habe Sie erwartet! Bleiben Sie, wo Sie sind, ich schicke Ihnen den Fahrstuhl herunter.« Als Bond mit dem Lift nach oben fährt, betätigt Stromberg den Knopf für die Falltüre zum Haifischbecken. Doch James Bond dient nicht den Haien zum Fraß! Die Aufzugstüre öffnet sich und Bond steht mit gespreizten Beinen über der gähnenden Leere, die Pistole auf Stromberg gerichtet:

»Eine bodenlose Gemeinheit.« Doch Stromberg hat noch ein As im Ärmel. Als sich James Bond auf seine Anweisung an die lange Tafel setzt, versucht ihn Stromberg durch eine Raketenpistole, die mit langem Lauf an der Unterseite der Tischplatte angebracht ist, zu ermorden. Bond kann im letzten Moment vom Stuhl aufspringen und Stromberg erschießen. Dann sucht er verzweifelt das Mädchen. Dabei trifft er auf den schrecklichen Beißer. Der nun folgende Kampf verlagert sich von den Gängen der Unterwasserfestung in einen bizarren Raum, der das Haifischbecken beherbergt. 007 wird vom Beißer in die Enge getrieben und flieht auf einen schmalen Steg, der das Becken überspannt. Sein Gegner kommt immer näher. Da blickt Bond nach oben: ein großer Elektromagnet! Er eilt zur Schalttafel und senkt den Magneten über den ahnungslosen Beißer. Mit einem Ruck reagiert das Stahlgebiß und der Beißer »klebt« mit seinem Gesicht am Metall. Bond schwenkt den hilflos zappelnden Schurken über das Becken und bemerkt spöttisch: »Sie hängen wohl sehr an Ihrem Job?« Dann schaltet Bond den Strom ab und der Beißer plumpst ins Wasser. James Bond sucht weiter nach Anya. Endlich findet er sie und während er ihre Fesseln löst, wird »Atlantis« vom ersten Torpedo getroffen. Beißer hat inzwischen ganze Arbeit geleistet und den Hai totgebissen! Doch als weitere Detonationen Strombergs Konstruktion erschüttern, wird er von der herabstürzenden Decke begraben. »Atlantis« beginnt abzusacken, Bond und Anya müssen schnell fliehen, um nicht zu ertrinken. Da entdeckt Bond eine »Escape Chamber«, die ein komfortables Mini-U-Boot darstellt (sogar der Champagner ist schon bereitgestellt!). 007 sprengt die Kapsel frei und sie driften an die Oberfläche. Anya bringt es nicht übers Herz, den Mann, den sie während ihres Auftrages kennen und lieben gelernt hat, umzubringen.

Auch der Beißer hat die Katastrophe überlebt und schwimmt einsam in der grenzenlosen Weite des Meeres davon.

Der Endkampf im Inneren der Liparus

James Bond macht einen Ausflug

Der Beißer (*Richard Kiel*) hat einen riesigen Appetit

The Spy Who Loved Me ist der zehnte und erfolgreichste Film der Bond-Serie. Nach Maurice Binders brillantem Titel beginnt das Super-Remake aller 007-Abenteuer in Schottland. *The Spy Who Loved Me* spielt an ungewöhnlichen Schauplätzen (Sardinien, Ägypten, Bahamas, Golf von Biscaya, Kanada und Schweiz) und strotzt vor Abwechslung und Farbigkeit.

In *The Spy Who Loved Me* liefert Roger Moore – neben *Moonraker* – seine beste 007-Darstellung, spielt sicher, frei und ungezwungen. Moore verbesserte seine James Bond-Interpretation seit *The Man With The Golden Gun* wesentlich und ist nun mit der Rolle des Geheimagenten ebenso verwachsen wie seinerzeit Sean Connery. Das Beeindruckendste an *The Spy Who Loved Me* sind die gigantischen Aufbauten, die wieder einmal Oscar-Preisträger Ken Adam entwarf. Der Production-Designer schuf die Innenausstattung des riesigen Tankers *Liparus,* die keine der vorhandenen Hallen in den Pinewood-Studios aufnehmen konnte. Also baute man kurzerhand die größte Filmhalle der Welt und taufte sie »007«. Ken Adam konstruierte ebenfalls Strombergs Atlantis und dessen Kommandozentrale. In der 118 Meter langen, 49 Meter breiten und 15 Meter hohen »007« findet dann auch die eindrucksvollste Endschlacht aller James Bond-Abenteuer statt. Das amerikanische Nachrichtenmagazin *Newsweek* stellte 1977 fest, daß *The Spy Who Loved Me* eine gekonnte Mischung aus *Jaws* (Der weiße Hai), *The Deep* (Die Tiefe) und *Star Wars* (Krieg der Sterne) sei. Tatsächlich erinnert die große Schlacht im Bauch des Tankers eher an einen Science Fiction-Film als an ein James Bond-Abenteuer.

Die Gigantomanie dieses 13 Millionen-Dollar-Streifens ist aber auch an anderen Stellen sichtbar: schon nach der einmaligen Pre-Title Sequence ahnt der Betrachter, was ihn in den kommenden 120 Minuten erwartet.

The Spy Who Loved Me besitzt einen der besten Bösewichte überhaupt: Curd Jürgens als wahnsinniger Reeder Sigmund Stromberg. Jürgens spielt seinen Part überzeugend mit einer gekonnten Boshaftigkeit, die anscheinend nur deutsche Schauspieler aufbringen können. Wie ein einsamer König in seinem verwunschenen Meeresschloß, sitzt Jürgens in ein wallendes Gewand gehüllt und wartet auf das Erscheinen seines Henkers Jaws. Richard Kiel, der den Beißer darstellt, eignet sich für diese Rolle ganz ausgezeichnet und ist mit seinen 315 Pfund sicherlich Bonds »schwerster« Gegner. »Kiel bekam ein metallenes Spezialgebiß verpaßt, das sich zum Durchbeißen zarter Menschenhälse eignet . . . und bei Berührung mit Elektronik Funken sprüht *(Cinema)*«

Strombergs Traum von einem neuen Atlantis versinkt

Wie in Goldfinger, so erhält der beste Geheimagent Ihrer Majestät auch in *The Spy Who Loved Me* ein »Wunderautomobil«: den englischen Sportwagen Lotos Esprit. Dieser stromlinienförmige Flitzer besitzt nicht nur kugelsichere Scheiben, Ölsprüher etc., sondern kann auch *unter* Wasser fahren. Die Verfolgungsjagd, in der James Bond zunächst von einem Motorrad, dann von einem Hubschrauber angegriffen wird, ist eine der spektakulärsten Szenen des Films. Erwähnenswert ist auch James Bonds »Wassermotorrad Wetbike« (ebenfalls eine Q-Entwicklung), das schon bald in Serienproduktion gehen wird.

007-Gespielin Barbara Bach erhielt in *The Spy Who Loved Me* die Rolle ihres Lebens. Denn gerade im zehnten Bond-Epos erfährt die »Bondine« eine ungeheure Aufwertung, fast Gleichberechtigung (diese Tendenz setzt sich in *Moonraker* fort). Die schöne Italienerin erhielt nach ihrer Anya Amasova-Darstellung gleich ein paar Angebote: so spielte sie in dem Science Fiction-Abenteuer *The Humanoid (Kampf um die fünfte Galaxis)* und im Kriegsfilm *Force 10 From Navarone (Der wilde Haufen von Navarone).*

Regisseur Lewis Gilbert, der schon 1967 den Bond-Streifen *You Only Live Twice* inszeniert hatte, vollbrachte in *The Spy Who Loved Me* einen ausgezeichneten James Bond-Film, den man als *Goldfinger* unter den Roger Moore-Bonds einstufen könnte. Das Nachrichtenmagazin *Newsweek* faßte alle Eindrücke so zusammen:

»Der Film, in sieben Ländern aufgenommen, ist so reich an Fantasie, angefüllt mit wunderbarer Szenerie und prächtigen Frauen, grotesken Bösewichten und unvorstellbaren Situationen, daß es leichter ist, den Zweifel auszuklammern und im Gadgetry und Glamour zu entfliehen. Alles in allem ein 13 Millionen-Dollar-Film, der dies auch zeigt und dessen einzige Aufgabe es ist, den Zuschauer gut zu unterhalten.«

Anya (*Barbara Bach*) will James Bond (*Roger Moore*) endlich umbringen – weiß aber dann doch eine bessere Lösung

Moonraker

1979

Moonraker – Streng geheim

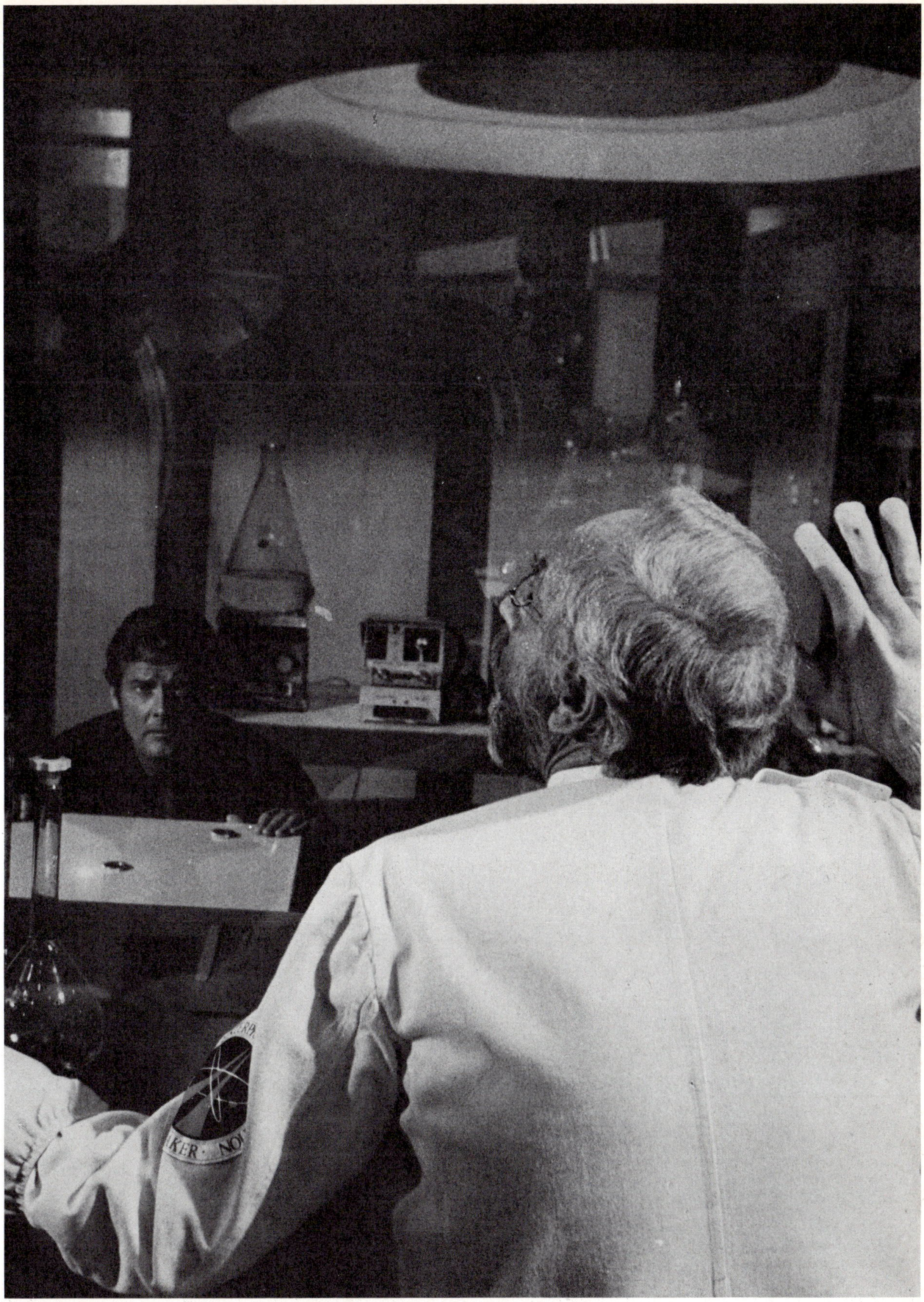

007 (*Roger Moore*) verschuldet in Drax' Geheimlabor
den Tod zweier Wissenschaftler.

Frankreich 1978/79. Eine Eon-Produktion. Im Verleih der United Artists. *Regie* Lewis Gilbert. *Producer* Albert R. Broccoli. *Drehbuch* Christopher Wood, nach dem gleichnamigen Roman von Ian Fleming (London 1955, deutsch: Moonraker – *Streng geheim,* Goldmann TB 3888). *Kamera* Jean Fournier, Claude Renoir. *Musik* John Barry (Titelsong »Moonraker« gesungen von Shirley Bassey, UA/LP UAG-30247). *Schnitt* John Glen. *Ton* Daniel Brisseau. *Production-Design* Ken Adam. *Art Directors* Peter Lamont, Charles Bishop, Max Douy. *Titel* Maurice Binder. *Special Effects* Derek Meddings, Paul Wilson. *Special Photographic Effects* Robin Browne. *Make-up* Monique Achambault, Paul Engelen. *Darsteller* Roger Moore *(James Bond),* Lois Chiles *(Holly Goodhead),* Michael Lonsdale *(Hugo Drax),* Richard Kiel *(Jaws/Beißer),* Corinne Clery *(Corinne Dufour),* Toshiro Suga *(Tschang),* Bernard Lee *(M),* Desmond Llewelyn *(Q),* Geoffrey Keen *(Frederek Gray),* Lois Maxwell *(Miss Moneypenny),* Leila Shenna *(Stewardeß). Länge 126* Minuten.

Roger Moore und Leila Shenna proben die Verführungszene der Pre-title Sequence.

Die amerikanische Raumfähre MOONRAKER wird von der Raumfahrtbehörde NASA auf dem Rücken einer Boeing von Kalifornien nach London zur dortigen Luftfahrtausstellung transportiert. So lautet die offizielle Version für die Medien. In Wirklichkeit aber haben britische Wissenschaftler ein neues System zur Ortung von Wärme im Weltraum entwickelt und wollen damit am MOONRAKER ihre eigenen Tests durchführen. Da auch die amerikanische Regierung an der Erfindung interessiert ist, leiht sie die Milliarden-Dollar-Fähre an England aus. Der Flug verläuft zunächst planmäßig. Als sich die Boeing über dem kanadischen Yukon-Gebiet befindet, kommen zwei Unbekannte aus ihren Verstecken im MOONRAKER und besetzen das Cockpit der Raumfähre. Sie zünden die riesigen Trieb-

James Bond (*Roger Moore*) und Jaws (*Richard Kiel*) sind von Größe und Ausstattung der Schaltzentrale, in der Hugo Drax (*Michael Lonsdale*) residiert, beeindruckt.

werke und starten. Die Boeing wird verbrannt, explodiert und stürzt ab.

In London erhält Geheimdienstleiter M vom Verteidigungsminister den Auftrag, unter allen Umständen, koste es was es wolle, den MOONRAKER wieder herbeizuschaffen. M vertraut diesen schwierigen Einsatz seinem besten 00-Agenten James Bond an, doch dieser ist momentan nicht erreichbar.

James Bond befindet sich an Bord eines luxuriös ausgestatteten Air-Jets. Als einziger Passagier nutzt er die Zeit und versucht, die Stewardess zu verführen. Plötzlich legt sie eine Pistole auf ihn an, und der Co-Pilot betritt den Passagierraum. Er trägt Helm und Fallschirm: »Hier müssen Sie aussteigen, Mr. Bond«.

»Ist es dazu nicht ein wenig zu früh?« antwortet 007.

Daraufhin zerschießt der Pilot die Armaturen im Cockpit. Bond nutzt dic Gelegenheit und wirft sich auf seinen Gegner. In einem erbitterten Kampf prügeln sie sich durch das Flugzeug. Als die Kämpfenden den Notausgang der Maschine erreichen, öffnet der Feind die Luke, an der 007 lehnt. James Bond steht jetzt in der Öffnung – hinter sich gähnende Leere – und muß einige schwere Schläge einstecken, da er beide Hände am Lukenrahmen verkrallt hat, um nicht weggerissen zu werden. Das Flugzeug gerät in Turbulenzen, Bond wird auf seinen Gegner geschleudert und das Blatt wendet sich. Der Co-Pilot verliert das Gleichgewicht und Bond kann ihm zu einem Freiflug aus der Maschine verhelfen.

Doch Bonds Triumph währt nicht lange. Als er dem rudernden Piloten nachblickt, erhält er plötzlich von hinten einen heftigen Stoß und stürzt *ohne Fallschirm* aus der Maschine. Es gelingt ihm, den Co-Piloten einzuholen, ihm den Fallschirm zu entreißen und ihn sich überzustreifen. Nun tritt der Mann in Aktion, der für Bonds Fall eigentlich verantwortlich war: Jaws, der Beißer. Er springt mit seinem Schirm hinterher, hat Bond erreicht und will gerade das Stahlgebiß in Bonds Fleisch versenken, als dieser die Reißleine des Fallschirms zieht und sich damit aus dem Gefahrenbereich des Riesen katapultiert. Jaws betätigt nun seine Leine, doch so heftig, daß er den abgerissenen Griff in der Hand hält, der Schirm aber geschlossen bleibt. Mit erstaunter Miene fällt der Beißer zur Erde. Er bricht durch die Decke eines Zirkuszelts, das wie von einer Kanone getroffen zusammenstürzt . . .

Im Hauptquartier des Secret Service erfährt James Bond bei einer Besprechung mit M, Q und dem Verteidigungsminister Frederick Gray alles Wissenswerte über das MOONRAKER-Hijacking. Q zeigt Bond auf einem Monitor die Absturzstelle der 747

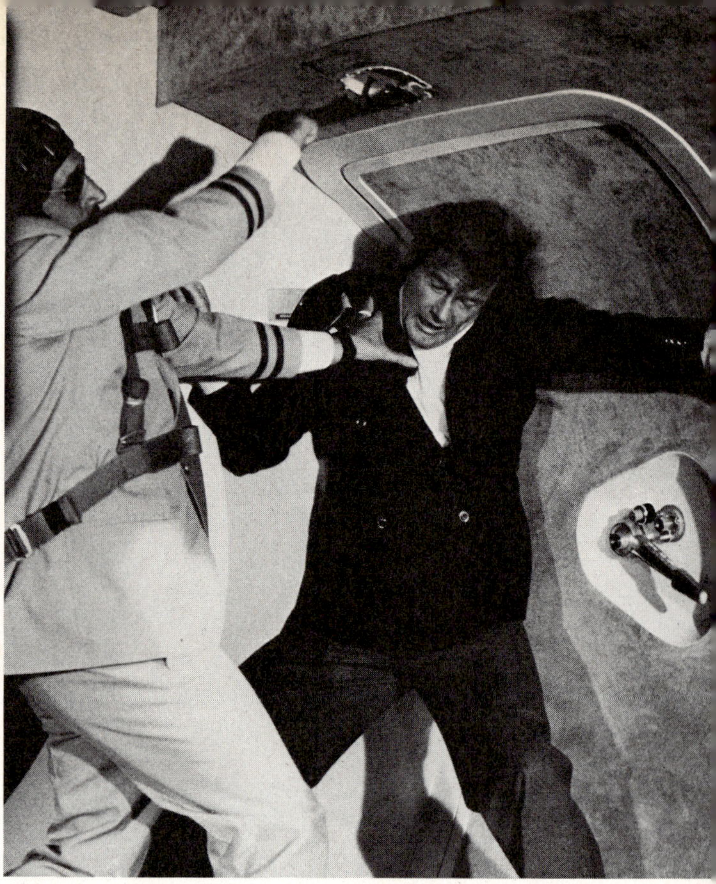

James Bond (*Roger Moore*) kämpft verzweifelt gegen den feindlichen Piloten (*Jean-Pierre Castaldi*).

und erklärt, daß bei den Wrackteilen keine Spur der Raumfähre gefunden wurde. Folglich muß der MOONRAKER entführt worden sein.

007 schlägt vor, die Untersuchungen in Kalifornien zu beginnen, wo der MOONRAKER von den Drax Industries hergestellt wird. M schärft Bond nochmals ein, einen internationalen Zwischenfall um jeden Preis zu vermeiden, denn MOONRAKER ist streng geheim. Bevor sich 007 auf die Reise begibt, erhält er von Waffenmeister Q einen Apparat, ähnlich einer Armbanduhr. Dieses Gerät wird durch Nervenimpulse des Handgelenks ausgelöst und verschießt wahlweise Betäubungs- und Zyankalipfeile.

»Ganz neuartig, Q. Sie sollten sich wirklich anstrengen, das bis Weihnachten auf den Markt zu bringen«, meint Bond.

Vom Los Angeles Airport fliegt die wunderschöne Pilotin Corinne Dufour den Geheimagenten im Privathubschrauber zum gewaltigen Industriekomplex des Hugo Drax. Unter ihm liegen bald unzählige Hangars, Testzentren, Werkshallen und Konstruktionsanlagen. James Bond erfährt von Corinne, daß Drax an der Weltraumerschließung persönliches Interesse hat. Da die NASA finanziell in Nöten ist, kann sie das Geld, das Drax hineinzupumpen bereit ist, kaum zurückweisen. Langsam wird Bond klar, über welchen Einfluß dieser Mann verfügt. Da

böse. Dann schnippt er mit den Fingern, die Hunde stürzen sich auf das Fleisch und verschlingen es.

»Die Eroberung des Weltraums stellt eine Investition in die Zukunft der gesamten Menschheit dar«, fährt Drax fort, »deshalb entspricht es der Logik, das Beste auszuwählen, was jede Nation zu bieten hat«.

»Beziehen Sie sich auf Menschen oder Fähigkeiten?« fragt 007.

»Auf beides, Mr. Bond«.

Kaum hat 007 das Zimmer verlassen, als sich Drax an seinen Leibwächter und Diener Tschang wendet:

»Ich möchte, daß Du Dich um Mr. Bond kümmerst, Tschang. Sorge dafür, daß er zu Schaden kommt«.

Nach der unerfreulichen Unterhaltung ist Bond auf den Rundgang durch das Industriegelände gespannt. Corinne bringt ihn zu Dr. Holly Goodhead, einem sehr schönen Mädchen, die ihn überall herumführen soll. Als James Bond versucht mit Holly »näheren Kontakt« aufzunehmen, läßt sie ihn abblitzen. Auf dem Rundgang gelangen sie auch in einen Testhangar, der einen Gravitationssimulator beherbergt. Diese Zentrifugenschleuder simuliert die Schwerkraft, der man ausgesetzt wird, wenn man in den Weltraum fliegt.

taucht plötzlich ein Renaissance-Schloß hinter den Fabriken auf. Bond traut seinen Augen kaum. »Bis auf den letzten Stein aus Frankreich herübergeholt«, kommentiert Corinne. »Prachtvoll«, meint Bond bewundernd, »aber warum hat er nicht gleich den Eiffelturm dazugestellt?«

»Das wollte er ja. Doch die französische Regierung verweigerte die Ausfuhrerlaubnis«.

Als das Mädchen zur Landung ansetzt, kann 007 eine kleine Gruppe Menschen beim Training beobachten. Ihm fällt auf, daß alle sehr schön sind.

»Das sind die künftigen Astronauten«, erklärt Corinne. »Mr. Drax bezahlt das ganze Trainingspogramm aus eigener Tasche«. Das Mädchen begleitet 007 noch ins Schloß, dann bringt ein Diener den Agenten in Hugo Drax' Empfangszimmer. Die Innenausstattung des Schlosses ist märchenhaft. Bei Bonds Eintritt sitzt Drax gerade am Klavier und spielt Chopin. Er begrüßt Bond höflich, aber herablassend und macht die britische Regierung für den Verlust *seines* Space Shuttle verantwortlich. Während des Gesprächs tritt Drax an eine Silberterrine und wirft zwei riesigen Dobermännern Fleischklumpen hin. Diese rühren das Fleisch nicht an.

»Wie hätte Oscar Wilde es ausgedrückt? Ein Flugzeug zu verlieren, kann als Mißgeschick gelten. Zwei zu verlieren sieht nach Fahrlässigkeit aus«, sagt Drax

James Bond (*Roger Moore*) lernt durch einen wuchtigen Stoß des Beißers (*Richard Kiel*) das Fliegen.

Ein kleiner Flirt mit M's Privatsekretärin Miss Moneypenny (*Lois Maxwell*).

»Wollen Sie es versuchen?« fragt Holly.

»Warum nicht?« meint Bond.

Nachdem James Bond in der Kabine festgeschnallt worden ist, ruft Tschang das Mädchen ans Telefon. Tschang löst danach den diensthabenden Techniker ab und hat Bond nun in seiner Hand. Er beschleunigt die Zentrifuge auf das Maximum, so daß Bond fast zerquetscht wird. Im letzten Augenblick kann 007 Q's Armbandrakete auslösen und die Schleuder zum Stillstand bringen. Völlig am Ende, wird Bond von der bestürzten Holly befreit. Am Abend desselben Tages kommt der Agent in Corinnes Zimmer, um Informationen über geheime Forschungsprojekte des Drax-Konzerns zu erhalten. Das Mädchen weiß nur, daß irgendeine Geheimsache im Gange ist und die zuständigen Labors mit den Technikern ins Ausland gebracht wurden. Bond ist zufrieden, und weil er auch schon hier ist, bleibt er noch ein paar Stunden da. Noch in dieser Nacht dringt James Bond in Drax' Arbeitszimmer ein, findet den Safe und öffnet ihn, dank einem Spezialgerät der Q-Abteilung. Schnell photographiert er die Konstruktionszeichnungen des MOONRAKER und entdeckt dabei die Worte »Venini Glas«. Dann verläßt er das Zimmer. Tschang aber hat alles beobachtet.

Am nächsten Tag veranstaltet Drax eine große Jagd. Als Bond sich bei dem Multimillionär verabschieden will, meint dieser: »Schade, daß Sie uns schon verlassen«, er drückt 007 ein Gewehr in die Hand. »Ein schöner Sport.« Drax hat auf einem Baum einen Heckenschützen postiert, der Bond abknallen soll. Als ein paar Vögel auffliegen, legt Bond die Waffe an und feuert. Drax frohlockt: »Sie haben danebengeschossen, Mr. Bond!« Plötzlich fällt der Heckenschütze tödlich getroffen vom Baum.

Der Agent fährt ab und Drax wendet sich an Corinne, um sie für ihren »Verrat« zu bestrafen. Kaltblütig hetzt er die Dobermänner auf sie, die das Mädchen bald einholen und zerfleischen.

In Venedig besucht James Bond das Geschäft »Venini Glas«, besichtigt die Glasbläserei und nimmt an einer Führung durch das betriebseigene Museum teil. Dabei stößt er auf Holly Goodhead und das macht ihn mißtrauisch. Bond hat auch einige Glasbläser gesehen, die mit der Herstellung von Phiolen beschäftigt waren. Die Behälter haben eine eigenartige Form, die Bond schon auf den Konstruktionsplänen aus Drax' Safe bemerkt hatte. Diese Aspekte lassen ihm einen nächtlichen Besuch lohnenswert erscheinen. Doch zunächst gilt es, Holly ein paar Fragen zu stellen. Aber Bond kommt auch diesmal nicht weiter. Das Mädchen ist zu abgebrüht und beantwortet Bonds Fragen mit Leichtigkeit. Bond gibt auf und will per Gondel zum Hotel zurückfahren.

Auf dem Weg dorthin wird ein weiterer Mordanschlag auf den Agenten verübt, und als er den Attentäter tötet, verfolgt ein Motorboot seine Gondel. Doch 007 hat vorgesorgt: Q ließ in das Boot ein paar nette Tricks einbauen. So jagt die schwerfällige Gondel plötzlich wie ein Rennboot vorwärts, und nach einigen Runden durch die schmalen Kanäle endet die Verfolgung in einer Sackgasse. Aber das kann den Agenten nicht aufhalten, denn er verwandelt die Gondel mit einem Knopfdruck in ein Luftkissenfahrzeug, fährt aufs Trockene und prescht durch die gaffende Menschenmenge davon.

Bei einer zweiten Erkundung des »Venini Glas« entdeckt 007 ein geheimes Forschungslabor. Hier gehen merkwürdige Dinge vor sich: zwei Professoren arbeiten mit einer Flüssigkeit, mit der sie anscheinend nicht in Berührung kommen dürfen. Im Labor befinden sich auch Käfige mit Ratten, die zu Versuchszwecken benötigt werden. Es gelingt 007, eine Probe des Destillats zu entwenden, zerbricht dabei aber ein anderes Röhrchen und löst Alarm aus. Bond flieht aus dem Labor und beobachtet die weiteren Vorgänge: die Professoren sterben augenblicklich, während das mörderische Gift den Ratten nichts anhaben kann. Mit dem Giftröhrchen in der Brusttasche seines Pullovers verläßt James Bond die Glasbläserei. Draußen erwartet ihn Tschang in voller Kendo-Ausrüstung. Der folgende Kampf zieht sich vom Museum der Bläserei bis zu den Lagerräumen hin, wobei jede Menge Glas in die Brüche geht. Als 007 im Verlauf des Fights nach seiner Gift-Phiole sieht, stellt er fest, daß diese unversehrt ist!

James Bond ist Tschang in den Lagerraum gefolgt und wird von ihm hart mit einer Kette attackiert. Während auf dem Markusplatz ein Sänger mit Klavierbegleitung die Leute unterhält, wird der Kampf einige Stockwerke höher mit gleicher Vehemenz fortgesetzt. Endlich kann James Bond den Killer durch ein Fenster schleudern. Unten erfolgt ein lauter Krach – Tschang steckt kopfüber im Klavier. Bond blickt schnell hinab und kommentiert:

»Spiel's noch einmal, Sam«.

In derselben Nacht sucht James Bond Holly in ihrem Hotel auf, stellt fest, daß sie für den CIA arbeitet und schlägt ihr Zusammenarbeit vor. Nachdem 007 ihre sämtlichen Geheimwaffen entdeckt und durchprobiert hat, kann Holly Bond nicht länger widerstehen und sie lieben sich.

Tags darauf stattet James Bond dem »Venini Glas« einen dritten Besuch ab. Er wird von M, dem Verteidigungsminister und einem italienischen Poli-

Auf den Geheimagenten (*Roger Moore*) wird in der Zentrifuge eines Gravitationssimulators ein Mordanschlag verübt.

Durch seinen unwiderstehlichen Charme verschafft sich Agent 007 (*Roger Moore*) von Drax' hübscher Pilotin Corinne Dufour (*Corinne Clery*) die nötigen Informationen.

zeiaufgebot begleitet. Als sie gewaltsam in die Glasbläserei eindringen, muß 007 erkennen, daß er hereingelegt wurde: das Labor ist verschwunden. An seine Stelle ist ein feudaler Saal getreten, in dem Hugo Drax hinter einem großen Schreibtisch sitzt. Da die Gruppe auf James Bonds Wunsch Gasmasken trägt, ist die Situation mehr als peinlich. Der Minister entschuldigt sich bei Drax, und die Abordnung verläßt gedemütigt die Glasbläserei. Gray ist sehr verärgert und weist M an, den Auftrag einem anderen 00-Agenten zu übergeben. Nachdem Gray wütend gegangen ist, zeigt Bond seinem Chef die Gift-Phiole und M gibt 007 die Erlaubnis, inoffiziell weiterzuarbeiten. Offiziell fliegt James Bond nach Rio de Janeiro, um dort Urlaub zu machen. Im Lagerhaus der Glasfabrik hatte der Agent nämlich mehrere Kisten mit dem Aufdruck *Carlos & Wilmsberg, Rio de Janeiro* gesehen. Doch auch Jaws der Beißer, der in Drax' Diensten steht, macht sich auf die Reise nach Südamerika . . .

Gleich bei seiner Ankunft am Flughafen wird James Bond von einem hübschen Mädchen verfolgt, das er später in seiner Hotelsuite wiedertrifft. Sie heißt Manuela und ist ebenfalls für den Secret Service tätig. Sie soll 007 in Rio behilflich sein. Mitten im nächtlichen Karnevalstreiben dringt James Bond ins Lagerhaus von C & W, einer Tochtergesellschaft des Drax-Konzerns ein, während Manuela draußen Wache hält. Außer einem Aufkleber DRAX LUFTFRACHT kann 007 nichts Wichtiges entdekken. Manuela wird inzwischen vom Beißer angegriffen und nur das Auftauchen einiger Passanten verhindert, daß der Riese sie tötet. Doch nun ist James Bond auch schon zur Stelle und nimmt den Kampf gegen den Beißer auf. Da wird Jaws plötzlich von einem feiernden Menschenstrom fortgerissen, Bond und Manuela sind gerettet.

Am folgenden Tag trifft 007 auf dem Zuckerhut mit Holly Goodhead zusammen, um Informationen auszutauschen. Holly hat einige Drax-Flugzeuge mit unbekanntem Ziel abfliegen sehen. Als sie mit der Seilbahn ins Tal fahren wollen, gibt es einen heftigen Ruck und die Gondel kommt zum Stillstand. Natürlich hat der Beißer die Hand im Spiel. Er durchbeißt das Bremskabel der Gondel und fährt mit der zweiten Kabine an Bonds Seilbahn heran. Mit einem Sprung setzt Jaws auf die benachbarte Gondel und ringt mit 007 auf dem Dach des Gefährts. Holly hat inzwischen eine Kette gepackt, und nachdem sie den Beißer in die Gondel befördert haben, wirft Bond die Kette über das Drahtseil, nimmt Holly in die Arme und saust ins Tal. Der Helfershelfer in der Talstation sieht, daß das Manöver schiefgegangen ist und schickt Jaws in Bonds Gondel hinterher. Im letzten Augenblick springen Bond und Holly ab, der Beißer, der ja keine Bremsmöglichkeit mehr besitzt, rast mit voller Wucht in die Talstation und zerstört sie völlig.

James Bond und Holly sind noch einmal mit dem Schrecken davongekommen.

Plötzlich tauchen Sanitäter mit Tragbahren auf, schlagen Bond bewußtlos und schleppen Holly davon. 007 erwacht in einem Krankenwagen, festgeschnallt auf einer Bahre. Durch ein Ablenkungsmanöver Hollys gelingt es Bond, den Wärter zu überlisten und es entbrennt ein heftiger Kampf im fahrenden Krankenwagen. Dieser Fight entwickelt sich in solchem Maße, daß 007 zusammen mit Gegner und Bahre aus dem Auto geschleudert wird. Während Bond auf der Straße liegenbleibt, rast der Wärter auf der Bahre die Straße hinunter und donnert in eine Plakatwand hinein.

James Bond sucht nun die argentinische Geheimdienst-Niederlassung des Service auf. Nach einem Ritt durch die Pampas erreicht Bond die Hazienda. M, Moneypenny und Q warten schon auf ihn. Nach kurzer Demonstration seiner Neuentwicklungen gibt Q das Ergebnis der Analyse bekannt, die er an Bonds Röhrchen vornahm: Die Phiole enthält hochgiftiges Nervengas, das aus der *Orchidacea Negra* gewonnen wird, einer seltenen Orchideenart, die eigentlich als ausgestorben galt. Q berichtet weiter, daß das Gift keinen Einfluß auf Tiere oder Pflanzen besitzt.

»Ein Missionar brachte ein Exemplar vom Oberlauf des Amazoco mit«, schließt Q seinen Vortrag. James Bond soll nun zum Fundort der Pflanze fahren und dort weiterforschen. Für die Fahrt erhält 007 von Q einen Traum von Motorboot, in das natürlich einige Raffinessen eingebaut sind.

Nachdem James Bond den Flußlauf gefunden hat, greifen ihn Drax' Schnellboote an, haben aber gegen die Wasserminen und Torpedos des »Q-Craft« keine Chance. Nur das Verfolgerboot, in dem sich der Beißer befindet, bleibt Bond hart auf den Fersen. Die Jagd endet abrupt, als beide Boote in den Stromschnellen der Iguacu-Wasserfälle gefangen sind. Während Jaws und seine Leute in den grauenhaften Abgrund stürzen, klinkt Bond eine Plane mit Leichtmetallgestell aus, die sich über dem Deck des Q-Craft spannt und segelt als Drachenflieger über die Fälle hinweg.

Im Dschungel wird er von schönen Mädchen in eine verborgene Stadt gelockt, die Drax als Basislager auf der Erde dient. Als er einen ehemaligen Tempel betritt, glaubt er zu träumen: Hier verschmelzen Vergangenheit und Zukunft. Die Kultstätte ist mit herrlichen Ornamenten geschmückt, während eine Stahlbrücke über ein Wasserbecken führt. Aus vielen Nebengängen tauchen die schön-

James Bond (*Roger Moore*) dringt in Drax' Arbeitszimmer ein.

sten Mädchen auf, die der Agent jemals sah. Kaum hat Bond die Brücke betreten, als er auch schon ins Wasser katapultiert wird. Zu allem Unglück hält sich außer 007 auch noch eine riesige Python im Becken auf, die Bond unter Wasser zieht, ihn umschlingt und zu ersticken droht. Mit letzter Kraft ergreift Bond Hollys CIA-Kugelschreiber (mit integrierter Injektionsnadel und Giftfüllung) und rammt ihn dem Biest ins geöffnete Maul. Die Schlange hat genug, 007 schwimmt zum Beckenrand, wo schon der Beißer auf ihn wartet.

James Bond wird nun in Hugo Drax' Kommandozentrale geführt und darf dort den Start von vier MOONRAKER-Fähren miterleben. Jetzt ist 007 alles klar! Drax besitzt eine Weltraumstation und will von dort aus die Menschheit durch das Abwerfen von riesigen Giftgasbehältern vernichten. In der Station züchtet er seine Übermenschen heran, die die Erde später einmal bevölkern sollen. Durch einen unvorhersehbaren Defekt an einem der Space Shuttle war Drax gezwungen, seinen eigenen MOONRAKER zu entführen, um den Countdown nicht verschieben zu müssen. Jetzt sind die MOONRAKER mit den Astronauten an Bord auf dem Weg zu Drax' Weltraumstadt!

James Bond wird zu Holly Goodhead in einen großen, stählernen Raum gesperrt. Plötzlich gleitet die Decke zurück und die beiden erschauern, als sie erkennen, daß sie in der Rückstoßkammer der Rakete gefangen sind: Direkt über ihnen hängen die gigantischen Triebwerke des MOONRAKER 5, mit dem Drax den Flug ins All antritt. Bond verliert keine Sekunde. Schnell entnimmt er seiner Armbanduhr einen Minisprengsatz und zerstört das Gitter des Luftschachtes, den sie zur Flucht benutzen. In dem Moment startet der MOONRAKER. Das Feuer der Triebwerke verfolgt sie bis in den Schacht hinein und nur sehr knapp entkommen sie dem Flammentod. Am anderen Ende überwältigen Bond und Holly die Piloten, die MOONRAKER 6 zur Station bringen sollen. Die beiden Agenten bleiben unentdeckt, nehmen den Platz der Piloten ein und werden prompt in den Weltraum geschossen!

Die automatische Steuerung bringt sie zu Drax' gigantischer Weltraumstadt. Unterwegs betrachtet Bond die Passagiere des MOONRAKER auf einem Monitor. Bond und Holly transportieren zirka 25 Paare »Edelmenschen«. Plötzlich taucht Drax' Station auf, doch die Radarschirme orten nichts. Holly nimmt an, daß Drax ein Radar-Störsystem betreibt und somit die Erde von der Existenz der Station keine Ahnung hat. Nach dem erfolgreichen Andockmanöver an die Station beschließt Bond, das Radar-Störsystem zu demolieren, um die Erde auf die Vorgänge im Weltraum aufmerksam zu machen. Nur dadurch kann 007 überhaupt auf Hilfe hoffen.

An Bord der Station mischen sich Agent und Agentin unter die anderen Besatzungsmitglieder. Drax läßt alle in einer überdimensionalen Kontrollzentrale zusammenkommen und hält eine feierliche Ansprache: »Zuerst gab es nur einen Traum . . . nun die Wirklichkeit. Hier, in der unbefleckten Wiege des Himmels, wird eine neue Superrasse geschaffen werden. Ihr seid als ihre Erzeuger ausgewählt worden. Eure Nachkommen werden wie Götter zur Erde zurückkehren. Eure Kinder werden, wie Ihr selbst, der höchsten Dynastie unterworfen sein, die *ich allein* geschaffen habe. Vom ersten Tag an auf der Erde werden sie emporblicken und wissen, daß es Herrschaft und Ordnung im Himmel gibt.«

Nach der Rede zerstreut sich die Versammlung. Auf der Suche nach der Radarzentrale erkennen Bond und Holly, welche Größe diese Station im All eigentlich besitzt. Nachdem sie die Zentrale gefunden und die Techniker niedergeschlagen haben, eliminieren sie das Störsystem.

Durch das plötzliche Auftauchen der Weltraumstadt sichtlich beunruhigt, setzen sich die Amerikaner mit den Russen in Verbindung. Die USA und die UdSSR versichern sich gegenseitig, nichts mit der Station im All zu tun zu haben. Die Sowjet-Union überläßt es der NASA zu handeln, die nun ein Space Shuttle und eine Elitetruppe mit modernster Ausrüstung zur Drax-Station entsendet.

Inzwischen sind James Bond und Holly vom Beißer gefangen und vor Hugo Drax gebracht worden. Gerade hat der erste Gasbehälter das Raumschiff verlassen und rast auf die Erde zu. Da trifft die Nachricht vom Anflug der amerikanischen MOONRAKER ein und Drax ordnet an, den Laser auszufahren und sofort zu feuern, wenn die Fähre in Schußweite ist. Drax will diese ewigen Störenfriede jetzt endgültig aus dem Weg räumen und befiehlt Jaws, die beiden in die Luftschleuse zu werfen.

»Betrachten Sie Ihren Weg von dieser Welt zur nächsten, Mr. Bond«, spöttelt der Bösewicht und öffnet die Schleuse.

»Sie, Dr. Goodhead, werden die erste Amerikanerin im Weltraum sein«. James Bond hat plötzlich eine Idee:

»Drax, Sie würden nicht bestreiten, daß nur jene, die Ihren eigenen Maßstäben physischer und geistiger Vollkommenheit entsprechen, überleben werden?«

»Gewiß nicht«, antwortet Drax, »Jaws, bring die beiden her!« Doch der Beißer verweigert den Dienst und greift Drax' Männer an. Bonds Frage hat ihren Zweck erreicht. In dem folgenden Durcheinander kann 007 den Knopf zur Aufhebung der Gravitation

James Bond (*Roger Moore*) beobachtet vom Zuckerhut den Start der Drax-Transportflugzeuge und entdeckt die CIA-Agentin Holly Goodhead (*Louis Chilers*).

betätigen, die Station hört auf sich zu drehen und alles, was nicht fest auf den Beinen steht, wird umgerissen. Der NASA-MOONRAKER ist vor dem tödlichen Laserstrahl gerettet und dockt alsbald am Raumlabor an. Nachdem sich die Station wieder einigermaßen stabilisiert hat, läßt Drax zwei weitere Giftbehälter aus den Schleusen zischen. Doch inzwischen haben sich die Amerikaner ihren Weg durch die Kontrollräume »gelasert« und es beginnt eine allesvernichtende Wahnsinnsschlacht um die Weltraumstation des Hugo Drax. Jaws kämpft nun auf seiten Bonds, Holly schießt einen Gegner nach dem anderen ab, Detonationen links und rechts, Laserduelle im All, tote Astronauten driften in die Weite des Universums. Das macht die Station natürlich nicht lange mit und droht zu zerbrechen. Nachdem die NASA-Männer einen weiteren Gasbehälterabwurf verhindern konnten, fliehen sie in ihren intakten MOONRAKER. James Bond setzt dem Superverbrecher nach, der sich aus dem Staub machen will. Doch Drax hat einen Laserstrahler in der Hand und zielt auf den scheinbar wehrlosen 007. Da bringt James Bond noch einmal seine Armbandrakete zum Einsatz. Er jagt Drax das Geschoß in den Körper, schiebt ihn in die Luftschleuse und befördert ihn ins All hinaus.

Nun wird es auch für Bond und Holly höchste Zeit, die zerbrechende Weltraumstadt so schnell wie möglich zu verlassen. Sie besteigen einen MOONRAKER und wollen abfliegen, um die drei Giftkapseln rechtzeitig abzuschießen, bevor sie die Erdatmosphäre erreichen. Doch das Andock-System ist blokkiert. Da befreit der Beißer den MOONRAKER mit Riesenkräften und Bond und Holly machen sich an die Verfolgung der Gaskapseln. Der Beißer bleibt in der Raumstation zurück. Es gelingt James Bond, zwei der Kapseln in einem Irrsinnstempo mit dem automatischen Laser abzuschießen. Dann fällt die Automatik wegen zu großer Hitze aus. Der MOONRAKER beginnt bereits zu glühen! Der dritte Giftbehälter tritt schon fast in die Erdatmosphäre ein, als 007 ihn mit Handsteuerung zur Strecke bringt.

Auf der Erde verfolgen die NASA-Experten den erfolgreichen Ausgang des Unternehmens. Alle warten gespannt auf das Bild, das durch TV-Kameras vom Inneren des MOONRAKER auf den Schirm übertragen werden soll. Tatsächlich erleben M, Q, der Verteidigungsminister und die Techniker ein ungewöhnliches Bild: Bond und Holly lieben sich, schwerelos im Raum schwebend. Als James Bond die Kameras bemerkt, zieht er den Stecker und die Verbindung reißt ab. Dann wendet er sich Holly zu, die ihn bittet:

»James, noch einmal rund um die Welt . . .«

James Bond (*Roger Moore*) wird von einer unbekannten Schönheit (*Irka Bochenko*) ins Innere der Pyramide gelockt.

James Bond greift nach den Sternen!

Moonraker ist mein Lieblings-James-Bond-Film. Nach dem gewaltigen, ungeheuer erfolgreichen *The Spy Who Loved Me* (1977) hätte man eher einen Rückschritt, eine gewisse Dekadenz erwarten können. Genau das Gegenteil ist der Fall: *Moonraker* ist einer der unterhaltsamsten, temporeichsten und farbigsten James Bond-Filme überhaupt. *Moonraker* hat die atemberaubendsten Sets, die schönsten Frauen und die härtesten Kämpfe der ganzen 007-Reihe. Natürlich hat auch das elfte Geheimagenten-Epos ein paar Schwachstellen, die jedoch geschickt unter der andauernden Spannung des Films versteckt wurden. Lewis Gilbert, der bereits mit *The Spy Who Loved Me* ein Meisterstück der »Gadgetry and Glamour« lieferte, hat mit *Moonraker* einen Film gedreht, der ständig unter Druck steht, der ständig auf Hochtouren läuft. Im Gegensatz zu seinem 1967 gedrehten Bond-Streifen *You Only Live Twice* gibt es in *Moonraker* keine Minute der Langeweile. Christopher Wood hat wieder ein witziges, mit In-Jokes angereichertes Drehbuch verfaßt, und das Ganze wird durch die herrliche Kameraarbeit von Jean Tournier noch abgerundet. Alles in allem ist *Moonraker* als Nachfolger von *The Spy Who Loved Me* überdurchschnittlich gut gelungen.

Moonraker hat nach *Goldfinger* und *The Spy Who Loved Me* die beste Pre-Title Sequence: James Bond fällt ohne Fallschirm aus einem Flugzeug! Alles in *Moonraker* ist maßlos übertrieben, aber das ist ja gerade das Reizvolle. Auch das MOONRAKER-Hijacking ist sehr eindrucksvoll und schon vor dem Titelentwurf kann man dem Film sein 25 Millionen Dollar-Budget ansehen (unter anderem wird eine Boeing 747 in die Luft gesprengt). Das Publikum erhält auch schon einen Vorgeschmack auf die zu bewundernde Tricktechnik, die mit modernen Science Fiction-Filmen keinen Vergleich zu scheuen braucht. Eine der oben angesprochenen Schwachstellen tritt am Ende dieser Szene auf, als Jaws ins Zirkuszelt fällt, in dem gerade ein schwieriger Hochseilakt stattfindet. Diese Slapstik-Komik ist in einem James Bond-Film fehl am Platze und würde besser in einen Spencer&Hill-Prügelspaß passen. Maurice Binder hat den *Moonraker*-Titel mit gewohnter Brillanz entworfen und dazu singt Shirley Bassey (zum dritten Mal in einem 007-Thriller) das Titellied.

James Bond-Altmeister John Barry hat für *Moonraker* einen superben Soundtrack komponiert, der nur mit *Goldfinger* zu vergleichen ist. Schnell wechselnde Themen stehen für das Geschehen auf der Erde, dunkle, schwermütige Motive symbolisieren die Weite des Alls. *Moonraker* beginnt wie jeder andere James Bond-Film in M's Büro. Bernard Lee, der schon seit *Diamonds Are Forever* in Pension sein müßte, ist ebenso mit von der Partie wie Desmond Llewelyn als Waffenmeister Q. *Moonraker* läuft noch keine zehn Minuten, als James Bond auch schon den ersten Gimmick in der Hand bzw. um die Hand hat. Roger Moore spielt den Gentleman-Agenten zum vierten Mal und so sicher und routiniert, als hätte es vor ihm nie einen anderen 007-Darsteller gegeben. Zwar ist die Mimik seit *The Spy Who Loved Me* dieselbe geblieben, und wahrscheinlich ist Moore auch nicht mehr so darauf bedacht, einen *neuen* James Bond zu kreieren wie in *Live And Let Die* (1973), doch hat man ihn inzwischen akzeptiert und speziell die Jugend hält Roger Moore für den einzig wahren Bond-Darsteller (bei Fans der frühen Filme bestehen immer noch Zweifel). 1973 sagte Moore zu seiner Rolle als James Bond 007:

»Schauspielerisch war es für mich kein Problem, den knallharten, rücksichtslosen James Bond zu verkörpern. Der neue James Bond ist keine Sean Connery-Imitation, sondern meine Version«. Diesem gesunden wie zweckmäßigen Grundsatz ist Roger Moore auch in *Moonraker* treu geblieben.

Nachdem 007 seinen Auftrag erhalten hat, besucht er die Drax Industries in Kalifornien. Drax' Hubschrauberpilotin Corinne Dufour (Corinne Clery) setzt gleich den Maßstab für die anderen Hübschen, mit denen es Casanova-Bond in *Moonraker* zu tun haben wird: schön, intelligent und sexy. Beim Überfliegen des Drax-Konzerns fühlt James Bond, welche Macht der Millionär besitzen muß. Auch der Zuschauer ist von den gewaltigen, futuristischen Anlagen beeindruckt. Noch mehr beeindruckt ihn aber das Renaissance-Schloß, das hinter den Fabriken liegt. Hier persifliert sich *Moonraker* selbst: Der Bösewicht wird einem König gleichgesetzt, der in seinem Palast regiert. Vieles an *Moonraker* mutet märchenhaft an und es ist faszinierend, den Trend vom harten Spionage-Thriller *From Russia With Love* zum Weltraummärchen *Moonraker* zu verfolgen. In *Moonraker* hat die schon früher erwähnte »Überblendung« ins Science Fiction-Genre nun gänzlich stattgefunden. *Dr. No* und *Goldfinger* werden sich im Grabe umdrehen, wenn sie Bond mit seiner Laserwaffe durch die Gänge der Draxschen Raumbasis hetzen sehen.

Der ganze Weltraumschmus hat mit Ian Flemings gleichnamigem Roman überhaupt nichts mehr zu tun (ah, Halt! Der Protagonist ist der gleiche!). Auch dies läßt sich aus der Gigantomanie der späten Bonds ableiten: Ein 1955 veröffentlichter Roman der Unterhaltungsliteratur wird 1979 wahrscheinlich keinen Hund mehr hinter dem Ofen hervorlokken. Auf den neuesten Stand gebracht, gibt der Stoff eine passable Verfilmung ab. Aber den Stoff auf den

James Bond (*Roger Moore*) versucht, sich aus der tödlichen Umklammerung einer riesigen Pythonschlange zu befreien.

Stand von übermorgen zu bringen, ist ein alter Trick der Bond-Macher, der seit 1962 mit wachsendem Erfolg wiederholt wird.

In Hugo Drax' Schloß stehen sich Held und Bösewicht zum ersten Mal gegenüber und sind sich gleich herzlich unsympathisch. Hier darf die Szene, in der Drax den Hunden einige Fleischbrocken hinwirft, nicht unerwähnt bleiben. Die Dobermänner beherrschen ihre Freßlust und erst nach einem Fingerschnippen ihres Herrn packen sie zu. Dies ist ein erneuter Hinweis auf die Omnipotenz der Bond-Gegenspieler und augenblicklich gewinnt man vor Drax Respekt. Hugo Drax wird von Michael Lonsdale hervorragend verkörpert. Lonsdales Drax-Interpretation kommt der Dr. No-Darstellung Joseph Wisemans am ehesten gleich. Drax spricht immer ruhig, ist nie nervös und zeigt nur einmal eine emotionale Reaktion, nämlich, als der Beißer den Dienst verweigert. Nur schade, daß es am Ende des Films nicht zu einer handgreiflichen Auseinandersetzung zwischen James Bond und Drax kommt.

Als Bond nach dem Gespräch mit Drax einen Rundgang durch das Gelände macht, staunt das Publikum über die großen Fertigungshallen, in denen die MOONRAKER hergestellt werden. Diese Exkursion unternimmt 007 zusammen mit Holly Goodhead, gespielt von Lois Chiles, einem sehr hübschen Mädchen, in das sich Bond während des Auftrages sogar (ein wenig) verliebt. Anfänglich hat Bond aber keine Chancen bei ihr. Lois Chiles spielt die CIA-Agentin Holly natürlich und unverkrampft. Sie ist neben Barbara Bach die einzige Bond-Gespielin, die auch mit einer angemessenen Portion Gehirn ausgestattet ist (mal abgesehen von Diana Rigg als Tracy Bond in *On Her Majesty's Secret Service)*.

Als sich Bond leichtsinnigerweise in die Zentrifuge begibt, wird er von Drax' Diener Tschang (Toshiro Suga) um ein Haar getötet. Tschang stellt eine Miniaturausgabe von Oddjob dar, ist aber auf seine Weise sehr unterhaltsam. Die Schleuderszene schindet enormen Eindruck. Als Moore im tödlichen Karussell herumflitzt, hat der Zuschauer wieder einmal Angst um James Bond, dem es die Gesichtsmuskulatur gehörig verzieht. Als er dann von Holly befreit wird, kommt 007 kein Wort über die Lippen bringen. Schon deshalb ist die Szene in der Bond-Filmgeschichte einmalig.

Da auch die Liebe nicht zu kurz kommen darf, besucht James Bond die Pilotin. Danach findet er mit ihrer (unfreiwilligen) Hilfe Drax' Safe und öffnet ihn mit einem Gerät, das man als »Kombinationsermittlungscomputer« bezeichnen könnte. Vom Safeinhalt führt eine Spur nach Venedig . . .

Vor Bonds Abreise verschärft sich die Spannung zwischen ihm und Drax, und als 007 einem zweiten Mordanschlag ebenfalls entgeht, begnügt sich Drax damit, die Hunde auf die arme Pilotin zu hetzen. In dieser Szene sind herrliche Aufnahmen enthalten, als das Mädchen durch den Wald flieht. Sie wird natürlich von den Hunden eingeholt, denn auch das elfte 007-Abenteuer kommt nicht ohne das Motiv des »Opfertodes« aus.

In Venedig trifft Bond Holly bei der Führung durch das Museum einer Glasbläserei »zufällig« wieder. Alle James Bonds sind voll von seltsamsten Zufällen. Dieser hier ist in eine Führung verpackt worden, die für den Zuschauer insofern wichtig ist, als er hört, welch teure und erlesene Arbeiten hier aufbewahrt werden. Er ist dann um so mehr beeindruckt, als Bond und Tschang in der Nacht alles zerschmettern.

Nachdem 007 die Giftphiole aus dem Labor entwendet hat, stellt sich ihm Tschang in den Weg. Der folgende Kampf erinnert an gute alte Fights zwischen Sean Connery und Robert Shaw oder Connery und Harold Sakata. *Moonraker* ist auch der einmaligen Kampfszenen wegen sehenswert.

Als James Bond das Forschungslabor sicherstellen will, muß er erkennen, daß Drax ihn überlistet hat. In dieser Szene staunt der Betrachter einmal mehr über die faszinierende Innenausstattung des Draxschen Arbeitsraumes. Das ist das Schöne an *Moonraker:* Die Liebe zum Detail leidet nicht unter den kolossalen Aufbauten. Und schon ist der Zuschauer wieder an einem anderen Handlungsschauplatz: in Rio de Janeiro. Nach einigen Karnevalsausschnitten und einem Beißer-Kurzauftritt spielt sich über dem Zukkerhut ein dramatisches Highlight des Filmes ab: James Bond und Jaws kämpfen auf dem Dach der Seilbahn!

»Es wird immer schwerer, diese Filme zu drehen«, meint Roger Moore, »mit jedem Film wird die Action komplizierter und härter, in dem Versuch, den letzten Streifen zu übertreffen. Ich frage mich oft, ob ich es bis zur letzten Rolle Film schaffen werde.« Nachdem Beißer und Gondel die Talstation dem Erdboden gleichgemacht haben, schlägt sich 007 gleich in einem Krankenwagen weiter. Der Kampf spielt sich auf sehr engem Raum ab, doch dem Stunt-Coordinator gelang es, den Fight mit unglaublicher Schnelligkeit und Tempo zu inszenieren.

Moonraker parodiert sich selbst und aucg andere Filme. Wie James Bond in *The Spy Who Loved Me* als Lawrence of Arabia-Verschnitt auf einem Kamel durch die Wüste gondelte, so reitet er diesmal im Clint Eastwood-Poncho durch die argentinischen Pampas. Musikalisch wird die Szene mit einem kurzen Auszug aus Elmer Bernsteins *The Magnificent Seven* (1960) unterstrichen.

Jaws (*Richard Kiel*) zieht den erschöpften 007 (*Roger Moore*) aus dem Becken.

Rein inhaltlich ist *Moonraker* ein großes Remake aus allen vorhergegangenen 007-Filmen (Bootsjagden aus *Live And Let Die,* Plot aus *You Only Live Twice* und *The Spy Who Loved Me* usw.). Christopher Wood hat das ganze Abenteuer nur mit vielen SF-Elementen versehen, und die letzten 30 Minuten in den Weltraum versetzt. Now Outer Space belongs to James Bond!

Von der argentinischen Geheimdienstzentrale schickt M seinen besten Mann in den Dschungel von

Südamerika. Er erreicht gerade den Oberlauf des Amazoco, als 007 von Drax' Schnellbooten angegriffen wird. Die folgende, haarsträubende Jagd erinnert stark an die »fliegenden Boote«-Szene in *Live And Let Die.* Mit Hilfe der Q-Tricks kann Bond die Verfolger im wahrsten Sinne des Wortes »hochgehen« lassen. Als der Agent auf die riesigen Wasserfälle zuschießt, scheint er verloren. Das ist beste Saturday Afternoon-Serial-Tradition! James Bond überwindet das Hindernis mit einem Flugdrachen. Wieder ein Beispiel für *Moonrakers* maßlose Übertreibungen, aber auch für seinen Einfallsreichtum.

Nun präsentiert sich wieder *Moonraker,* das Märchen: 007 wird von schönen Mädchen in einen alten Tempel gelockt, der Drax' Zentrale beherbergt. Wie im Traum folgt Bond den »Elfen«. Nachdem das Publikum die Kombination Exotik (Dschungel)/Aufbauten (Tempel) genossen hat, wird es gleich wieder gethrillt, als 007 zur Pythonschlange ins Becken stürzt. Alle großen Bösewichte halten ihren kleinen Zoo: so tauchen in den Filmen Schlangen, Krokodile und Piranhas ebenso auf wie Haie und Spinnen. James Bond in einem Weltraumabenteuer mit der Python kämpfen zu lassen, ist nahezu genial. Hier werden nicht nur Ur-Ängste des Menschen angesprochen, sondern es scheint, als hätten die gefährlichen, sprich »bösen« Tiere einen faustischen Pakt mit dem Superverbrecher geschlossen. 007 zerbricht dieses Bündnis, indem er die Schlange tötet.

Agent und Zuschauer werfen nun einen Blick in Hugo Drax' Kontrollzentrale und erleben den Start von vier MOONRAKER-Fähren. Diese Starts stellen ein Optimum an Tricktechnik dar. Die Aufnahmen entstanden in den Pinewood Studios in England und wurden in der größten Filmhalle der Welt, der »007« von Eric Burgess (einem NASA-Experten) überwacht. Als James Bond zu Hollys Gefängnis gebracht wird, erkennt man zum ersten Mal die Größe des MOONRAKER, der an zwei riesigen Raketen befestigt, in den Raum geschossen werden soll. Die Ansicht des Super-Hangars mit dem senkrecht in die Höhe ragenden MOONRAKER ist einer der fantastischsten Augenblicke des Films.

Nachdem sich Bond und Holly aus ihrem »Krematorium« gerade noch retten konnten, gelingt es 007, genau das zu verwirklichen, was ihm in *You Only Live Twice* verwehrt blieb: An Bord des feindlichen Gleiters wird James Bond in den Weltraum geschossen! Als der weißglänzende MOONRAKER majestätisch aus der Erdatmosphäre steigt, hat sich James Bond eine neue Dimension erschlossen. Ebenso spektakulär ist der erste Blick, den man von Hugo Drax' Weltraumstation erhascht. Nun folgt ein großangelegtes Andock-Manöver, das so perfekt gemacht ist, daß man am liebsten an die Existenz der Station glauben möchte. In der gigantischen Kommandozentrale hält Drax vor den versammelten Astronauten eine fanatische Rede. Hier zeigt Michael Lonsdale, daß er die Rolle des Bösewichts meisterhaft beherrscht. Neben James Bond ist aber die von Ken Adam entworfene Zentrale der Star des Films. Jeder James Bond-Fan wird davon überwältigt sein. Producer Albert R. Broccoli gab dem gebürtigen Berliner nur einen Auftrag: »Make 'em better than last time!«

In diesen Szenen wird deutlich, welche große Bedeutung das Visuelle in einem speziellen James Bond-Film besitzt und welche enorme Ausdruckskraft es vermittelt. Man kann Drax' Allstützpunkt nicht beschreiben, man muß ihn *sehen.*

Jaws, der Beißer, der die Zerstörung von Strombergs *Atlantis* überlebte, ist auch in *Moonraker* mit von der Partie. Da er sich beim Publikum großer Beliebtheit erfreute, beschloß man kurzerhand, ihn auch im nächsten 007-Streifen wieder beißen zu lassen. Richard Kiel hat es geschafft, als *Bösewicht* einen James Bond-Film zu überleben! Er spielt seine Rolle zwar hervorragend, ist jedoch eher ein »Side-Kick« über den man lacht, als ein Killer, vor dem man Angst hat. Nachdem James Bond und Holly das Radar-Störsystem beseitigt haben und die NASA unterwegs ist, beginnt die übliche Endschlacht, in der Drax' Männer geschlagen werden. Der Kampf ist faszinierend, wenn auch nicht ganz so großartig wie in *The Spy Who Loved Me.* Bond und Holly »lasern« ihre Feinde reihenweise nieder, in der ganzen Station herrscht totales Chaos, so daß die Stadt im All zerbirst. James Bond rettet nun noch die Menschheit, indem er die Giftgaskugeln abschießt. 007 kann sich fast nie Ruhe gönnen: Kaum ist der Verbrecher tot, seine Männer gefangen und sein Versteck vernichtet, als Bond auch schon den Kampf gegen die Zeit aufnimmt. Als Bond den letzten Behälter kurz vor Eintritt in die Erdatmosphäre mit einem gezielten Laserstrahl vernichtet, knistert es förmlich vor Spannung.

Jetzt kann man James Bond, der im MOONRAKER mit der süßen Holly dem typisch erotischen 007-Happy-End zusteuert, nur noch beneiden. *Moonraker* ist in jedem Fall der bis heute abwechslungsreichste, technisch perfekteste und gigantischste James Bond-Film. Dabei hat es *Moonraker* verstanden, eine ihm eigene Ausstrahlung zu entwikkeln und nicht nur von den enormen Sets beherrscht zu werden. Alle wesentlichen Formeln und Rituale sind an passender Stelle eingebaut worden und vermitteln dem Publikum ein angenehmes Déjà-Vu-Gefühl. *Moonraker* ist ein James Bond-Abenteuer, wie es Millionen lieben: unverfälschtes Unterhaltungskintopp.

James Bond (*Roger Moore*) und Holly Goodhead (*Lois Chiles*) beobachten die Startvorbereitungen des MOONRAKER 6.

007-Galerie

Die Helden, Schurken und Mädchen der Bond-Filme

Die Helden

James Bond:

Agent des britischen Secret Service, ausgestattet mit der Lizenz zu töten, Codenummer 007. »Eine 1-Mann-Spionage-Maschine mit überschüssigem Sex« (Leslie Halliwell). »Ein Elisabethanischer Gangster, ein Totschläger. So wie er lebt und handelt, würden die meisten Engländer gerne leben und handeln, wenn die Umstände ihnen das gestatten würden. Kein angenehmer Bursche, ein Anti-Held. Was für ihn einnimmt, ist sein Sinn für Humor, nicht gerade ein schwarzer Humor, aber doch eine Art Friedhofs-Witz. Kein Intellektueller, geht niemals zur Oper oder zum Ballett, verfügt aber über eine Unmenge von Halbbildung. Kein Faschist, sondern eine unpolitische Anti-Establishment-Figur« (Terence Young).

1. *Sean Connery.* Britischer Schauspieler. Geboren 25. August 1930 in Edinburgh. Schottischer Patriot, der auf seinem rechten Arm »Scotland Forever« eintätowiert hat. Studierte an der Edinburgh School of Art. Ging nach London und wurde Schauspieler. Erste Rolle als Komparse im Bühnen-Musical *South Pacific.* Filmdebüt 1956 mit *No Road Back.*

Filmographie:

1956 *No Road Back*
Die blinde Spinne
1957 *Action Of The Tiger*
Operation Tiger
1957 *Hell Drivers*
Duell am Steuer
1957 *Time Lock*
12 Sekunden bis zur Ewigkeit
1958 *Another Time, Another Place*
Herz ohne Hoffnung
1959 *Darby O'Gill & The Little People*
1959 *Tarzan's Greatest Adventure*
Tarzans größtes Abenteuer
1961 *The Frightened City*
Die Peitsche
1961 *On The Fiddle*

1962 *Dr. No*
Dr. No
1962 *The Longest Day*
Der längste Tag
1963 *From Russia With Love*
Liebesgrüße aus Moskau
1964 *Goldfinger*
Goldfinger
1964 *Marnie*
Marnie
1964 *Woman Of Straw*
1965 *The Hill*
Ein Haufen toller Hunde
1965 *Thunderball*
Feuerball
1966 *A Fine Madness*
Simson ist nicht zu schlagen
1967 *You Only Live Twice*
Man lebt nur zweimal
1968 *Shalako*
Shalako
1969 *La Tenda Rossa*
Das rote Zelt
1969 *The Molly Maguires*
Verflucht bis zum Jüngsten Tag
1971 *The Anderson Tapes*
Der Anderson-Clan
1971 *Diamonds Are Forever*
Diamantenfieber
1972 *The Offence*
Sein Leben in meiner Gestalt
1973 *Zardoz*
Zardoz
1974 *Murder On The Orient Express*
Mord im Orient-Express
1974 *Ransom*
Die Uhr läuft ab
1975 *The Man Who Would Be King*
Der Mann, der König sein wollte
1975 *The Wind And The Lion*
Der Wind und die Sonne
1976 *The Next Man*
1976 *Robin And Marian*
Robin und Marian
1977 *A Bridge Too Far*
Die Brücke von Arnheim
1979 *The Great Train Robbery*
1979 *The Meteor* Der Meteor

2. *Lazenby, George* (1939–). Gebürtiger Australier, der zunächst in Werbespots auftrat.

Filmographie:
1969 *On Her Majesty's Secret Service*
Im Geheimdienst Ihrer Majestät
1971 *Universal Soldier*
1975 The Man from Honkong
Der Mann von Honkong

3. **Moore, Roger.** Britischer Schauspieler. Geboren 14. Oktober 1927 in Stockwell, South London. Begann als Laufbursche bei einer Werbefilmfirma. Erste Filmrolle als Komparse in *Caesar and Cleopatra,* erste richtige Rolle in *The Fuller Brush Man.*

Filmographie:

1948 *The Fuller Brush Man*
1951 *As Young As You Feel*
1952 *Stars And Stripes Forever*
1953 *Pickup On South Street*
Polizei greift ein
1954 *The Last Time I Saw Paris*
Damals in Paris
1955 *Interrupted Melody*
Unterbrochene Melodie
1955 *The King's Thief*
Des Königs Dieb
1965 *Diane*
Diane
1959 *The Miracle*
Madonna mit den zwei Gesichtern
1960 *The Sins Of Rachel Cade*
Jenseits des Ruwenzori
1961 *Gold Of The Seven Saints*
Das Gold der sieben Berge
1961 *Il Ratto Delle Sabine*
1962 *Un Branco Di Vigliacchi*
1969 *Crossplot*
Tödlicher Salut
1970 *The Man Who Haunted Himself*
1973 *Live And Let Die*
Leben und sterben lassen
1974 *Gold*
Gold
1974 *The Man With The Golden Gun*
Der Mann mit dem goldenen Colt
1975 *Who Needs Friends?*
1976 *Street People*
1977 *The Spy Who Loved Me*
Der Spion, der mich liebte
1978 *The Wild Geese*
1979 *Moonraker*
Moonraker – streng geheim
1979 *Escape To Athena*

Fernsehserien:

1957 *Ivanhoe*
1959 *The Alaskans*
1961 *Maverick*
1963–68 *The Saint*

Simon Templar 1971
The Persuaders

Die Zwei

Die Schurken

Dr. Julius No
stahl der amerikanischen Niederlassung der Tong-Terrorgruppe eine Million Dollar. Versuchte das amerikanische Raketenprogramm von seinem unterirdischen Labor auf Crab Key (Karibik) mit Hilfe von radioaktiven Strahlen zu zerstören, um sich für die Mißachtung seiner Person an den USA zu rächen. Deutsch-chinesischer Abstammung. Tod: 1962; wurde von James Bond 007 in einen Kernreaktor gestoßen.

Wiseman, Joseph: geboren 1919. Amerikanischer Charakterdarsteller mit Bühnenerfahrung.

Filmauswahl:

1951 *Detective Story*
Polizeirevier 21
1952 *Les Misérables*
Die Legion der Verdammten
1952 *Viva Zapata*
Viva Zapata
1955 *The Prodigal*
Tempel der Versuchung
1957 *The Garment Junge*
Ums nackte Leben
1960 *The Unforgiven*
Denen man nicht vergibt
1962 *Dr. No*
Dr. No
1968 *Bye Bye Braverman*
1968 *The Night They Raided Minsky's*
Die Nacht, als Minsky aufflog
1969 *Stiletto*
Stiletto
1970 *Lawman*
Lawman
1972 The Valachi Papers

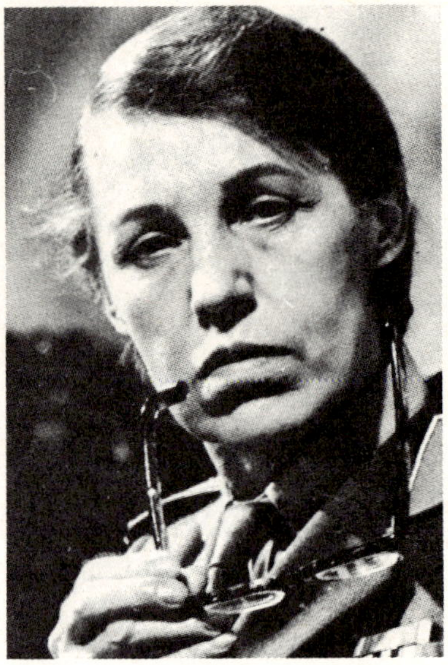

Rosa Klebb
Ehemalige Leiterin des russischen Geheimdienstes SMERSH. Später für PHANTOM tätig. Sollte James Bond die russische Dechiffriermaschine »Lektor« abjagen. Tod: 1963. Wurde von ihrer früheren Untergebenen Tatjana Romanova in Venedig erschossen.

Lenya, Lotte: (Caroline Blamauer 1900–) österreichische Charakterdarstellerin.

Filmauswahl:

1931 Die Dreigroschenoper
1961 *The Roman Spring of Mrs. Stone*
Der römische Frühling der Mrs. Stone
1963 *From Russia With Love*
Liebesgrüße aus Moskau
1969 *The Appointment*
Ein Hauch von Sinnlichkeit

Donovan Grant auch **Red Grant**

Psychopathischer Killer. Kampfmaschine in PHANTOMs Diensten. Hatte den Auftrag, James Bond 007 zu beseitigen. Tod: 1963. Wurde von James Bond mit einer Drahtschlinge im Orient-Express erwürgt.

Shaw, Robert: (1927–1979) britischer Schauspieler. Bis 1954 hauptsächlich auf der Bühne tätig.

Filmauswahl:

1955 *The Dam Busters*
1959 *Sea Fury*
1961 *The Valiant*
1962 *Tomorrow at Ten*
1963 *From Russia With Love*
Liebesgrüße aus Moskau
1966 *A Man For All Seasons*
Ein Mann zu jeder Jahreszeit
1967 *Custer of the West*
Ein Tag zum Kämpfen
1969 *The Battle of Britain*
Luftschlacht um England
1973 *The Sting*
Der Clou
1975 *Jaws*
Der weiße Hai
1976 *Swashbuckler*
1977 *The Deep*
Die Tiefe

Auric Goldfinger

Verrückter Multimillionär mit »Midas-Touch«. Versuchte im Gold-Depot Fort Knox eine radioaktive Bombe zu zünden. Wollte dadurch ein wirtschaftliches Chaos im Westen verursachen und zugleich den eigenen Goldbestand vermehren. Stand in Diensten Rot-Chinas. Tod: 1964. Wurde aus einem Flugzeugfenster gesaugt.

Fröbe, Gert: (1912–) deutscher Charakterdarsteller. Erster Filmerfolg 1948 in *Berliner Ballade.* In den 60er Jahren internationaler Star, meist Gangster.

Filmauswahl:

1955 *Les Heros sont fatigués*
Die Helden sind müde
1956 *Celui qui doit mourir*
Der Mann, der sterben muß
1958 Es geschah am hellichten Tag
1958 Das Mädchen Rosemarie
1959 Und ewig singen die Wälder
1960 Der grüne Bogenschütze
1961 Via Mala
1962 Die Dreigroschenoper
1962 Die Rote
1964 *Goldfinger*
Goldfinger
1964 Das Testament des Dr. Mabuse
1965 *A High Wind in Jamaica*
Sturm über Jamaika
1965 *Those Magnificent Men in Their Flying Machines*
Die tollkühnen Männer in ihren fliegenden Kisten
1966 *Paris brûle-t-il?*
Brennt Paris?
1967 *Du Rififi à Paname*
1967 *Rocket to the Moon*
Tolldreiste Kerle in rasselnden Raketen
1971 *Dollars*
Der Millionenraub
1975 *And Then There Were None*

Oddjob

Goldfingers stummer koreanischer Chauffeur und Leibwächter. Karate-Experte. Erledigt seine Opfer mit Hilfe einer rasiermesserscharfen Stahlmelone. Tod: 1964. Wurde von James Bond 007 in Fort Knox mit einem Starkstromkabel elektrisiert.

Sakata, Harold: Koreanischer Schauspieler.

Filmauswahl:

1964 *Goldfinger*
Goldfinger
1966 *Dimension 5*
1966 *The Poppy is also a Flower*
Mohn ist auch eine Blume
1970 *The Phynx*

Emilio Largo

Einäugiger sizilianischer Millionär in PHANTOMs Diensten. Organisierte den Diebstahl zweier Atombomben. Versuchte, die westlichen Weltmächte um die Summe von 100 Pfund in Diamanten zu erpressen. Tod: 1965. Wurde von seiner Geliebten Domino mit einer Harpune erschossen.

Celi, Adolfo: (1927–) italienischer Schauspieler. Ehemaliger Fernseh- und Theaterdirektor in Brasilien.

Filmauswahl:

1950 *Escape into Dreams*
1964 *L'homme de Rio*
Abenteuer in Rio
1965 *Thunderball*
Feuerball
1966 *El Greco*
1967 *The Bobo*
Bobo ist der Größte
1967 *Grand Prix*
Grand Prix
1968 *Grand Slam*
1970 *Fragment of Fear*
1971 *Murders in the Rue Morgue*
1973 *Hitler – The Last Ten Days*
Hitler – die letzten zehn Tage
1975 *And Then There Were None*

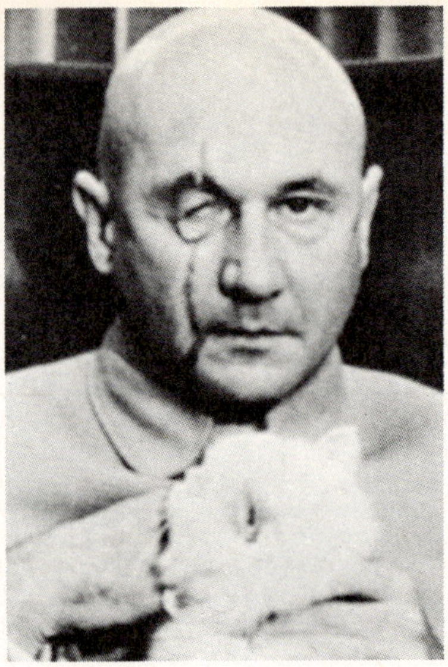

Stavro Ernst Blofeld

Superverbrecher und genialer Mastermind der Terrororganisation SPECTRE. Entführte 1967 amerikanische und russische Raumkapseln, um 3. Weltkrieg herbeizuführen. Seine Zentrale in Japan wurde von James Bond 007 zerschlagen. Blofeld konnte entkommen und 1969 auf dem Piz Gloria in der Schweiz neue Station errichten. Wollte westliche Wirtschaft durch bakteriologische Kriegsführung lahmlegen. James Bond 007 zerstörte sein Labor und verhinderte Verseuchung. Blofeld brachte Bonds Frau um und richtete 1971 riesigen Laserstrahl von einem Satelliten auf die Erde. Wollte ganzen Planet erpressen. James Bond 007 vernichtete seine Kontrollstation vor der Küste Kaliforniens. Tod: 1971. Wurde von James Bond in einem Mini-U-Boot gegen die Stahlkonstruktion seiner Öl-Bohrinsel geschleudert.

1. *Pleasence, Donald:* (1919–) britischer Charakterdarsteller, meist in Gangsterrollen.

Filmauswahl:

1957 *A Tale of Two Cities*
Flucht aus Paris

1960 *Hell Is a City*
1961 *No Love for Johnie*
Und morgen alles
1962 *Dr. Crippen*
1964 *The Caretaker*
Der Hausmeister
1965 *The Greatest Story Ever Told*
Die größte Geschichte aller Zeiten
1965 *The Hallelujah Trail*
Vierzig Wagen westwärts
1966 *Fantastic Voyage*
Die phantastische Reise
1966 *The Night of the Generals*
Die Nacht der Generale
1967 *Will Penny*
Der Verwegene
1967 *You Only Live Twice*
Man lebt nur zweimal
1970 *Soldier Blue*
Das Wiegenlied vom Totschlag
1972 *Henry VIII and His Six Wives*
1972 *THX – 1138*
THX-1138
1976 *The Last Tycoon*
Der letzte Tycoon

2. *Savalas, Telly:* (Aristotle Savalas 1924–) griechisch-amerikanischer Charakterdarsteller mit Fernseherfahrung; vorher Akademiker.

Filmauswahl:
1962 *Birdman of Alcatraz*
Der Gefangene von Alcatraz
1963 *Cape Fear*
Ein Köder für die Bestie
1963 *The Man from the Diner's Club*
Der Mann vom Diner's Club
1965 *The Battle of the Bulge*
Die letzte Schlacht
1965 *Genghis Khan*
Dschingis Khan
1966 *Beau Geste*
Drei Fremdenlegionäre
1967 *The Dirty Dozen*
Das dreckige Dutzend

1968 *The Assassination Bureau*
1968 *The Scalphunters*
Mit eisernen Fäusten
1969 *Mackenna's Gold*
MacKennas Gold
1969 *On Her Majesty's Secret Service*
Im Geheimdienst Ihrer Majestät
1970 *Kelly's Heroes*
Stoßtrupp Gold
1971 *A Town Called Bastard*
Kein Requiem für Bastarde
1971 *Pretty Maids All in a Row*
Sex-Lehrer-Report
1971 *Pancho Villa*
1972 *The Killer is on the Phone*
1972 *Una Ragione per vivere, Una Ragione per morire*
Sie verkaufen den Tod
1973 *The Marcus Nelson Murders (TV)*
1979 *Escape to Athena*

3. *Gray, Charles:* (Donald M. Gray 1928–) britischer Fernseh- und Bühnendarsteller; meist in unsympathischen Rollen.

Filmauswahl:
1960 *The Entertainer*
Der Komödiant
1961 *The Man in the Moon*
1966 *The Night of the Generales*
Die Nacht der Generale
1967 *The Secret War of Harry Frigg*
Der Etappenheld
1967 *You Only Live Twice*
Man lebt nur zweimal
1968 *The Devil Rides Out*
1969 *Cromwell*
1969 *The File of the Golden Goose*
1971 *Diamonds are Forever*
Diamantenfieber
1974 *The Beast Must Die*
1976 *Seven Nights in Japan*
1976 *The Seven Per Cent Solution*

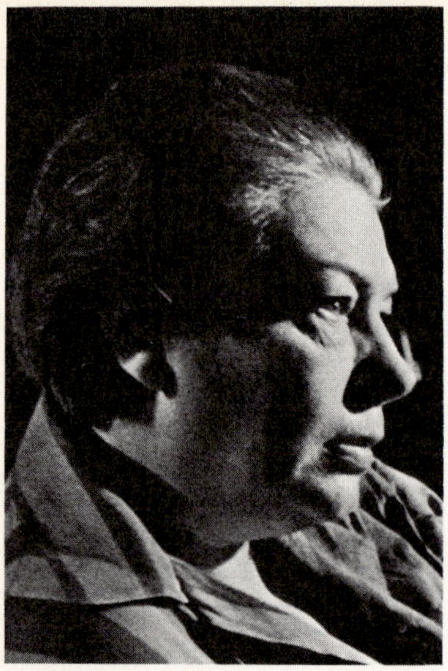

Irma Bunt

Blofelds mörderische Gesellschafterin auf dem Piz Gloria. Gab 1969 die tödlichen Schüsse auf James Bonds Frau Tracy ab. Tod: unbekannt. (Bond-Kenner nehmen an, daß Bunt 1971 von Mr. Wint und Mr. Kidd im Auftrag Blofelds beseitigt wurde.)

Steppat, Ilse: (1917–1970) Charakterdarstellerin.

Filmauswahl:
1947 Ehe im Schatten
1951 Die Brücke
1962 Die Bekenntnisse des Hochstaplers Felix Krull
1969 *On Her Majesty's Secret Service*
Im Geheimdienst Ihrer Majestät

Mr. Kidd

Homosexueller Killer in Blofelds Diensten. Arbeitet immer mit seinem »Partner« Mr. Wint. Tod: 1971. Wurde von James Bond 007 in Brand gesteckt.

Smith, Putter: amerikanischer Schauspieler.

Filmauswahl:
1971 *Diamonds Are Forever*
Diamantenfieber

Mr. Wint

Homosexueller Killer in Blofelds Diensten. Arbeitet immer mit seinem »Partner« Mr. Kidd. Tod: 1971. Wurde von Zeitbombe in Stücke zerrissen.

Glover, Bruce: amerikanischer Schauspieler.

Filmauswahl:
1965 Who Killed Teddy Bear
1967 *Sweet Love, Bitter*
1970 *C. C. and Company*
CC und Company
1971 *Diamands Are Forever*
Diamantenfieber

Mr. Big auch **Dr. Kananga**
Schwarzer Gangsterboss und ungekrönter König der Harlemer Unterwelt. Wollte ungeheure Mengen Heroin nach Amerika bringen, ganz USA vergiften und demoralisieren. Führte als ehrenwerter Botschafter Dr. Kananga Doppelleben. Operationsgebiete: New York und San Monique (Karibik). Tod: 1973. Wurde von James Bonds Preßluftpatrone zerrissen.

Kotto, Yaphet: (1937–) amerikanischer Schauspieler.

Filmauswahl:
1964 *Nothing but a Man*
Nichts als ein Mensch
1968 *The Thomas Crown Affair*
Thomas Crown ist nicht zu fassen
1970 *The Liberation of L. B. Jones*
Die Glut der Gewalt
1972 *Across 110th Street*
1973 *Live And Let Die*
Leben und sterben lassen
1975 *Report to the Commissioner*
1976 *Drum*
Die Sklavenhütte der Mandingos
1979 *Blue Collar*

Tee Hee
Mr. Bigs persönlicher Vertrauter. Einarmig. Tötet mit Hilfe seiner Stahlprothese. Tod: 1973. Wurde von James Bond 007 aus fahrendem Zug geworfen.

Harris, Julius W.: amerikanischer Schauspieler.

Filmauswahl:
1964 *Nothing but a Man*
Nichts als ein Mensch
1969 *Slaves*
19 *Superfly*
1973 *Shafts Big Score*
1973 *Live And Let Die*
Leben und sterben lassen

Franzisco Scaramanga
Genannt Mann mit dem goldenen Colt. Galt als bester Killer der Welt. Forderte eine Million Dollar pro Auftrag. Brachte 1974 das »Solex«-Element in seine Hand und wurde daraufhin von James Bond 007 erbarmungslos gejagt. Tod: 1974. Im »Duell der Titanen« von James Bond erschossen.

Lee Christopher: (1922–) britischer Darsteller, meist in Horrorfilmen.

Filmauswahl:
1947 *Corridor of Mirrors*
1948 *Hamlet*
Hamlet
1952 *The Crimson Pirate*
Der rote Korsar
1953 *Moulin Rouge*
Moulin Rouge
1954 *The Dark Avenger*
Der schwarze Prinz
1956 *The Curse of Frankenstein*
Frankensteins Fluch
1957 *A Tale of Two Cities*
Flucht aus Paris
1958 *Dracula*
Dracula
1959 *The Hound of the Baskervilles*
1959 *The Mummy*

1962	*Sherlock Holmes and the Deadly Necklace*
	Sherlock Holmes und das Halsband des Todes
1965	*Dracula Prince of Darkness*
	Blut für Dracula
1972	*Dracula AD 1972*
	Dracula jagt Mini-Mädchen
1974	*The Man With The Golden Gun*
	Der Mann mit dem goldenen Colt
1974	*The Three Musketeers*
1975	*Killer Force*
1977	*Airport*

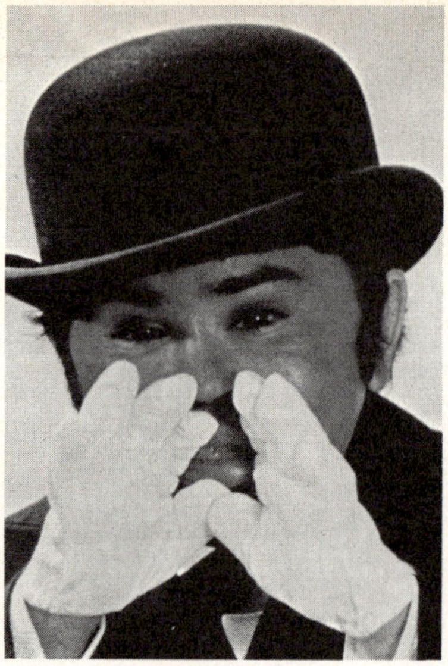

Schnick-Schnack
Scaramangas tödlicher Zwerg. »Servierte« seinen Opfern den Tod auf exklusive Weise. Bereitete für seinen Herrn das »Duell der Titanen« vor. Tod: nicht hundertprozentig erwiesen. Wahrscheinlich im Mastkorb einer Dschunke verhungert.

Villechaize, Hervé: französischer Schauspieler.

Filmauswahl:

	Chappequa
	Maidstone
	The Gang That Couldn't Shoot Straight
1974	*The Man With The Golden Gun*
	Der Mann mit dem goldenen Colt

Karl Stromberg
Wahnsinniger Multimillionär nordischer Abstammung. Wollte 1977 von seinem Unterwasser-Laboratorium aus neue Zivilisation auf dem Meeresgrund erschaffen. Kaperte mit dem Supertanker »Liparus« britisches und sowjetisches Atom-U-Boot, um mit den an Bord befindlichen Polarisraketen den 3. Weltkrieg auszulösen. Tod: 1977. Wurde von James Bond 007 erschossen.

Jürgens, Curd: (1912–) führender deutscher Schauspieler mit Bühnenerfahrung. Seit dem Krieg international tätig.

Filmauswahl:

1954	Des Teufels General
1955	*Les Héros Sont Fatigués*
	Die Helden sind müde
1956	*Oeil pour Oeil*
	Auge um Auge
1957	*The Enemy Below*
	Duell im Atlantik
1957	*Me and the Colonel*
	Jakobowsky und der Oberst
1958	*The Blue Angel*
	Der blaue Engel
1958	*Inn of the Sixth Happiness*
	Die Herberge zur sechsten Glückseligkeit

1959 *I Aim at the Stars*
Wernher von Braun
1960 Tamango
1964 Lord Jim
1965 Die Dreigroschenoper
1965 Das Liebeskarussel
1968 *The Assassination Bureau*
Mörder GmbH
1970 *The Battle of Neretva*
1971 *Nicholas and Alexandra*
Nicholas und Alexandra
1973 *Vault of Horror*
1977 *The Spy Who Loved Me*
Der Spion, der mich liebte

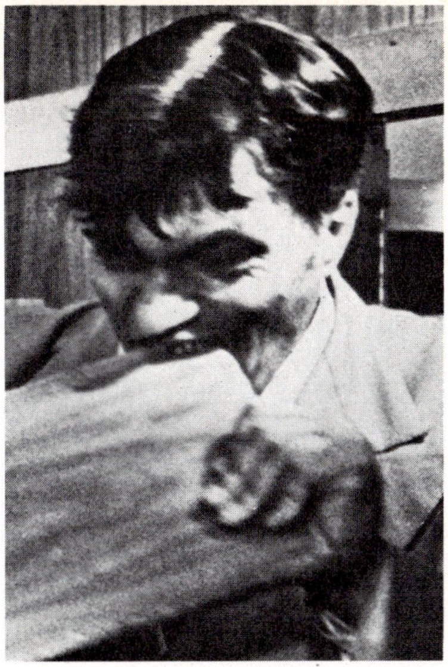

Jaws, der Beißer
2,20 Meter großer, superstarker Edelstahlgebißträger. 1977 von Sigmund Stromberg mit der Wiederbeschaffung seines U-Boot-Ortungssystems beauftragt. Tötet seine Opfer durch Biß in den Nacken. Konnte von James Bond 007 nicht besiegt werden. Nach Strombergs Tod von Hugo Drax engagiert. Lief nach Auseinandersetzung mit Drax auf Bonds Seite über. Überlebte u.a.: Sturz aus Flugzeug ohne Fallschirm, Sturz in Haifischbecken (biß Hai tot), Sturz von Wasserfall, aus Zug usw. Momentaner Aufenthaltsort: Weltraum.

Kiel, Richard: amerikanischer Schauspieler. Erste große Rolle in *The Spy Who Loved Me* (1977).

Filmauswahl:
1961 *The Phantom Planet*
1962 *The Magic Sword*
1963 *House of the Damned*
1965 *The Human Duplicators*
FBI jagt Phantom
1966 *Las Vegas Hillbillys*
1968 *A Man Called Dagger*
Ein gewisser Dick Dagger
1977 *The Spy who Loved Me*
Der Spion, der mich liebte
1978 *The Humanoid*
Kampf um die 5. Galaxis
1979 *Moonraker*
Moonraker – Streng geheim

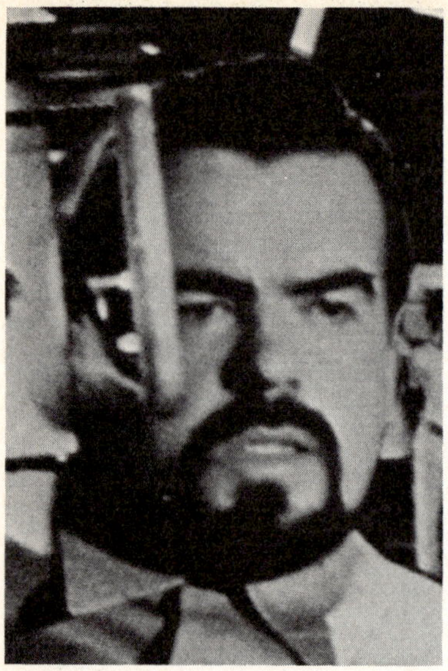

Hugo Drax

Reichster Mann der Welt. Finanzierte amerikanisches Raumfahrtprogramm der NASA zu 40%. Ließ moderne Space Shuttle MOONRAKER in Kalifornien herstellen. Wollte von seiner Weltraumstation Menschheit durch tödliches Gas vernichten, um *seine* neue Zivilisation der »Edelmenschen« zu schaffen. Tod: 1979. Wurde von James Bond 007 ins All befördert.

Lonsdale, Michael: französischer Charakterdarsteller.

Filmauswahl:

1963 Le Procès
Der Prozeß
1964 *Behold a Pale Horse*
Deine Zeit ist um
1966 *Hail! Mafia*
1969 *Baisers voleés*
Gestohlene Küsse
1970 *Destroy, She Said*
1971 *Il était une fois un flic*
1973 *The Day of the Jackal*
Der Schakal
1979 *Moonraker*
Moonraker – streng geheim

Die Bondinen

Honey Rider
Muscheltaucherin. Stand 1962 James Bond 007 auf Dr. Nos Insel Crab Key zur Seite.

Andress, Ursula: (1936–) Schweizer Schauspielerin in internationalen Filmen. *Dr. No* machte sie zum Star.

Filmauswahl:
1962 *Dr. No*
Dr. No
1963 *Four for Texas*
Vier für Texas
1964 *She*
Herrscherin der Wüste
1965 *What's New Pussycat*
Was gibt's Neues, Pussy?
1965 *The Tenth Victim*
Das 10. Opfer
1966 *The Blue Max*
1967 *Casino Royale*
Casino Royale

Tatjana Romanova
Russische Botschaftsangehörige. Sollte 1963 James Bond 007 in eine Todesfalle locken. Verliebte sich in ihn und rettete ihm sogar das Leben.

Bianchi, Daniela: (1942–) italienische Schauspielerin.

Filmauswahl:
1959 *Love is My Profession*
1962 *Sword of El Cid*
1963 *From Russia With Love*
Liebesgrüße aus Moskau
1966 *The Balearic Caper*
1968 *Weekend, Italien Style*
1969 *The Dirty Heroes*

Jill Masterson
Goldfingers Sekretärin. Läuft 1964 auf James Bonds Seite über. Tod: 1964. Wurde von ihrem ersten Arbeitgeber durch flüssigen Goldüberzug erstickt.

Eaton, Shirley: (1936–) englische Schauspielerin, meist in Komödien.

Filmauswahl:
1963 *The Girl Hunters*
1964 *Goldfinger*
Goldfinger
1965 *The Little Indians*
1966 *Around the World Under the Sea*
Unter Wasser rund um die Welt
1969 *Kiss & Kill*

Pussy Galore
Goldfingers Privatpilotin. James Bond gegenüber zunächst sehr kühl. Verliebte sich dann in ihn und durchkreuzte Goldfingers Pläne.

Blackman, Honor: (1926–) englische Schauspielerin. Erste John Steed-Partnerin in *The Avengers* 1960–1963 *(Mit Schirm, Charme und Melone).*

Filmauswahl:
1948 *Quartet*
1949 *Diamond City*
1955 *Breakaway*
1958 *A Night to Remember*
1964 *Goldfinger*
Goldfinger
1965 *Life at the Top*
1968 *Shalako*
1970 *The Virgin and the Gypsy*
1971 *Fright*

Domino Derval
Emilio Largos Geliebte. Von James Bond 007 1965 verführt. Als sie erfährt, daß Largo ihren Bruder ermorden ließ, läuft sie auf Bonds Seite über und rettet ihm das Leben.

Auge, Claudine: (1942–) französische Schauspielerin.

Filmauswahl:
1953 *In the French Style*
1965 *Thunderball*
Feuerball
1966 *Jeu de Massacre*
1967 *The Devil in Love*
1968 *The Bastard*

Fiona
SPECTREs oberste Exekutionsbeauftragte. Lockte James Bond 007 in eine Todesfalle. Verantwortlich für die Ermordung Graf Lippes und Major Dervals. Tod: 1965. Wurde von ihren eigenen Leuten erschossen.

Paluzzi, Luciana: 1939–) italienische Schauspielerin in internationalen Filmen.

Filmauswahl:
1954 *Three Coins in the Fountain*
1958 *Sea Fury*
1965 *Thunderball*
Feuerball
1967 *Chuka*
1969 *The Green Slime*
1972 *Black Gun*

Helga Brand

Sekretärin des japanischen Konzernbosses Osato. Nebenberuflich SPECTRE-Agentin. Soll James Bond 007 beseitigen, verliebt sich aber in ihn. Tod: 1967. Wurde von Ernst Stavro Blofeld in Piranha-Becken geworfen.

Dor, Karin: deutsche Schauspielerin in internationalen Filmen.

Filmauswahl:
1965 *The Face of Fa Manchu*
1965 Der Schatz im Silbersee
1967 *You Only Live Twice*
Man lebt nur zweimal
1969 Topaz

Aki

Japanische Geheimagentin. Wurde 1967 von James Bond verführt. Tod: 1967. Trank Gift, das eigentlich für 007 bestimmt war.

Wakabayashi, Akiko: japanische Schauspielerin.

Filmauswahl:
1962 *Bandits on the Wind*
1963 *King Kong vs. Godzilla*
1965 *Samurai Pirate*
1967 *You Only Live Twice*
Man lebt nur zweimal

Teresa di Vicenzo

Auch **Tracy:** Tochter des Union-Corse Chefs Marc Ange Draco. Wird 1969 von James Bond 007 vor Selbstmord gerettet. Die beiden verlieben sich und heiraten. Tod: 1969. Wurde von Blofelds Gesellschafterin Irma Bunt auf der Hochzeitsreise erschossen.

Rigg, Diana: (1938–) Führende britische Darstellerin, die als John Steed-Partnerin Emma Peel in der Serie *The Avengers* (1965–67) zu Weltruhm gelangte.

Filmauswahl:
1968 *The Assassination Bureau*
Mörder GmbH
1968 *A Midsummer Night's Dream*
1969 *On Her Majesty's Secret Service*
Im Geheimdienst Ihrer Majestät
1970 *Julius Caesar*
1971 *The Hospital*
Hospital
1973 *Theatre of Blood*
Theater des Grauens
1977 *A Little Night Music*

Tiffany Case
Mitglied im SPECTRE-Diamantschmuggelring. Lernte 1971 James Bond 007 kennen und lieben. Lief auf seine Seite über und verhalf ihm mehrmals zur Flucht.

St. John, Jill: amerikanische Filmschauspielerin.

Filmauswahl:
1961 *The Roman Spring of Mrs. Stone*
Der römische Frühling der Mrs. Stone
1966 *The Liquidator*
L – Der Lautlose
1967 *Banning*
25 000 Dollar für einen Mann
1971 *Diamonds Are Forever*
Diamantenfieber

Solitaire
Mädchen mit übersinnlichen Kräften. In der Gewalt Mr. Bigs. Wurde 1973 von James Bond 007 geliebt und verlor dadurch ihre »Sehergabe«.

Seymour, Jane: englische Schauspielerin.

Filmauswahl:
1969 *Oh, What A Lovely War*
The Only Way
Young Winston
The Best Pair Of Legs In The Business
1973 *Live And Let Die*
Leben und Sterben lassen
The Onedin Line (TV)

Mary Goodnight
Angehörige des Secret Service. Begleitete James Bond 007 auf seiner Jagd nach Scaramanga 1974.

Eklund, Britt: (1942–) schwedische Schauspielerin in internationalen Filmen.

Filmauswahl:
1966 *After the Fox*
1967 *The Bobo*
Bobo ist der Größte
1968 *The Night They Raided Minsky's*
1969 *Stiletto*
Stiletto
1971 *A Time for Loving*
1972 *Asylum*
1973 *The Wicker Man*
1974 *The Man With The Golden Gun*
Der Mann mit dem goldenen Colt

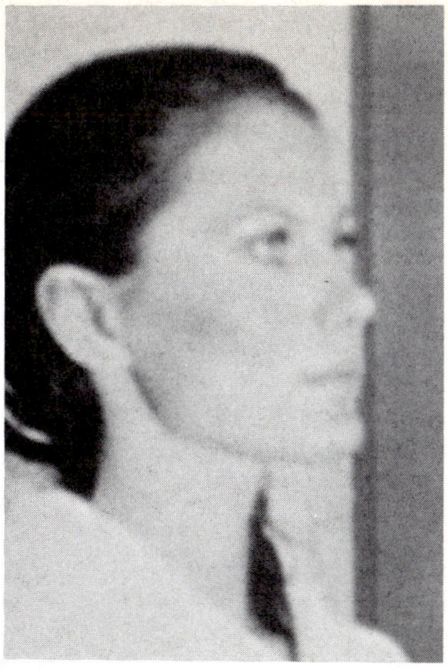

Andrea
Scaramangas Geliebte. Versuchte 1974 zu James Bond 007 überzulaufen und überbrachte ihm das »Solex-Element«. Tod: 1974. Wurde vom Mann mit dem goldenen Colt erschossen.

Adams, Maud: schwedische Filmschauspielerin und Fotomodell.

Filmauswahl:
1970 *The Christian Liquorice Store*
U-Turn
Mahoney's Estate
1974 *The Man With The Golden Gun*
Der Mann mit dem goldenen Colt
1975 *Rollerball*
Rollerball

Anya Amasova
Russische Geheimagentin. Wurde zusammen mit James Bond 1977 auf den Fall »Stromberg« angesetzt. Schwor im Verlauf der Mission, 007 zu töten. Verliebte sich aber in ihn und rettete ihm sogar das Leben.

Bach, Barbara: italienische Schauspielerin.

Filmauswahl:
1977 *The Spy Who Loved Me*
Der Spion, der mich liebte
1978 *Force 10 From Navarone*
Der wilde Haufen von Navarone
1979 *The Humanoid*
Kampf um die 5. Galaxis

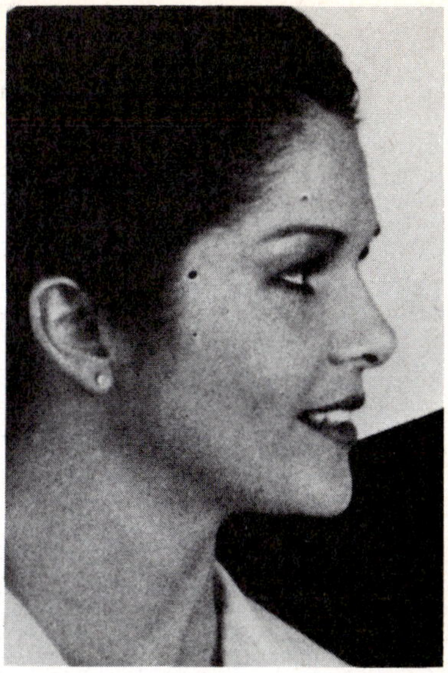

Holly Goodhead
NASA-Technikerin und CIA-Agentin. Wurde 1979 mit James Bond 007 in den Weltraum geschossen und rettete ihm mehrmals das Leben.

Chiles, Lois: amerikanische Filmschauspielerin.

Filmauswahl:
1972 *The Great Gatsby*
Der große Gatsby
1973 *The Way We Were*
Cherie Bitter
1978 *Death On The Nile*
Tod auf dem Nil
1979 *Moonraker*
Moonraker – Streng geheim

Corinne Dufour

Hugo Drax' Privatpilotin. Verliebte sich 1979 in James Bond 007 und lief auf seine Seite über. Tod: 1979. Wurde von Drax' Dobermännern zerfleischt.

Clery, Corinne: französische Filmschauspielerin.

Filmauswahl:

1975 *L'Histoire d'O*
Noël Dans Une Maison De Rendez-Vous
Fade Out
Auto-Stop
J'étais Un Agent De La CIA

1979 *The Humanoid*
Kampf um die 5. Galaxis

1979 *Moonraker*
Moonraker – Streng geheim

Die Bond-Ableger in Film und Fernsehen

Die wichtigsten Bond-Ableger

1966 *Modesty Blaise*
Modesty Blaise
Regie: Joseph Losey
Darsteller: Monica Vitti (Modesty Blaise), Terence Stamp (Willie Garvin)

1966 *Our Man Flint*
Derek Flint schickt seine Leiche
Regie: Daniel Mann
Darsteller: James Coburn (Derek Flint); Lee J. Cobb (Cramden)

1967 *In Like Flint*
Derek Flint – hart wie Feuerstein
Regie: Gordon Douglas
Darsteller: James Coburn (Derek Flint), Lee J. Cobb (Cramden)

1966 *The Liquidator*
L – Der Lautlose
Regie: Jack Cardiff
Darsteller: Rod Taylor (Boysie Oakes), Jill St. John (Iris)

1966 *The Silencers*
Leise flüstern die Pistolen
Regie: Phil Karlson
Darsteller: Dean Martin (Matt Helm), Stella Stevens (Gail)

1965 *The Ipcress File*
Icpress – streng geheim
Regie: Sidney J. Furie
Darsteller: Michael Caine (Harry Palmer), Nigel Green (Dalby)

1967 *Funeral In Berlin*
Finale in Berlin
Regie: Guy Hamilton
Darsteller: Michael Caine (Harry Palmer), Eva Renzi (Samantha Steel)

1967 *Billion Dollar Brain*
Das Milliarden-Dollar-Gehirn
Regie: Ken Russel
Darsteller: Michael Caine (Harry Palmer), Karl Malden (Leo Newbegin)

1967 *Operation Kid Brother*
Regie: Alberto De Martino
Darsteller: Neil Connery (Himself) Daniela Bianchi (Maya)
Adolfo Celi (Thair Beta)
Bernard Lee (Commander Cunningham) Lois Maxwell (Max)

Die lustigsten Bond-Ableger

1965 *The Second Best Secret Agent in the Whole Wide World*
1965 *Secret Agent Fireball*
1965 *Coplan FX 18 Casse Tout*
Geheimauftrag CIA – Istanbul 777
1965 *Furia à Bahia Pour OSS 117*
OSS 117 – Pulverfaß Bahia
1965 *L'Honorable Stanislas, Secret Agent*
1965 *Agente 777 Mission Summergana*
1965 *Agente S3S Massacre an soleil*
Agent S3S pokert mit Moskau
1965 *From 007 Intrigue in Lisbon*
1965 *2+L2 Mission Hydra*
Raumkreuzer Hydra – Duell im All
1965 *James Tont, Operazione U.N.O.*
James Tont – Operation UNO
1965 *Agent 777*
1965 *Mark Donen, Agent Z-7*
1965 *Agent Howard: Seven Minutes to Die*
1965 *Agent 01 Against Fantômes*
1965 *Agent 333, Passport to Hell*
1965 *Agent Z 55, Desperate Mission*
1965 *Agent OS 14*
1965 *Agent 077, Mission Bloody Mary*
Jack Clifton: Mission Bloody Mary
1965 *Agent 003, Operation Atlantida*
1965 *007 – But Dial Code Number First*
1966 *Big Blow in Her Majesty's Service*
1966 *Agent Z 55*
1966 *087 Apocalyptic Mission*
1966 *Murderers' Row*
Die Mörder stehen Schlange
1967 *Agent Sigma 3*
1967 *Pas des Roses pour OSS 117*
Keine Rosen für OSS 117
1967 *Agente Z 55 Mission Coleman*

Von James Bond beeinflußte TV-Agenten-Serien:

1964 *The Man From U.N.C.L.E.*
Solo für O.N.C.E.L.
Darsteller: Robert Vaughn, David McCallum, Leo G. Carroll

1965 *I Spy*
Tennis, Schläger und Kanonen
Darsteller: Robert Culp, Bill Cosby

1965 *Secret Agent*
Geheimauftrag für John Drake
Darsteller: Patrick McGoohan

1966 *Mission: Impossible*
Kobra, übernehmen Sie! (später: Unmöglicher Auftrag)
Darsteller: Martin Landau, Barbara Bain, Peter Graves, Leonard Nimoy, Greg Morris, Peter Lupus, Linda Day, Leslie Warren

1966 *The Avengers*
Mit Schirm, Charme und Melone
Darsteller: Patrick Macnee, Honor Blackman, Diana Rigg, Linda Thorson, Joanna Lumley

1968 *It Takes a Thief*
Ihr Auftritt, Al Mundy
Darsteller: Robert Wagner, Malochi Throne, Fred Astaire, John Russel

Literaturverzeichnis

Bücher:

American Film Institute Catalog, Feature Films 1961–70, Bowker 1976.

Amis, Kingsley: The James Bond Dossier, 1965.

Andrews, Emma: The Films Of Sean Connery, BCW 1977.

Brosnan, John: Future Tense, Macdonald and Jane's 1978.

Brosnan, John: James Bond in the Cinema, The Tantivy Press 1972.

For Bond Lovers Only, 1965.

Halliwell, Leslie: Halliwell's Filmgoer's Companion, Granada 1977.

Il Caso Bond. Le origini, la natura, gli effetti del fenomento 007, 1965.

Moore, Roger: Roger Moore as James Bond 007, Pan Books 1973.

Parish, James Robert & Pitts, Michael R.: The Great Spy Pictures, Scarecrow 1974.

Truffaut, François: Le Cinéma selon Hitchcock, 1966.

Williams, John: The Films Of Roger Moore, BCW 1974.

Zinman, David: Saturday Afternoon at the Bijou, Castle Books 1973.

Zeitschriften:

British Monthly Film Bulletin

Cinefantastique

Cinema

Film, Eine deutsche Filmzeitschrift

Photoplay: Film and TV Scene

Vampir

Leseprobe

aus dem Buch ›John Wayne und seine Filme‹

Der lange Weg nach Hause

»This is our last hope – that we
will exercise grace one to the other.«
Arthur Penn

Zu den Zeiten, als sich John Wayne mit seinem Engagement für den Vietnam-Krieg immer mehr Feinde machte, schlossen auch seine Freunde ihre Reihen fester und demonstrierten für ihr Idol mit einer Plakette, die in starken Worten zu verstehen gab, der Duke könne den Haß der halben Welt gelassen verkraften, denn, so stand es auf dieser Plakette: »Gott liebt John Wayne!« Daß es wirklich so ist, wird John Wayne wohl inzwischen erfahren haben. Und auf Erden wird es auch kaum noch angezweifelt. Er selbst war in dieser Hinsicht übrigens schon immer sehr zuversichtlich: »Ich glaube schon, daß Gott mich so liebt, wie ich bin; warum hätte er mich sonst immer wieder aus der Scheiße ziehen sollen?«

Zu seinen Lebzeiten hatte er Freunde und Feinde, aber die, die ihn am besten kannten und sich am meisten mit ihm beschäftigten, liebten und haßten ihn zugleich. »Ich liebe diesen verdammten Republikaner!« sagte sein Freund und Regisseur John Ford, der natürlich Parteigänger der Demokraten war und den eher konservativen Republikanern überhaupt nicht zugetan. Jean-Luc Godard sah in der Zerrissenheit, die Wayne selbst in sich trug und die dann auch den befiel, der sich mit Wayne auseinanderzusetzen hatte, das Mysterium und die Faszination des amerikanischen Films verkörpert: »Es ist unmöglich, Wayne nicht zu hassen, wenn er sich für einen Mann wie Goldwater einsetzt. Und es ist unmöglich, Wayne nicht zu lieben, wenn er im vorletzten Akt der *Searchers* plötzlich Natalie Wood in seine Arme nimmt.« Als Wayne immer älter und immer weiser wurde, hat er auch seine erbittertsten Feinde für sich eingenommen. Zu *True Grit* sagte Leslie Fiedler, der amerikanische Kulturphilosph, diese »Parabel des Lebens von John Wayne, dieser elenden reaktionären Kanaille«, sei »sehr zart, sehr schön, sehr komisch; dieser Film hat mich tief gerührt.«

Wie kam er in den Ruf, eine reaktionäre Kanaille zu sein? In Europa und besonders bei uns hat man sich immer schwer getan, bestimmte Formen des amerikanischen Patriotismus zu begreifen. Je jünger ein Staat, desto schwieriger das Patriotismus-Verständnis; bei einer eigenen Staatsgeschichte von nur 30 Jahre totales Befremden über den Patriotismus der alten Staaten. John Wayne wird mit Amerika identifiziert, und er selbst hat die Probleme, die eine solche, von ihm selbst akzeptierte Identifikation mit sich bringt, bis in die Extreme ausgetragen. Wenn aber John Wayne Amerika ist, dann heißt das eben, daß er nicht 72 wurde, sondern 200; in dem Alter hat man eine Menge zu tragen. John Wayne, der Amerikaner, war einer der vehementesten Vertreter des Jeffersonismus, jener Art von Demokratie-Verständnis, die auf Thomas Jefferson, einen der Väter und ersten Präsidenten der Nation, zurückgeht. Jeffersonismus verbindet entschiedenen Nationalismus, Expansionismus und Rassismus mit den besten Traditionen des Liberalismus, Föderalismus, Antikapitalismus und Individualismus. Das grüne Barett und der Stetson schmücken die zwei Seiten derselben Medaille, der Haß auf die Banken lebt unter derselben Schädeldecke wie die Verachtung von Negern und Indianern. In den Filmen schlägt sich das immer so nieder, wie die Zeiten gerade stehen. In den dreißiger Jahren, zu Zeiten der Depression, wurden die inneramerikanischen Verhältnisse auch in den kleinsten Western mit einer unglaublichen Radikalität angegangen. Wenn man sich die unzähligen John Wayne-Western aus dieser Zeit ansieht, dann gibt es da keinen Bankier, der kein Betrüger, und keinen Politiker, der nicht korrupt wäre. Kommen andere Zeiten, und der Jeffersonismus, der Amerika über den Rest der Welt erhebt, sieht sich angezweifelt, dann kommen auch in den Filmen Töne einer ganz anderen Radikalität hoch. Und dann betritt auch ein aggressiver John Wayne die Szene.

Das ist aber nicht der ganze Wayne, es ist sogar nur der geringste Teil von ihm. In den Nachrufen ist ja oft und blöd genug gesagt worden, schon die Titel seiner Filme charakterisierten ihn hinreichend, eben solche Titel wie *Der Sieger* oder *Der Teufelshauptmann*. Dabei wird nur übersehen, daß das deutsche Kinotitel sind, die mit den Originaltiteln nicht nur nichts zu tun haben, sondern diesen

Titeln wie dem Wesen der Filme und der Wayne-Figuren direkt widersprechen. *Der Sieger* heißt im Original *The Quiet Man*, also der stille, der ruhige, der sanfte Mann, und *Der Teufelshauptmann* heißt im *Original She Wore a Yellow Ribbon*, was eine Zeile aus einem Volkslied ist und bedeutet, daß ein Mädchen ein gelbes Band trägt, Unterpfand einer Kavalleristen-Liebe. Zumal in den Filmen von John Ford ist Wayne überhaupt nicht der Draufgänger und Abenteurer, der auf Krawall aus ist und den Sieg sucht. Er ist vielmehr der von bösen Erfahrungen, einem vielleicht selbstverschuldeten Verlust oder einem unbefriedigten Leben heimgesuchte, oft verzweifelte Mann, der Sehnsucht nach einem Heim und einer Heimat hat oder vom Schmerz um ein verlorengegangenes Zuhause und allem, was dieser Begriff umschließt, zerrissen wird. In dem Seefahrer-Film *Der lange Weg nach Cardiff* (der im Original wiederum nicht umsonst *Der lange Weg nach Hause* heißt) ist er ein Handelsmatrose, der mit den Refrains der Shantees, die da behaupten »Meine Heimat ist das Meer«, gar nichts im Sinne hat; er will überhaupt nur schleunigst nach Hause, nach Schweden, zu der Mutter und dem Bruder, die da den Familien-Hof bestellen. Manchmal wird Wayne vor Verzweiflung fast verrückt, weil er sich von der Welt derer, die Heim und Familie haben, ausgeschlossen sieht, so in *Der schwarze Falke*, wo er, wie das indianische Sprichwort heißt, verdammt ist, für immer zwischen den Winden zu wandern. An der Stelle, von der Godard spricht, nimmt er seine Nichte, die er eigentlich töten wollte, weil sie zur Indianerin geworden war, zu sich aufs Pferd und sagt: »Laß uns nach Hause gehen, Debbie.« Und er bringt sie zu diesem Haus, dessen Schwelle er selbst nicht überschreiten kann. In *Der Mann, der Liberty Valance erschoß* baut er still und beharrlich seine kleine Farm aus, weil er dort mit der Frau, die er liebt, einen Hausstand gründen will. Dann verliert er diese Frau an den Mann, dem er zu dem Ruf verhilft, der Mann zu sein, der Liberty Valance erschoß; und in wahrlich fürchterlichem Schmerz steckt er das, was er aufgebaut hat, in Brand. Dieser Mann ist ein Opfer, das gebracht wird, damit eine Legende entstehen kann, und diese Legende wird zu einer Art Heimat für viele andere. In einem Kavallerie-Film wie *Der Teufelshauptmann* entdeckt Wayne, daß man sein Leben lang der Armee dienen kann, ohne daß sie einem zur Heimat wird, und nach Dienstschluß geht er nicht in sein Quartier und schon gar nicht in den Saloon, sondern zu den Gräbern seiner Familie. Der Friedhof als die letzte Möglichkeit eines Zuhause taucht dann am Ende von *True Grit* wieder auf, wo die kleine Mattie dem alten Marshal die Gräber ihrer Familie zeigt und sagt, da er, der alte Rooster Cogburn, keine Familie habe, wäre sie geehrt, wenn er sich in ihrer Familien-Grabstätte beisetzen lassen würde.

Von den Ford-Filmen aus gesehen sind die Filme, die John Wayne mit Howard Hawks gemacht hat, die Erfüllung des Traums: hier ist Wayne der Familienvater, das Oberhaupt einer Familie von Freunden, die sich einer Aufgabe zu widmen haben, die freilich nicht nur durch die allseits praktizierte Solidarität bewältigt werden kann; allen Männern dieser Gemeinschaft und am meisten dem stärksten unter ihnen, also Wayne, sind durch ihre Defekte und Hemmungen Grenzen gesetzt, die nur durch die überlegene Großmut einer Frau überwunden werden können.

Der leidende Wayne Fords und der erlöste Wayne Hawks scheinen zwei ganz verschiedene Figuren zu sein; das legt dann den Schluß nahe, der Mann, der diese Figuren bewältigt, könne ein großer Schauspieler sein; Schauspieler ist, wer's nötig hat; diesen Beruf ergreift man eher, um einen Mangel an Persönlichkeit auszugleichen. Mit der Wertung seiner Schauspielerei ging es Wayne nicht anders als den anderen großen Hollywood-Figuren. Waynes Bemerkung »Meine Schauspielerei gefällt niemand außer dem Publikum« ist eine Antwort auf den kritischen Vorbehalt, daß ein Wayne sich halt immer selbst spielt. Mit solchem Unsinn hat man von Gary Cooper über James Cagney bis zu Humphrey Bogart alle großen Stars geplagt und manchmal auch verunsichert, die arme Marilyn Monroe bis zu dem Maße, daß sie allen Ernstes dachte, sie könne durch das Adaptieren wilder Method-Künste New Yorker Schauspielstudios dazugewinnen. Der große amerikanische Filmdarsteller ist kein Schauspieler, der mit immer neuen Masken in immer neue Figuren schlüpft, sondern eine große amerikanische Persönlichkeit, die sich mit einem Stück amerikanischen Lebens vermischt und durch immer rigorosere Selbstentblößung, durch radikale Demaskierung, durch Selbstverwirklichung ihrer Rolle gerecht wird.

Es stimmt, daß John Wayne sich immer selbst gespielt hat. Eine bessere Rolle hätte er nie finden können. Shakespeare hat dergleichen nie geschrieben. Lieber Gott, das hast du gut gemacht.

JOE HEMBUS

KINO
79
80
Robert
Fischer
NEU
im Herbstprogramm bei
VERLAG
MONIKA NÜCHTERN
Breisacherstraße 14
8000 München 80